잠자는
창의력을 깨워라

잠자는
창의력을 깨워라

박봉수 지음

차례 | CONTENTS

9장 | 아이디어 발상 도구를 활용하라

창의력이란
합법적 '짝퉁'이다!

만들기만 하면 팔리던 시대가 있었다. 1980년 이전까지는 수요가 공급을 초월해서 대부분의 상품이 만들기만 해도 높은 가격에 팔렸다. 그 시대에는 창의력이 중요한 핵심가치로 인정받지 못했다.

그러나 1980년대 이후 공급이 수요를 초월하면서, 고객을 만족시키지 않으면 상품이 팔리지 않는 시대가 도래했다. 특히 2000년대 이후부터는 시장 환경이 급격히 변하고, 수많은 경쟁자가 시장에 진입하면서 고객이 시장의 핵심으로 등장했다. 그들은 기존의 것을 거부하거나 만족하지 못하고 새로운 것을 찾기 시작했다. 그런 고객들의 니즈를 충족시키지 못하는 기업은 시장에서 도태되었다. 창의력이 본격적으로 비즈니스의 중심에 서게 된 것이다.

그렇다면 이와 같이 중요한 가치로 인정받고 있는 창의력이란 무엇일까? 한마디로 말하자면, '합법적인 짝퉁이다.'라고 정의할 수 있다. 창의력이란 기존의 것을 나누고 결합하여 새로운 것을 만드는 능력, 즉 기존의 것을 변형시켜 새로운 짝퉁을 만드는 것이라고 할 수 있다.

최근 기업과 학교는 물론 사회 곳곳에서 창의적 인재를 키워야 한다고 외치고 있다. 창의적인 인재가 되려면 어떻게 해야 할까?

첫째, 심리적 타성, 즉 우리가 가진 고정관념, 편견, 고정된 틀을 극복해야 한다. 거기에는 다양한 경험을 통해 다른 사람들의 생각이나 아이디어를 살펴보거나 창의력 전문가들의 책을 탐독하거나, 창의력 개발 사례를 벤치마킹하는 것이 도움이 된다.

둘째, 다양한 창의력 도구를 활용하는 능력을 갖춰야 한다. 창의력이 부족하다는 것은 창의력 도구를 제대로 모른다는 말과 같다. 창의력은 자전거타기처럼 지적 능력에 상관없이 훈련을 통해 얼마든지 향상시킬 수 있다. 훈련을 받은 사람이 훈련을 받지 않은 사람에 비해 30~40%나 더 창의력을 발휘한다는 MIT 대학과 하버드 대학의 연구 결과가 이를 입증한다.

이 책은 다음과 같이 구성되었다.

1장에서는 창의력 발휘에 필요한 기본적 사고를, 2장에서는 창의적 인재가 되기 위한 필요조건을, 3장에서는 창의력을 방해하는 장애물을 어떻게 극복할지를 다루었다. 그리고 4장에서는 아이디어 발상의 원천이 무엇인지를, 5장에서는 창의력에 필요한 에너지를, 6장에서는 창의력을 이끄는 힘에 대해 기술하였다.

또한 7장에서는 사고의 틀, 인식의 틀을 바꾸기 위한 생각 바꾸기를,

8장에서는 전략 과제 도출을 위한 아이디어 분석 도구를, 마지막 9장에서는 창의적 결과물을 도출하는 데 도움이 되는 실전적인 창의력 개발 기법에 대해 알아보았다. 그중에서도 특히 'Twist 시리즈'는 아이디어 회의에서 벽에 부딪힐 때 매우 효과적이다.

최근 고객들의 니즈는 급격히 변하고 있다. 이러한 변화에 능동적으로 대처하는 인재만이 치열한 경쟁에서 살아남을 수 있다. 그 핵심에 바로 창의력이 있다.

1장

창의적 생각,
누구라도 할 수 있다

누구나 아이디어맨이 될 수 있다

우리에게 창의력은 왜 필요할까? 아인슈타인은 "상상력이 지식보다 훨씬 중요하다."고 말했다. 오늘날의 사회를 '정보화사회'라고 한다. 정보화사회에선 지식만으로는 성공하기 어렵다. 정보화사회에서 가치를 인정받는 것은 새로운 아이디어의 산물밖에 없다. 고객들로부터 각광을 받는 모든 것들은 독창적인 아이디어의 결과물들이다. 신상품 개발, 비용 절감, 새로운 서비스 제공 등은 모두가 인간의 창의력에 기인한다.

혁신적이고 독창적인 아이디어는 기본적으로 산업의 발전과 성공의 밑거름이 된다. 광고, 예술, 비즈니스 모델, 고객서비스 등 어떤 분야에서든 성공한 사람들의 특성을 살펴보면, 그들이 한결같이 남과 다른 독창적인 아이디어 개발에 많은 에너지를 쏟아부었다는 사실을 알 수 있다.

그렇다면 누구나 창조적인 아이디어맨이 될 수 있을까?

그 대답은 "Yes!"이다. 길포드와 슈턴버그는 지능과 창의력은 별개이며, 창의력은 훈련에 의해 향상된다고 주장했다. 그리고 지능지수가 높은 사람의 경우, 자신의 두뇌만 믿고 창의력 훈련을 게을리하여 오히려 창의력 지수가 낮은 경우가 많다고 밝혔다.

[그림 1-1] **지능지수와 창조성 득점**

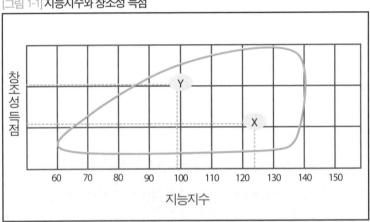

또한 MIT 대학이나 하버드 대학은 연구 결과를 통해, 창의력 훈련을 받은 사람은 받지 않은 사람에 비해 30 ~ 40%가량 더 창의력을 발휘한다는 사실을 증명하였다.

창의란, 궁극적으로 '과거에 습득한 지식과 지혜를 해체하거나 결합하여 새로운 것을 만들어 내는 과정'이라고 정의할 수 있다. 창의란 지금까지 이 세상에 존재하지 않았던 완전히 새로운 것을 만드는 것이 아니다. 휴대폰을 예로 들어보자. 휴대폰은 완전히 새로운 형태의 제품이었는가? 그 이전에 무선으로 통신하던 기기가 없었는가? 군대에서 주로 사용하던 무전기가 있었다. 문자를 서로 주고받던 도구는 없었는가? 그 이전에 우리는 컴퓨터를 통해 문자를 주고받았다. 이렇게 기존의 것을 나누거나 결합하여 휴대폰이라는 통신기기를 개발한 것이다.

최초의 휴대폰은 단순히 음성을 서로 주고받는 기능밖에 없었다. 하지만 지속적으로 진화해 MP3, 녹음기, 동영상 재생, 인터넷, 카메라 등 새로운 부가 기능을 탑재해 혁신적인 제품으로 재탄생되었다. 이미 다른 상품이 지닌 기능을 단순히 휴대폰에 결합했을 뿐인데 말이다. 이것이 바로 '창의'다. 그렇게 만들어진 휴대폰은 인류를 한층 진화시켰다. 휴대폰이 없으면 사회, 문화, 경제 등 모든 것이 하루아침에 멈출만큼 우리에게 미치는 영향도 커졌다.

그렇다면 아이디어맨이 되기 위해서는 무엇을, 어떻게 해야 할까? 창조적 마인드와 창의력 공식을 알고 있으면 가능하다. 창조적 마인드를 바탕으로 창의력 공식에 얻고자 하는 결과물에 관한 요소를 대입하면 된다. 즉 아이디어 발상 기법을 많이 알고 있으면 가능한 것이다.

알렉스 오스본이 개발한 아이디어 발상 기법 중에 '바꿔보면 어떨까?' 라는 것이 있다. 이것은 기존의 방법, 재료, 순서 등을 새롭게 바꿔 보는 것이라고 할 수 있다. 이렇게 해서 성공한 상품을 우리는 쉽게 접할 수 있다. 컵의 재질을 유리에서 종이로 바꾼 종이컵, 종이에 인쇄하던 책을 디지털로 바꾼 전자북, 분사 방식을 바꿔 속도가 훨씬 빨라진 레이저 프린터 등 그 사례는 무수히 많다.

만약 당신이 누군가에게 서류 10장을 보내려는데 클립이 없다고 가정해 보자. 풀이나 스템플러를 이용할 수도 있겠지만, 받는 사람이 한

장씩 뜯어서 사용해야 한다면 얼마나 불편하겠는가? 클립 하나면 해결되는데 말이다. 이렇게 쓰임새가 좋은 클립은 1867년에 새뮤얼 B. 페이에 의해 삼각형 모양으로 처음 개발되었다. 초기에는 옷감 고정용으로 쓰였는데, 그림과 같은 클립이 등장하면서부터 사무용으로 각광을 받기 시작했다.

[그림 1-2] **클립**

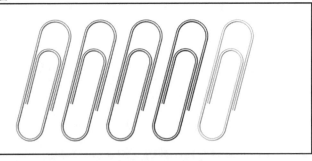

창조의 산물인 위대한 아이디어는 이처럼 아주 작은 것에서 탄생해 세상을 바꾸기도 한다. 흥미로운 것은 페이가 클립을 개발할 때는 좁은 범위의 문제 해결을 위한 것이었지만, 그 후에 진화하면서 훨씬 다양한 문제를 해결하는 데 사용되었다는 사실이다. 이처럼 창의력은 우리 주위의 작은 업무 개선부터 위대한 발명에 이르기까지 인류의 문명을 개선하는 데 크게 기여해 왔다. 그리고 중요한 것은 최초로 탄생한 상품이나 결과물이 지속적으로 진화하고, 발전한다는 사실이다.

의도하든, 의도하지 않든 우리는 다양한 분야에서 아이디어 발상 기법을 활용하고 있다. 이러한 창의력 개발 도구들을 좀 더 체계적으로 학습하여 과학적으로 활용한다면, 누구나 아이디어맨이 될 수 있다.

창의성은 어디서 시작되는가

"당신은 문제의식이 있는 사람입니까", "당신은 문제를 좋아합니까?"라고 질문하면, "예, 그렇습니다."라고 명쾌하게 대답하는 사람이 있다. 극소수에 불과하지만, 이런 사람들은 기본적으로 문제 해결에 대한 의지가 있는 사람이거나 창의적인 마인드를 가지고 있는 사람이다.

이렇게 문제를 잘 해결하는 사람은 어디서든 환영받는다. 왜냐하면 대부분의 사람들은 문제가 발생하면 회피하기 때문이다. 문제가 없다면 창의력을 발휘할 필요가 없다. 문제는 창의력을 발휘하는 데 반드시 필요한 요소다. 대개 성과를 내는 사람들은 문제 해결 능력이 뛰어나다. 다시 말하자면 창의력이 뛰어나다는 이야기다. 문제를 해결하는 순간이야말로 최고의 창의력이 발휘되는 순간이기 때문이다.

농구의 황제, 농구의 신이라 불리는 사람이 있다. 바로 마이클 조던이다. 그는 돌파, 리딩, 리바운드, 점퍼, 패스, 포스트업, 리바운드, 속공, 수비 등 모든 면에서 최고의 플레이를 보여준 농구 선수였다. 그는 상대의 수비 성향에 맞춰 공격을 해서 자신이 마음 먹은 대로 경기를 이끌었고, 아주 찰나의 순간에도 어떤 패턴으로 공격해야 할지를 순식간에 결정해서 완벽한 공격을 만들어 냈다.

마이클 조던이 농구 황제가 될 수 있었던 것은 타고난 재능, 끊임없는 노력, 팀을 이끄는 탁월한 리더십, 상대방의 전략을 꿰뚫어 보는 눈 등 많은 장점이 있었기 때문이다. 하지만 그가 다른 선수들보다 훨씬 뛰어났던 이유는 무엇보다도 부정적인 상황을 약점으로 인식하지 않고, 이를 극복하고자 했던 문제의식과 긍정적 마인드 때문이었다. 다음은 마이클 조던의 진면목을 보여주는 말이다.

당신을 둘러싸고 있는 부정적인 상황을 긍정적인 상황으로 만드십시오. 혹시라도 누군가가 나의 부족한 부분을 약점으로 몰아붙일 때 그들이 약점이라고 판단했던 것을 장점으로 바꿔버리는 것이 나의 태도입니다.

-마이클 조던-

면도기는 성인 남성들에게는 없어서는 안 될 생필품 중의 하나다. 오래된 벽화 등에서 턱수염이나 머리를 깎을 때 사용했던 것으로 추정되는 여러 가지 도구가 발견되는 것을 보면, 인류는 이미 오래 전부터 이러한 도구를 널리 사용했던 것으로 보인다. 실제로 유물을 통해 B.C 1400년대에는 이집트에서 청동제 도끼 모양의 면도칼이, B.C 321년경

고대 그리스에서는 초승달 모양의 면도칼이, 앗시리아에서는 평평한 면도칼이 사용된 것으로 나타나기도 했다.

고대 로마인들은 긴 손잡이가 달린 이른바 '서양 면도칼'을 본격적으로 사용했다. 이렇게 사람들이 머리털이나 턱수염을 깎은 것은 수염에 벌레가 기생하지 못하게 하거나 전쟁이나 사냥에 방해를 받지 않기 위해서였던 것으로 추정되고 있다.

20세기 이전에는 면도를 제대로 하려면 꽤 오랜 시간이 걸렸을 뿐만 아니라 때로는 위험도 감수해야 했다. 또한 날이 쉽게 무뎌지는 바람에 미국 헐리우드의 서부영화에서 볼 수 있듯이, 면도기를 쓸 때마다 가죽에 갈아서 날을 세우고, 얼굴이 베이지 않고 보다 깨끗하게 면도를 하려면 이발소에 가서 전문 면도사의 서비스를 받아야 했다. 그 이후 면도기는 지속적으로 발전을 하면서 새로운 형태로 개발되었고, 질레트에 이르러 그 기술은 정점에 이른다.

어느 날 질레트는 거울을 보며 면도를 하다가 실수로 얼굴을 베어 피가 흐르자 이렇게 생각한다.

"아이 참! 면도할 때마다 이렇게 베야 하나? 얼굴을 베지 않는 면도기를 만들 수는 없을까?"

그 순간, 그의 뇌리를 스쳐가는 번쩍이는 아이디어가 떠오른다.

"그래! 내가 한 번 만들어보자."

그리고 질레트는 안전 면도기를 개발하기 시작한다. 그는 가까운 철물점에서 강철 리본, 손 줄 등을 사다가 오랜 시간 발명에 몰두한다. 그러던 어느 날, 이발을 하러 갔다가 이발사가 머리에 빗을 대고 머리카락만 안전하게 자르는 모습을 보게 된다.

'그래, 저거다! 칼날을 얇은 철판 사이에 끼워서 털만 칼날에 닿도록 하면 살을 베일 염려가 없겠어!'

질레트는 즉시 집으로 돌아와 신제품을 만들어 시험을 해본다. 결과는 대만족. 그는 곧 특허를 출원하고 친구의 도움으로 공장을 세워 안전 면도기의 생산에 들어간다. 그리고 처음에는 생산 기술의 부족, 소비자의 인식 부족 등으로 어려움을 겪었지만, 1904년 11월 5일 특허를 받은 뒤 얼마 지나지 않아서 안전 면도기는 남성들 사이에서 선풍적인 인기를 끌기 시작한다.

오늘날 세계 면도기 시장을 석권하고 있는 질레트사의 안전 면도기는 이처럼 문제를 그냥 지나치지 않고 어떻게 해결할까 고민했던 질레트의 문제의식에서 탄생하였다. 그 후, 안전 면도기는 몇 번의 개량을 거쳐 오늘날과 같은 질레트 면도기에 이르렀고, 20세기 주요 발명품 중의 하나로 손꼽히고 있다.

창의성의 첫걸음은 질레트처럼 문제를 인식하는 것으로부터 출발한다. 문제 해결이란 문제 인식의 결과물이다. 신상품 개발이나 새로운 아이디어 도출은 문제를 인식하지 못하면 불가능하다.

창의력 개발에 필요한
Why와 How to

NASA^{미국 항공우주국}에서 우주선을 개발할 때의 일이다. 우주여행에서는 기록이 매우 중요한 일에 속한다. 우주공간에서의 생체현상, 생리적인 반응, 달에서 본 지구의 모습, 달이 가지고 있는 광물질에는 어떤 것들이 있는지 등을 모두 기록해야 하기 때문이다.

그러나 기록을 위해 만년필을 사용하는 데는 큰 장애 요인이 있었다. 무중력상태에서는 잉크가 밖으로 흘러나와 우주선 안을 떠다닐 수 있었던 것이다. NASA에서는 화학공학자, 물리학자, 유체역학자, 만년필 제조업자 등 관련 분야의 최고 전문가들에게 이 문제의 해결을 요청했다. 하지만 가설을 세우고 검증하고, 또 새로운 가설을 세우고 검증했지만 문제를 해결할 수 없었다.

그래서 NASA에서는 새로운 접근방법을 도입하여 이 문제를 해결하기로 했다. 그것은 바로 원점으로 돌아가는 것이었다. 만년필의 사용 목적이 무엇인지를 질문한 것이다. 그때 "아하!" 하는 탄성이 터져 나왔다. 만년필의 목적은 쓰는 것이었다. 그러면 쓰는 도구 중 액체로 되어 있지 않은 것은 무엇일까? 바로 연필이었다. 결국 과학자들은 기존의 연필을 조금 개선하여 우주공간에서 사용했다고 한다.

갓 태어난 아기도 주사바늘만 보면 공포감에 사로잡혀 울음을 터뜨리는 것을 볼 수 있다. 주사바늘은 아이들은 물론 어른들에게도 공포의 대상이다. 그래서 많은 연구자들이 혁신적인 주사바늘을 개발하기 시작했다. 대부분은 '기존의 제품을 어떻게 하면 효과적으로 개선할 수 있을까?'에 초점을 맞추었다. 그러나 이렇게 개발된 제품은 기존의 제품에 기능, 외관, 품질 등을 개선한 것에 불과했기 때문에 기존의 것을 획기적으로 뛰어넘을 수 없었다.

기존의 제품과 완전히 다른 새로운 형태의 획기적인 제품을 개발하려면 기존 주사기의 용도가 무엇인지 그 원류를 찾아볼 필요가 있다. 즉 'Why'를 찾는 것이다. 주사기의 목적인 'Why'는 치료용 액체를 몸 속으로 주입하는 것이다. 이런 경우, 다음과 같은 질문을 던질 수 있다.

반드시 바늘이 있어야만 치료액을 몸 속에 주입하는 것이 가능한 것일까? 바늘 없이 치료액을 몸 속으로 주입하는 방법은 없는 것일까?

이러한 질문에서 출발하면 기존의 주사기와 전혀 다른 새로운 형태의 바늘 없는 주사기를 개발할 수 있다. 이렇게 해서 개발된 것이 바로 '인젝스injex'다. 인젝스는 독일 'INJEX Pharma Gmbh'가 개발한 바늘 없는 주사기다.

[그림 1-3] INJEX

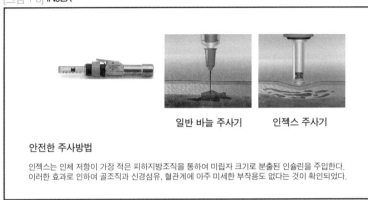

일반 바늘 주사기   인젝스 주사기

안전한 주사방법

인젝스는 인체 저항이 가장 적은 피하지방조직을 통하여 미립자 크기로 분출된 인슐린을 주입한다.
이러한 효과로 인하여 골조직과 신경섬유, 혈관계에 아주 미세한 부작용도 없다는 것이 확인되었다.

이 주사기는 바늘이 없어 주사바늘이 주는 공포심과 두려움에서 환
자들을 해방시켜 주며, 바늘주사로 인한 통증을 경감시켜 주기 때문에
환자들에게 심리적 안정감을 준다.

[그림 1-4] INJEX의 효과

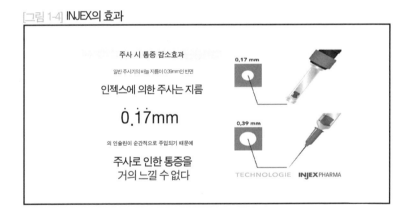

주사 시 통증 감소효과

일반 주사기의 바늘 지름이 0.39mm인 반면

인젝스에 의한 주사는 지름

0.17mm

의 인슐린이 순간적으로 주입되기 때문에

**주사로 인한 통증을
거의 느낄 수 없다**

0.17 mm

0.39 mm

TECHNOLOGIE   INJEX PHARMA

또한 주사바늘이 없어 간호사들이 겪을 수 있는 2차 감염을 방지하고
세균 감염이 없으며 장기간 사용에 따른 세포괴사의 우려도 없다. 그리
고 바늘이 없기 때문에 간호사나 의사 등 전문가의 도움 없이도 사용이

가능하다. 아마 기존의 바늘이 있는 주사기를 '어떻게 개선할까?'에만 집중하여 개발했다면 결코 바늘 없는 주사기는 개발될 수 없었을 것이다.

우리가 이처럼 개발하고자 하는 상품이나 아이디어의 목적을 찾는 것이 바로 'Why'라고 할 수 있다. 'Why'가 규명되지 않고서는 획기적인 아이디어는 도출되지 않는다. 'Why'가 규명되었으면 이번에는 어떻게 만들까, 즉 'How to'에 초점을 맞추면 된다.

질보다 양을 추구하라

만약 "좋은 아이디어 좀 도출해 보시오."라는 요구를 받았다면 당신은 어떻게 반응하겠는가? 아마 머리가 복잡해지고 공포심마저 들 수도 있을 것이다. 또는 '좋은 아이디어란 도대체 무엇인가?'라는 의문도 들 것이다.

당신은 1온스의 금을 얻기 위해 광석이 얼마만큼 필요한지 생각해 본 적이 있는가? 10톤 정도면 1온스의 금을 얻을 수 있을까? 불가능하다. 250톤가량의 광석을 정제해야 비로소 1온스의 순금을 얻을 수 있다. 더 많은 금을 얻으려면 더 많은 금이 필요한 것은 당연하다. 양이 질을 좌우하는 것이다.

그렇다면 1,000타석에 들어와 300개의 홈런을 친 이승엽 선수와 500타석에 들어와 250개의 홈런을 친 양준혁 선수 중, 누가 과연 연말에 홈런왕을 차지할까? 이승엽 선수는 1,000타석(양)에 들어와 300개의 홈런을 쳤으니 홈런율이 30%(질)이며, 양준혁 선수는 500타석(양)에 들어와 250개의 홈런을 날렸으니 홈런율은 50%다. 질로 보면 홈런율이 50%인 양준혁 선수가 홈런율이 30%인 이승엽 선수보다 높다. 그러나 홈런왕은 이승엽 선수가 받게 된다. 홈런왕은 홈런을 많이 친 선수에게 주어지는 선물이기 때문이다. 이와 마찬가지로 아이디어의 질도 결국은 양이 결정한다.

 기본적으로 "아이디어란 기존의 요소를 나누거나 결합하여 새로운 조합을 만들어 내는 것이다."라고 정의할 수 있다. 많은 사람들이 무에서 유를 창조하라고 하지만, 무에서 태어난 아이디어는 존재하지 않는다. 아무리 좋은 아이디어라고 해도 발상의 싹이 된 아이디어가 있기 마련이다. 하지만 대부분의 아이디어는 실행과 곧바로 연결될 수 없는 경우가 많다. 대부분의 아이디어는 2%가량 부족한 것이 현실이다.

[그림 1-5] **아이디어 분류**

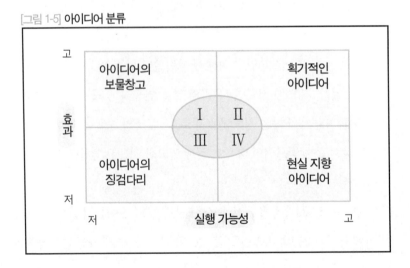

아이디어는 크게 4가지 단계로 분류할 수 있다. 효과도 높고 실행 가능성도 높은 아이디어는 거의 존재하지 않는다. 이런 아이디어라면 횡재나 다름없다. 물론 실행 가능성이나 효과가 낮다고 할지라도 상호 간에 결합을 한다면 획기적인 아이디어로 탄생할 수 있다. 따라서 아이디어를 도출하는 단계에서는 효과를 염두에 두지 말아야 한다. 이는 곧 아이디어가 굳이 완벽할 필요가 없다는 뜻이다.

그러면 질을 낳기 위해 양은 어느 정도가 되어야 할까? 250톤의 광석을 정제해야 1온스의 순금을 얻을 수 있다고 했다. 아이디어도 마찬가지다. 질보다 훨씬 많은 양이 필요하다.

당신이 생각하기에 시시하거나 너무 당연하다고 생각하는 아이디어라도 모두 도출해야 한다. 다른 사람에게는 완전히 새로운 아이디어로 비칠 수도 있기 때문이다. 그렇다면 여기서 새로운 아이디어에 대한 판단은 누가 할까? 내가 판단하는 것이 아니라 고객이 하는 것이다. 따라서 어떤 아이디어든 좋으니 일단 많은 양의 아이디어를 도출해야 한다. 질보다 양에 중점을 두어 아이디어를 내다 보면 어느 순간 양이 질의 변화를 가져온다.

아이디어도 생명주기가 있다

이 세상의 모든 생명과 제품에 수명이 있듯이, 아이디어에도 수명이 있다. 아이디어는 탄생의 시기, 성장의 시기, 성숙의 시기, 쇠퇴의 시기로 하나의 생명주기가 이루어지며, 쇠퇴의 시기가 끝나면 1세대의 생명이 다하게 된다.

그러나 아이디어의 생명주기를 연장할 수 있는 방법이 있다. 다세대 아이디어 전략이라고 불리는 MGIPMulti Generation Idea Plan가 그것이다. 이 곡선은 아이디어의 성공이 영원히 지속되지 않을 수 있으므로 결코 자만해서는 안 된다는 것을 보여준다. 또한 1세대의 아이디어를 효과적으로 활용하기만 한다면, 그 생명을 더 연장할 수 있다는 사실도 함께 보여준다.

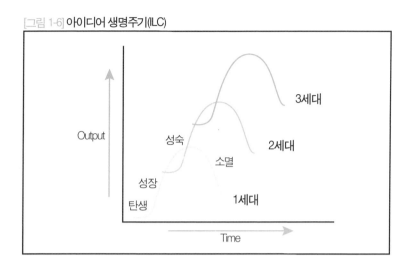

[그림 1-6] 아이디어 생명주기(ILC)

Output

성숙

성장

탄생

소멸

3세대

2세대

1세대

Time

1. 탄생

탄생은 아이디어가 엄격한 기준을 통과하는 과정을 의미한다. 이 과정을 통과해야만 아이디어는 독립된 개체로 인정받을 수 있다. 이 단계에서는 아이디어가 시장에서 인정받을 수 있도록 만반의 준비를 해야한다. 고객이나 이해관계자의 의견을 청취하고, 그것을 아이디어에 반영해야 한다.

그리고 아이디어가 이 단계를 무사히 통과하려면 리스크를 효과적으로 관리해야 한다. 리스크 관리 항목에는 비용, 프로젝트 관리자의 리더십, 일정, 팀워크, 관련 기술, 내부 역량, 자원 등이 포함되는데, 리스크 삭감 계획을 수립하여 주기적으로 관리해야 한다.

또한 마케팅 전략도 구체적으로 수립하여 실행해야 한다. 성공한 제품을 보면 일류기술로 성공한 사례는 겨우 15%에 불과하다. 그 나머지는 이류나 삼류기술이었다. 아무리 훌륭한 아이디어라도 상품화하여 시장에 성공적으로 진입하지 못하면 아무런 의미가 없다. 마케팅 활동이 그만큼 중요한 이유다.

이 단계에서는 아이디어를 도입하는 단계이기 때문에 성공을 예측하기란 매우 어렵다. 이럴 때는 이전의 유사한 사례를 판단 근거로 활용해서 예측하면 된다.

2. 성장

이 단계는 아이디어가 결실을 맺는 시기이다. 그러나 위험도 그만큼 크다. 왜냐하면 결실을 만끽하는 정점에서는 다음 단계를 잘 떠올리지 않기 때문이다. 즉 기존의 아이디어를 개선하거나 새로운 아이디어를 떠올리려는 노력을 하지 않는 것이다.

또한 다른 사람들의 의견을 귀담아 듣지도 않는다. 자신의 아이디어가 잘 나가기 때문에 자아도취에 빠져 고객과 이해관계자의 의견에 귀 기울여야 한다는 사실을 망각해 버리는 것이다. 따라서 아이디어가 더 이상 발전하지 못하고 정체되는 경우가 종종 발생하기도 한다.

3. 성숙

이 단계에서는 열매의 대부분을 거둬들이는 시기이다. 최고로 많은 수확량을 거둬들이지만 더 이상의 열매는 열리지 않는 시기라고 할 수 있다. 이 단계에서는 마케팅 능력을 최대한 발휘해서 높은 가격에 판매해야 한다. 재고가 남아서는 안 된다. 이 시기엔 유사한 아이디어들이 시장에 진입해서 가격 경쟁이 치열해진다.

또한 이 단계에서는 철저히 계획을 수립하여 철수나 이전 준비를 해야 한다. 그래야만 철수 비용을 최소화하거나 제값에 아이디어를 팔 수 있다.

4. 소멸

이 시기는 추수가 모두 끝난 시기이다. 아이디어는 소멸되었기 때문에 과감히 버려야 한다. 그러나 유감스럽게도 지난 추억을 그리워하는 사람이나 기업이 의외로 많다. 소멸된 아이디어를 어떻게 다시 살려볼 생각을 하는 기업들이 많다는 뜻이다. 새로운 아이디어를 체험한 고객들은 지난 아이디어를 다시 구매하지 않는다.

아이디어도 이와 같이 시간이 지나면 생명을 다하고 만다. 그렇다면 생명을 지속적으로 연장할 수 있는 방법은 없을까? 그것은 바로 다세대 아이디어 전략MGIP을 통해서 가능하다. MGIP란 1세대 아이디어를 플랫폼으로 하여 2세대 아이디어를 도출하는 방식을 말한다.

여기서 플랫폼이란 시간이 지나도 변화할 필요가 없거나 고객의 니즈에 민감하지 않은 고정된 틀을 말한다. 예를 들면, 자동차의 차체가 플랫폼에 해당한다. 고객들은 차체의 구조나 재질 등에 대해서는 별로 관심이 없다. 플랫폼을 활용한 다세대 아이디어 전략은 아이디어의 개발 비용과 시간 등을 단축시킨다.

MGIP는 경쟁사를 항상 수비적 위치에 놓이게 할 수 있다. 자사는 1세대 아이디어의 성장 단계에서 1세대 플랫폼을 바탕으로 2세대 아이디어를 개발하지만, 경쟁자는 자사의 1세대 아이디어의 성공 여부를 확인한 후 아이디어를 개발하기 때문이다. 이런 기업들은 대개 1세대의 탄생, 성장, 성숙, 소멸 곡선이 2세대, 3세대의 탄생, 성장, 성숙, 소멸 곡선과 맞물려 돌아간다는 사실을 잊어버리는 경우가 많다.

성공하는 기업은 정작 여름에 스키장을 개설하고 겨울에 수박을 생산하며, 가을에 수영장을 개방하고 봄에 인삼을 캐기 위한 노력을 기울이는 기업이다. 발 빠른 이들은 계절에 상관없이 과일을 생산한다.

20세기 최고의 기업으로 항상 꼽혔던 기업이 있었다. 카메라 필름을 만들던 코닥이 바로 그 주인공이다. 코닥의 역사는 조지 이스트먼이 24세 때 엄청난 크기의 카메라를 처음 구입한 후, 카메라에 관심을 갖게 되면서 시작된다. 이스트먼은 그 당시 사진작가들이 젤라틴 감광제를 사용하는 것을 보고 젤라틴 감광제가 건조 후에도 빛에 예민하게 반응해 야외활동에 적합하다는 것을 깨닫고 직접 개발에 착수하기에 이른다. 이를 위해 이스트만은 3년 동안 밤낮을 가리지 않고 개발에 몰두해 1880년 감광판을 개발했다. 이것이 바로 코닥의 출발점이었다.

이렇게 탄생한 코닥은 1980년대에는 종업원 16만 명을 거느린 거대 기업이 되었다. 하지만 그런 코닥이 몰락했다. 외면적으로는 디지털 카메라의 등장이 그 이유였다. 그런데 아이러니하게도 디지털 카메라를 개발한 사람은 코닥의 엔지니어였다. 정작 1975년 디지털 카메라를 발명하고도 연구와 투자를 미루다 디지털시장에서 도태되고 만 것이다. 주력 업종을 스스로 잠식하는 신제품을 시장에 출시할 수 없다는 안이한 판단이 결국 131년 기업의 몰락으로 이어진 것이다.

코닥이 몰락한 외면적 이유는 디지털 카메라 때문이었지만, 그 근본 원인은 아날로그 필름에 대한 절대적 믿음 때문이었다. 그로 인해 코닥은 지속적으로 시장이 요구하는 2세대, 3세대 제품을 연속적으로 출시하는 노력을 기울이지 않았다. 결국 고객의 니즈가 아날로그 필름에 머무를 것이라는 확신이 코닥의 몰락을 가져온 결정적인 계기가 되었다.

창의력, 질문으로 시작하라

대부분의 부모들은 아이들로부터 "아빠, 자동차는 누가 만들었어요?", "이 자동차는 무엇으로 만들었어요?", "왜 자동차의 모양이 모두 달라요?"와 같은 질문을 받아보았을 것이다. 하지만 호기심 가득한 아이들의 이런 질문들은 성장하면서 점점 줄어든다. 어른이 되면서 우리는 질문보다는 과거의 경험과 교육에 의해 문제를 해결하려는 경향을 보인다. 그리고 이런 방법을 최선의 방법이라고 생각한다.

그러나 이러한 접근 방법은 개인과 조직이 새로운 아이디어를 도출하는 데 커다란 방해요소로 작용한다. 기본적으로 새로운 아웃풋을 얻으려면 새로운 인풋이 필요하다. 그리고 새로운 인풋을 얻으려면 정보나 영감의 원천, 시각의 틀을 새롭게 해야 한다. 새로운 인풋을 얻는 방법으로는 여러 가지가 있지만, 가장 효과적인 것 중의 하나가 바로 질문을 하는 것이다.

질문에는 좋은 질문과 나쁜 질문이 있다. 좋은 질문은 상대방의 귀를 열어 새로운 아이디어를 도출할 수 있는 모티브를 제공한다. 또한 사람들에게 대답하기 전에 다양한 생각을 떠올리게 하고, 전에는 미처 생각하지 못했던 새로운 해답을 떠올리게 해준다. 그렇다면 좋은 질문에는 어떤 것이 있을까?

● 창의적인 아이디어를 이끌어 내는 좋은 질문의 예

- 뭐, 새로운 방법은 없을까?
- 고객들이 좋아하는 메뉴는 어떤 스타일일까?
- 김 대리가 제안한 아이디어가 참 좋군. 거기에 추가할 아이디어가 없을까?
- 기존의 방법에서 불편한 점은 무엇이었나? 이를 개선하려면 어떤 방법이 좋을까?
- 전통을 지키면서 새로운 니즈를 동시에 추구할 수 있는 방법에는 무엇이 있을까?
- 이 과장의 생각은 참 좋은데, 조금은 개념적인 측면이 있어. 실행을 위해서는 구체화가 필요한데, 좀 더 구체적으로 말해 줄 수 없겠나?

반면 나쁜 질문은 상대방이 생각할 여유를 주지 않고 귀를 닫게 만든다. 따라서 기존의 것들 중에 하나를 선택하는 것 이상의 아이디어를 도출할 수 없게 만든다. 나쁜 질문에는 다음과 같은 것이 있다.

● 새로운 아이디어의 도출을 방해하는 나쁜 질문의 예

- 이것과 저것 중에 어느 것이 좋습니까?

- A안과 B안 중에서 어느 것이 좋습니까?
- 나는 B안이 최적의 아이디어라고 생각하는데, 당신 생각은 어떻습니까?
- 당신은 왜 그것밖에 생각을 못합니까?
- 도대체 이것을 아이디어라고 가져온 것입니까?
- 당신의 생각이 틀린 것은 아닐까요?

　당신은 탐정 드라마인 〈형사 콜롬보〉를 본 적이 있는가? 거기서 주인 공 콜롬보는 "그 시각에 당신은 무엇을 했습니까?", "왜 존이 범인이라고 생각합니까?", "당신이 범인이 아니라는 이유는 무엇입니까?"와 같이 수 많은 질문으로 미궁에 빠진 사건을 하나씩 풀어간다. 실제로 드라마에 서건 실제 사건에서건 명수사관들은 질문을 통해 사건을 해결해 나간 다. '왜 사과는 나무에서 땅으로 떨어지는 것일까?'라는 뉴턴의 질문이 만유인력의 법칙을 발견하는 밑거름이 된 것은 널리 알려진 사실이다.

　어디 그뿐인가. B.C. 220년경 아르키메데스는 목욕탕에서 '물 속에 있는 물체가 실제의 무게보다 가볍게 느껴지는 이유는 무엇일까?'라는 질 문을 통해 아르키메데스의 원리를 발견하였다. 그 후 이 원리는 물질의 비중을 측정하는 기초가 되었으며 뱃짐 등 복잡한 형태를 가진 물체의 부피를 측정하는 데 사용되었다. 아르키메데스는 이와 같이 근본적이고 핵심적인 질문을 통하여 위대하고 과학적인 발견을 얻을 수 있었다.

　공자, 소크라테스 등과 같은 위대한 철학자들도 삶의 의미와 자연, 도 덕 등에 대한 심오한 질문을 통해서 그 답을 얻고자 노력하였다. 우리는 위대한 철학자처럼 심오한 질문을 하면서 평생을 살아갈 수는 없지만,

세상을 살아가면서 매 순간 결정을 내릴 때마다 스스로에게 집요하게 질문을 던져야 한다. 자기 자신에 대한 깊이 있는 질문이야말로 중요한 결정에서 정확한 답을 얻게 해주기 때문이다.

질문을 하면 자기가 옳다고 생각하는 것이 맞는지 확인할 수 있고, 해결할 문제를 더욱 명확하게 이해할 수 있다. 질문할 때는 지극히 기본적이고 광범위한 것에서부터 점차 구체적인 것으로 질문을 해야 한다. 이렇게 하면 문제나 아이디어가 좀 더 명확히 보일 것이다.

위대한 발명가나 철학자도 작고 하찮은 것에 의문을 갖고 질문을 함으로써 답의 실마리를 얻었다. 창의적인 인재가 되기 위해서는 모든 사물에 의문을 갖고 질문을 하는 적극적 태도가 무엇보다 필요하다.

고객과 소비자를 통찰하라

통찰이란 상대방의 마음속에 숨겨진 진실까지 알아내는 것을 말한다. 그렇게 보았을 때 'Customer Insight', 즉 소비자 통찰이란 고객의 속마음까지 속속들이 읽어내는 것을 의미한다.

그렇다면 소비자 통찰은 왜 중요할까? 통찰은 동기를 자극하고, 동기는 아이디어를 도출하는 원동력이 되기 때문이다. 이는 곧 소비자를 통찰하지 않으면 고객이 원하는 아이디어를 도출할 수 없다는 말과 같다. 고객이 원치 않는 아이디어는 아무리 독창적이고 훌륭한 아이디어라도 '계륵'과 같다. 갖고 있자니 부담되고 버리자니 아까운 것이 되고 만다.

소비자 통찰은 개발자와 소비자 사이에서 형성되는 '공감'이 매우 중요한 매개체 역할을 한다. 공감이란 '상대방의 입장이 되어 그 상황을 몸과 마음으로 그대로 느껴보는 것'을 말한다. 다시 말하면, 공감은 상대방의 어떤 상황에 대해 그의 처지가 되어 그의 눈으로 바라보고, 그의 사고방식으로 생각하며, 그의 마음으로 느끼는 것을 말한다.

또한 소비자 통찰은 고객의 니즈뿐 아니라 그들이 속한 조직이나 사회의 문화, 역사, 심리, 종교, 정치적 이념, 가치관 등도 심도 있게 파악하는 것이다. 따라서 마케터는 물론 분석가, 철학자, 인류문화학자 등을 이 활동에 참여시켜야 한다. 그리고 이런 다양한 전문가들을 활용해 고객과의 '공감대'를 찾고, 아이디어를 도출해 상품에 결합시켜야 한다.

다음 그림은 냉장고의 문에 있는 열쇠 구멍을 나타낸 것이다. 중동지역에만 수출하는, 이른바 자물쇠 냉장고다.

[그림 1-7] **자물쇠 냉장고**

중동은 아직도 전통적인 대가족 제도가 남아 있다. 집집마다 어린이들이 많다 보니 냉장고를 수시로 열어 에너지 낭비가 많다고 한다. 이를 방지하고 간혹 발생하는 음식물 도난을 예방하기 위해서 만든 냉장고가, 바로 이 자물쇠 냉장고라고 한다. 이 냉장고는 중동에서 매년 20만 대 이상 꾸준히 팔리는 효자상품이라고 한다.

헨켈Henkel은 1876년 독일에 세워진 글로벌 생활용품 전문회사다. 헨켈은 소비자 통찰을 실시하던 중 기존의 일반 세제로는 세탁할 수 없는 검은 옷 전용 세제시장이 따로 존재한다는 사실을 발견했다. 그동안 소비자도 몰랐고 생산자도 알지 못하는 새로운 시장이었다. 이는 곧 헨켈이 검은 옷 전용 세제 개발로 세제시장을 40% 정도 넓히는 계기가 되었다. 이것이 가능했던 것은, 헨켈이 소비자의 표면적 욕구뿐 아니라 그들의 생활 속으로 들어가 그들이 무엇을 생각하고, 그들이 느끼는 중요한 가치는 무엇이며, 생활패턴은 어떤지 등을 면밀히 조사했기 때문이었다.

인도 남부 타밀나두 주의 작은 도시 마두라이에는 놀랍게도 세계에서 가장 큰 안과병원이 있다. 1977년에 은퇴한 고빈다파 벤카타스와미 닥터 V로 불림에 의해 자그맣게 시작된 아라빈드 안과병원은 지금은 전 세계에서 가장 효율적으로 최다의 백내장 환자를 수술하는 유명한 병원으로 성장했다. 더욱 놀라운 것은 유료 환자가 30%에 지나지 않는다는 사실이다. 나머지는 무료 또는 거의 무료에 가까운 치료를 받는다.

이 병원은 돈이 없어 치료를 받을 수 없는 가난한 사람들을 보고, 이들이 시력을 잃지 않도록 도와줘야겠다는 닥터 V의 꿈에서 시작되었다. 그는 원래 산부인과 의사였지만, 악성 류마티스 관절염으로 2년간 침대 신세를 져야 했다. 더구나 손가락에 장애까지 생겨 수술을 할 수 없게 되자 대학에서 다시 안과를 공부해 이 시골지역에 안과 캠프를 연다.

그러면서 그는 시력을 회복시켜 주는 것이 환자 본인의 생명뿐 아니라 가족까지 살린다는 것을 깨닫게 된다. 1976년 그는 56세로 은퇴를 하면서 새로운 자선병원을 계획한다. 그리고 하버드 대학에서 안과 교수로 근무하던 여동생 '낫치아르'와 매제 '남'을 귀국시켜 자신의 새로운 자선병원에 합류시킨다. 그리고 의사였던 '남'의 여동생과 매제까지 여기에 합류해 모두 5명의 의사 풀을 갖춘다.

그들은 처음부터 철두철미한 절약 경영과 10시간씩 근무하며 아라빈드의 철학과 모델을 만들어 갔다. 이 과정에서 가장 중요한 것으로는 비용 절감과 표준화를 꼽을 수 있다. 간호사나 보조요원은 아라빈드의 중추 역할을 하며 모든 테스트나 상담 등을 맡아, 의사는 오직 수술에만 집중할 수 있는 시스템을 만든다. 1960년대 닥터 V는 미국의 맥도날드 가게에서 조립 라인과 표준화 시스템을 보고, 거기에 착안해 안과 수술과 맥도날드 시스템을 연결시킨 것이다.

그 결과, 보통의 병원에서는 한 명의 의사가 일 년에 250 ~ 400명의 환자를 수술하지만, 맥도날드를 본뜬 이 병원의 조립 라인을 활용하면 1년에 2,000명을 수술할 수 있다. 이 방법에 따르면, 아침 7시에 환자들이 의사에게 배정되고, 7시 15분경에는 환자 2명씩이 수술 테이블에 누워서 기다린다. 한 수술방에는 4개의 수술대가 나란히 놓여 있다.

이 곳에서는 두 명의 의사가 4개의 수술대를 담당한다. 그리고 각 환자마다 2명의 담당 간호사가 배정된다. 한 명은 의사를 옆에서 보조하며, 다른 한 명은 소독함을 오가며 수술 도구를 가져오는 역할을 한다. 의사마다 두 명의 보조 간호사와 두 명의 수술 도구 간호사를 데리고 수술을 한다.

한 환자의 수술이 끝나면, 옆의 테이블에 수술 현미경이 준비된다. 수술한 첫 번째 환자가 밖으로 나가면, 두 번째 환자가 들어와 수술 준비를 한다. 그리고 두 번째 환자의 수술이 끝나는 순간, 지체없이 세 번째 환자의 수술이 시작된다. 의사는 끊임없이 테이블 사이를 움직인다. 한 명의 의사가 보통 아침 7시부터 오후 1시까지 25~30명을 수술한다. 의사는 오후에는 수술하지 않고, 외래환자를 보거나 연구 활동을 한다.

아라빈드 안과병원은 닥터 V의 끊임없는 '소비자 통찰'을 통해 창의적이고 혁신적인 아이디어를 개발하고 활용했다. 그 결과, 그가 진행하는 자선 의료사업은 타인의 도움을 통해 운영된다는 상식을 뛰어넘어, 새로운 경영 기법으로 자선과 경영 혁신을 동시에 이루게 되었다.

[그림 1-8] 맥도날드식 시스템을 활용한 아라빈드 안과병원의 수술 절차

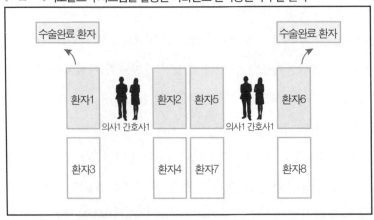

의사와 간호사 각 1인이 1조가 되어, 한 사람의 수술이 끝나면 간호사는 환자를 회복실로 안내하고 바로 옆에 준비된 환자를 다시 수술대로 옮긴다. 이렇게 해서 1인당 6~10분에 수술 완료→시간 단축→많은 사람을 수술하는 것이다. 이런 방법으로 아라빈드 안과병원은 수술환

자의 70%를 무료로 수술해 주면서도 매년 40% 이상의 이익을 실현하고 있다.

창의성은 부단한 노력의 결과물이다

　토마스 에디슨을 떠올릴 때 가장 먼저 생각나는 것은 무엇인가? 아마 '백열전구'를 포함해서 1,500여건의 특허권을 가진 발명가이자 GE를 창립한 기업가라는 것을 떠올릴 것이다. 하지만 그는 '천재'라는 별명과 지독한 '노력가'라는 칭송을 동시에 받고 있는 근대 문명의 선구자이기도 하다. "천재는 1%의 영감과 99%의 노력으로 이루어진다."라는 그의 격언은 끈질긴 노력 없이는 위대한 발명가가 될 수 없다는 것을 단적으로 보여주는 명언이라고 할 수 있다.

　그런데 에디슨은 다음과 같은 명언도 남겼다.

　"나는 나 이전의 마지막 사람이 멈추고 남겨 놓은 것에서 출발한다."

　이것은 에디슨이 1879년 11월 4일 미국 특허청에 제출한 백열전구에 대한 특허신청서의 첫 머리글이다. 이 특허는 1880년 1월 27일에 승인을 받았다. 특허 번호는 223,898. 필라멘트 재료를 무수히 많이 바꿔가며 4만 달러에 이르는 비용을 들여 1,200회가 넘는 수많은 실험 끝에 얻은 결과물이었다.

　그의 수많은 발명 가운데 상당수는 이미 다른 사람이 개발해 놓은 상품을 개선한 것들이었다. "나는 나 이전의 마지막 사람이 멈추고 남겨놓은 것에서 출발한다."란 말은 누구나 노력만 한다면 창조적 혁신가가 될 수 있다는 희망의 메시지를 제공한다. 이처럼 창조적 아이디어란 타고난 천재들의 전유물이 아니라 '다른 사람들이 이루어 놓은 것을 어떻게 개선할까?'라는 관점에서 출발하여 끊임없는 실험과 노력을 기울여 얻어낸 결과물이라고 할 수 있다. 필라멘트를 만든 것이 대표적이다.

　에디슨은 백열전구에 사용할 필라멘트 재료를 찾기 위해 온갖 노력을 다하였다. 그는 성공 가능성이 높은 물질이든 낮은 물질이든 수천 가지 재료를 가지고 실험을 했다. 그는 성공 가능성이 높은 물질을 선택할 때뿐만 아니라 실패할 가능성이 높은 것을 선택할 때도 열정을 다했다. 기대했던 결과물을 얻지 못해도 그때까지의 결과를 실패라고 규정하지 않았다. 그는 모든 것을 성공의 결과물로 간주하였다.

　그는 또한 실패란 그 일을 그만두었을 때 나타나는 현상이라고 말했다. 에디슨은 여러 가지 실험을 하면서 상업적으로 실패할 가능성에 대해 인정을 하기도 했다. 그러나 그는 이런 예측하기 어려운 상황을 성공 의지와 노력으로 이겨나갔다. 상상력을 현실화하여 상품으로 개발하는 데까지 그는 매우 험난하고 외로운 과정을 거쳐야만 했다. 그런 과정에서 에디슨에게는 길라잡이가 되어줄 북두칠성 같은 존재가 필요했다.

에디슨에게는 그것이 바로 성공에 대한 강한 의지, 그리고 끊임없이 정진하고자 했던 노력이었다고 할 수 있다.

에디슨은 미국인들에게 이렇게 말했다.

"우리에게는 용기가 필요합니다. 나는 사업을 하면서 수많은 난관에 부딪혔으며 어려움과 좌절을 겪었습니다. 위대한 미국은 늘 어려움에 처했고 우리는 이 어려움을 슬기롭게 극복하고 다시 일어나 더욱 강해지고 번영하게 되었습니다. 현재보다 더 나은 방법이 반드시 있습니다. 그것을 찾으십시오. 그것은 바로 열심히 일하는 것입니다. 그 어디에도 열심히 일하는 것을 대체할 수 있는 건 없습니다. 쉼 없는 노력과 지금에 만족하지 않는 태도야말로, 더 낳은 삶을 살아가는 데 있어 반드시 갖춰야 할 필수 요건입니다. 하던 일을 포기했을 때가 사실은 성공의 문턱 바로 앞이었을 때가 많습니다. 실패란 바로 그런 것입니다. 포기하지 마십시오. 실망하지 마십시오. 우리의 조상들이 그러했던 것처럼, 용감해지십시오. 굳건한 신념을 갖고 전진하십시오."

노력이 성공에 얼마나 중요한지를 강조한 말이라고 할 수 있다.

2장

창의력의 조건

창의력을 키워 주는
4가지 전제조건

앞에서 창의란 '과거에 습득한 지식과 지혜를 해체 또는 결합하여 새로운 것을 만드는 것이다.'라고 정의했다. 즉 창의란 지식과 지혜의 산물임과 동시에 통합·융합·조합의 결과물인 것이다. 따라서 창의적인 아이디어맨이 되려면 많은 지식을 습득하고 다양한 경험을 쌓는 노력을 기울여야 한다.

1. 지식

당신이 가진 지식과 지혜가 많을수록 통합·융합·조합의 아웃풋은 많을 수밖에 없다. 통합·융합·조합의 범위가 넓어지기 때문이다. 다음 그림을 통해 지식의 중요성을 살펴보자.

[그림 2-1] 어떻게 읽을 것인가?

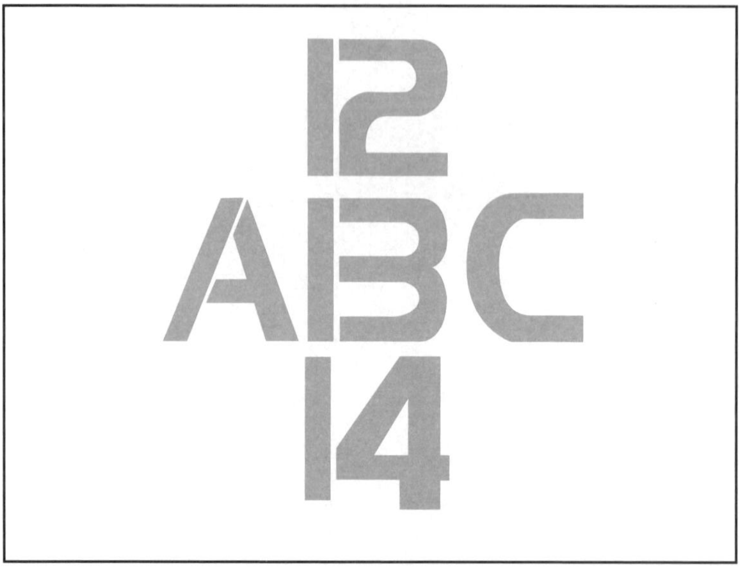

이것은 가로로 읽으면 'A, B, C', 세로로 읽으면 '12, 13, 14'이 된다. 당신은 가운데 문자를 알파벳 'B'나 숫자 '13'으로 읽었을 것이다. 왜 그 랬을까?

첫 번째 이유는 경험 때문이다. 알파벳 'B'로 읽은 것은 경험상 'A'와 'C' 사이의 알파벳은 'B'라는 사실을, 숫자 '13'으로 읽은 것은 경험상 '12'와 '14' 사이에는 '13'이라는 숫자가 있다는 사실을 알고 있기 때문이다. 두 번째 이유는 우리가 아는 지식 때문이다. 'B'라는 알파벳과 '13'이라는 숫자를 몰랐다면 아무 대답도 할 수 없었을 것이다. 'B'라는 알파벳을 모 르고 '13'이라는 숫자만 아는 사람이라면 'B'라고 말하지 않고 '13'이라고 대답했을 것이다.

우리는 이처럼 자신이 축적한 지식만큼만 이해하고 해석할 수 있다.

지식이 많으면 많을수록 다양한 조합을 만들어 낼 수 있다. 바꿔 말하면, 자신의 창의력은 지식에 정비례해 성장할 수 있다.

2. 경험

자신이 직접 해보거나 겪어 본 것을 경험이라 한다. 우리는 경험을 통해 지식을 축적하기도 하고, 지식을 검증하기도 한다. 학창시절의 학생 활동이나 농촌 체험, 과학 체험 그리고 기업 내부에서의 프로젝트 경험이나 상품개발 경험 등은 새로운 아이디어를 도출하는 촉진제 역할을 한다.

그러나 다양한 경험을 쌓으려면 우선 당신 주위에서 다양하게 발생하는 현상들에 대해 호기심을 가져야 한다. 호기심을 가져야 동기유발이 되고 직접 체험하고픈 열정이 샘솟게 된다.

3. 교류

강원도 영월의 주천에 가면 한우고기를 전문적으로 판매하는 마을이 있다. '다하누촌'이 그곳이다. '다하누촌'은 좋은 품질의 한우를 생산하는 농부와 마케팅 역량이 뛰어난 도시의 마케터가 협동하여 만들어 낸 모범적인 한우마을이다. 도시와 농촌의 활발한 인적 교류에 의해 탄생한 완전히 새로운 '푸줏간'인 셈이다.

이와 같이 다양한 사람들이 모여 서로의 지식과 경험을 교류하면 그

안에서 기존의 것과 완전히 다른 형태의 돌연변이가 탄생한다. 그리고 이로 인해 독특한 사고가 생기고, 독창적인 아이디어 도출로 이어진다.

4. 독서

당신은 지식이 창의력에 매우 주요한 요소임을 인식했을 것이다. 그렇다면 지식을 가장 쉽고 빠르게 얻는 방법은 무엇일까? 다음의 질문 속에 답이 있다.

• 일이만 원을 투자해 일이십 년 정도 축적해 온 전문가의 지식을 이삼일 정도만에 얻는 방법은 무엇인가?

두말할 것도 없이 바로 '독서'다. 이 얼마나 손쉽고 경제적인 방법인가? 책은 수많은 사람들의 경험과 노하우, 지식으로 구성된 우주다. 우주를 단돈 일이만 원에 얻을 수 있다면 수지맞는 장사가 아닐 수 없다. 우리는 책 속에서 암스트롱, 루즈벨트, 김연아, 링컨, 아인슈타인 등을 만날 수 있다. 그리고 내가 가장 존경하는 테레사 수녀도 만날 수 있다.

사람마다 관심 분야가 다르고 독서 방법이 다르기 때문에 이들을 만나는 방법도 다양하다. 그러나 각자의 독서 방법은 다르겠지만 창의적인 아이디어로 연결시키려면 독서를 할 때 이것만은 반드시 유념해야 한다.

첫째, 중요한 부분은 반드시 메모한다. 인간은 망각의 동물이기 때문에 시간이 지나면 잊어버리기 마련이다. 기록을 하면 이 메모가 훌륭한 아이디어로 연결된다.

둘째, 핵심적인 내용은 완전히 기억한다. 그러니 완전히 기억할 때까지 읽고 또 읽어라. 그리고 메모하고 또 메모하라.

셋째, 독서를 할 때는 반드시 자신의 생각을 덧붙인다. 그래야 독창적인 나만의 아이디어를 얻을 수 있다.

책 속에서 우리는 지식만 얻는 것이 아니다. 그들의 경험과 지혜도 함께 얻을 수 있다.

문제와 원인부터 파악하라

기본적으로 아이디어를 도출하기 전에 해야 할 일은 문제와 원인을 파악하는 것이다. 여기서 문제란 바람직한 결과목표와 현상 사이의 차이를 뜻하며, 원인이란 이 문제를 발생시킨 요인을 말한다.

어떤 사람이 갑자기 배가 아프다고 가정해 보자. 여기서는 배가 아프지 말아야목표 하는데 아픈 것현상이 바로 문제다. 그리고 원인이란 문제를 발생시킨 요인, 즉 배를 아프게 만든 요인을 말한다. 배가 아픈 것문제은 과식원인이나 부패한 음식을 섭취원인한 경우에 발생한다. 문제 해결에서는 원인을 파악하는 것이 무엇보다 중요하다. 왜냐하면 해결 방안이란 문제의 원인을 어떻게 제거할 것인지 아이디어를 도출하는 과정이기 때문이다.

만약 과식이 배가 아픈 원인이었다면 과식을 하지 않으면 배가 아픈 것은 저절로 나을 것이다. 그리고 과식을 하지 않도록 하는 방법으로 비만대사 수술이나 기호음식 섭취를 금하는 아이디어를 도출할 수 있을 것이다.

[그림 2-2] 문제 - 원인 - 해결 방안(예시)

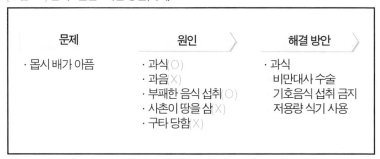

2008년 2월 10일 일요일 오후, 국보1호인 숭례문은 허술한 경비 시스템을 틈타 당시 나이 69살이었던 채 씨의 방화에 의해 전소되었다. 그렇다면 소실된 그 시점에서 문제는 무엇이었을까? 당신도 한 번 답해 보기 바란다.

이러한 질문을 던지면 많은 사람들이 문제와 원인을 잘 구분하지 못한다. 대부분의 사람들은 문제를 다음과 같이 정의한다.

1. 숭례문 개방

2. 허술한 경비 시스템

3. 채 씨의 방화

4. 초기 진화 실패

위의 4가지를 문제로 정의하는 것은 바람직하지 않다. 앞서 문제란 목표와 현상과의 차이라고 정의했다.

[그림 2-3] **문제 = 목표와 현상의 차이**

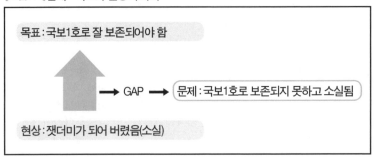

따라서 숭례문 소실의 문제를 올바로 정의하기 위해서는 먼저 목표^{바람직한 결과}와 현상^{현재의 상태}을 도출해야 한다. 이 예시에서 목표는 '국보1호로 잘 보존되어야 함'이고 현상은 '소실된 것'이므로, '국보1호로 잘 보존되어야 하지만 그러지 못하고 소실됨'이 올바른 문제정의라 할 수 있다. 숭례문 개방, 허술한 경비 시스템, 채 씨의 방화, 초기 진화 실패 등은 모두 문제를 일으킨 원인이라고 할 수 있다.

[그림 2-5] **문제의 원인**

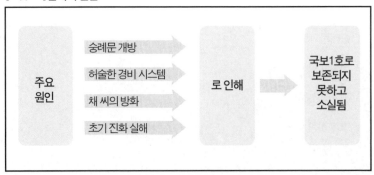

이처럼 당신은 문제와 원인을 명확히 파악해야만 창조적 문제 해결에 한 걸음 더 다가갈 수 있다. 신상품을 개발할 때도 마찬가지다. 신상품을 개발하려는 이유는 대개 시장과 고객이 새로운 형태의 신제품을 요구하는데^{목표}, 고객의 니즈를 충족시켜 줄만한 제품이 없기^{현상} 때문이다. 따라서 문제는 '고객의 니즈에 부합하는 신상품의 부재'라고 정의할 수 있다.

문제를 명확히 정의한 다음에는 이 문제를 일으킨 원인을 찾아야 한다. 이 문제의 원인으로는 '고객의 구체적인 욕구를 알지 못해서', '개발 역량 부족', '기술력 부족' 등 다양한 형태가 나타날 수 있다. 만약 기술력이 부족해 신상품을 개발하지 못했다면, 신상품을 개발하는 데 필요한 기술력을 확보하기 위한 아이디어를 도출하면 된다.

다시 한 번 강조하지만, 해결 방안은 원인을 파악하지 않고도 도출할 수 있다. 그러나 문제 해결을 명확히 하기 위해서는 문제를 일으킨 근본 원인이 무엇인지를 파악하는 것이 매우 중요하다. 왜냐하면 해결 방안이란 문제의 원인을 어떤 방법으로 제거할 것인지에 대해 아이디어를 도출하는 과정이기 때문이다.

서로를 평가하고 피드백하라

창의적인 조직문화를 만들고 아이디어의 실행력과 품질을 높이려면, 조직 구성원 간에 긍정적 피드백과 발전적 피드백이 이뤄져야 한다. 긍정적 피드백이란 상대방의 아이디어에 대한 장점이나 특징 등을 칭찬하고 격려해주는 행위를 말하고, 발전적 피드백이란 상대방의 아이디어에 자신의 생각이나 느낌 또는 개선점을 전달해 주는 행위를 말한다.

피드백을 할 때에는 상대방의 아이디어에 대한 평가 결과와 의견도 진솔하게 전해야 한다. 상대방의 아이디어에 대하여 서로 평가나 피드백을 해주는 이유는 자기 자신은 본인의 아이디어에 대한 장단점을 명확히 구분할 수 없으며 개선점을 발견하기 어렵기 때문이다.

상호 평가와 피드백을 통해 정치, 경제, 문화적 발전을 획기적으로 이루던 때가 있었다. 바로 중세 이후의 르네상스 시대다. 르네상스의 중심에는 '길드Guild'라는 조직이 있었는데, 이는 중세 유럽에서 만들어진 협동조합을 말한다. 초기에는 상인 길드가, 후기에는 수공업 길드가 조직되었다. 이들 길드는 상호 친목, 사업 독점, 경쟁 방지 등을 목적으로 조직되었으나 도시가 발전함에 따라 도시 행정까지 장악하게 되었다.

그리고 상인 길드가 조직되고 한 세기가 지난 후에는 장인들의 역량과 경제력이 강화되면서 장인들로만 구성된 장인 길드가 상인 길드로부터 독립한다. 장인 길드에는 10세 전후의 소년들이 입교해 스승과 함께 생활하면서 기술을 배우는 도제시스템에 의해 성장하였으며, 10년 정도의 피나는 견습과정을 통해 정식회원이 되었다.

르네상스를 말하면서 피렌체를 빼놓고 이야기할 수는 없다. 피렌체 길드 조직의 상인들은 경제뿐만 아니라 정치와 종교, 예술에 이르기까지 많은 분야에서 막강한 영향을 미쳤는데, 이들이 부흥의 중심에 설 수 있었던 것은 이들의 자유로운 비판 정신에 있었다고 할 수 있다.

그 당시 정치, 경제, 예술의 메카로서 도시국가의 기능을 담당했던 피렌체에는 골목마다 예술가들의 공방이 즐비했다. 견습공들은 공방에 들어오면 마스터Master로부터 수많은 질타를 받고 여러 단계의 평가과정을 통해 전문가로 성장했다. 피렌체 사람들은 예술이 생활 속에 밴 삶을 살았고 그만큼 안목도 있었다. 그들은 자신들의 안목을 바로미터로 해서 피렌체에서 활동하는 예술가들을 신랄하게 비판하고, 그들에게 자신들의 생각이나 느낌을 피드백했다. 그리고 이러한 비판과 피드백은 예술가들에게 큰 자극을 주어, 도나텔로와 미켈란젤로와 레오나르도 다빈치 같은 세기의 예술가들을 배출하는 토양을 제공했다.

그중에서도 미켈란젤로는 죽기 직전까지 조각칼을 손에서 놓지 않은 사람이었다. 완벽주의자였던 그는 미완성 작품도 많았다. 그는 이런 상황에 대해 "수많은 칼이 나를 찌르는 것 같다."고 말했다. 이는 자기 자신에 대한 엄격한 평가와 작품에 대한 스스로의 피드백을 통하여 예술적 완성도를 높이고자 했던 그의 기질을 엿볼 수 있는 좋은 예다.

기업생태계에서도 피드백은 완성도 높은 결과물을 창출하기 위해 매우 중요하다. 창의성을 발휘하기 위해서는 평가와 피드백을 두려워해서는 안 된다. 특히 실패한 결과물에 대해 쉬쉬하거나 실패한 원인을 찾아보지 않고 그대로 넘어가서는 안 된다. 그럴수록 평가를 심도 있게 하고 서로 피드백을 하는 시간을 가져야 한다. 단, 주의할 점은 평가와 피드백은 반드시 서로를 신뢰하고 존중하는 가운데 이루어져야 한다는 것이다.

사람들은 무슨 일을 하면, 그 일이 목표대로 이루어졌는지 아닌지를 확인한다. 목표대로 이루어졌으면 지속적으로 유지하도록 관리하고, 기대한 결과를 얻지 못하면 왜 그런지 원인을 파악해 일하는 방식을 바꾼다. 이것이 바로 피드백 시스템Feedback 시스템이다. 개인이든 조직이든 이러한 피드백을 통해서 발전한다.

최근 기업생태계에서는 매우 치열한 경쟁이 전개되고 있다. 최근 성공가도를 달리는 기업들도 과거에는 수많은 실패 경험을 했고, 그 경험을 자산화하여 오히려 성공의 발판으로 삼았다. 이들 기업들은 실패한 이유가 무엇이었는지를 철저하게 파악했다.

기업은 상호 피드백을 통해 진화한다. 피드백의 중요한 요소는 신속성과 정확성이다. 신속하고 정확하게 이루어지지 않는다면, 기업의 성과 향상에 피드백은 전혀 도움이 되지 않는다. 진보는커녕 퇴보할 수밖에 없는 상황에 직면하게 된다.

이렇게 신속하고 정확한 피드백 시스템을 대표하는 것 중의 하나가 미국 육군에서 개발되어 이라크전에서도 활용된 AAR_{After Action Review}이다. AAR은 적의 침투에 대한 모의훈련을 실시한 후, 참가자들의 상호 피드백을 통해 문제점과 원인을 파악하고, 이를 개선하는 방법을 찾는 것을 말한다. 여기에서 나온 개선점을 정리해서 매뉴얼화하고, 이를 장병들에게 전파해 언제 어디서든 동일하게 대처하도록 조치한다.

AAR의 진행 프로세스는 3단계로 구성된다. 사전 계획을 수립하는 '준비단계'와 실제로 실시하는 '실시단계', 피드백 내용을 정리해서 개선점을 찾고 매뉴얼화해서 장병들에게 전파하는 '종합단계'가 그것이다.

준비단계에서는 ARR을 실시할 대상 프로젝트를 선정하고, 참가자를 선발하며, 시간과 장소를 정한다. 그리고 진행 방안을 확정하고, 촉진자_{Facilitator}를 선정한다. 실시단계는 실제로 피드백을 진행하는 단계로, 피드백 내용을 정리할 서기를 정하고 피드백 방법을 안내한 뒤 리뷰를 실시한다. 마지막으로 종합단계에서는 피드백을 바탕으로 해서 만들어진 개선안을 담은 '종합 매뉴얼'을 전파하고 공유한다.

AAR은 단순하면서도 잘 구조화된 형태로서 다음의 4가지 핵심 질문을 중심으로 진행된다.

첫째, '최초 우리가 기대했던 결과는 무엇인가?'이다. 이 질문에서는 프로젝트의 목적과 세부 목표, 프로젝트의 기대 성과에 대한 측정 가능

여부 그리고 이 사항들을 구성원들이 인지하고 있는가를 파악한다.

둘째, '실제로 발생한 결과는 무엇인가?'이다. 이 질문에서는 실제 발생한 일의 결과와 발생한 결과를 파악한다. 그리고 실제 결과가 당초 목표와 어떤 차이를 보이는지, 즉 문제점은 무엇인지를 파악하고 구성원들이 이에 대해 공감하고 있는지를 분석한다.

셋째, '발생한 결과의 원인은 무엇인가?'이다. 이 질문에서는 앞의 질문에서 도출된 문제점의 원인을 분석하는 과정으로, 기대치와 결과가 차이를 보이는 원인과 이유를 심층적으로 분석한다. 주로 5Why 질문법을 활용한다.

넷째, '향후 보완하거나 강화해야 할 것은 무엇인가?'이다. 이 질문에서는 향후 보완사항과 개선사항을 도출한다. 문제점에 대한 해결 방안은 구성원들 간의 토의를 통하여 도출한다.

어떻게 보면 ARR의 질문은 매우 단순하다. 하지만 중요한 점은 개방형 질문으로 구성되어 있어 매우 다양하게 피드백이 이루어진다는 것이다. 또한 복잡하고 형식적인 체크리스트로 잘잘못을 따지는 것이 아니라 실제 상황이 어떻고, 문제점은 무엇이며, 그 원인이 무엇인지를 객관적이고 냉철하게 관찰하고 이해함으로써 함께 문제를 해결하는 데에 초점을 맞추고 있다. 이를 통해 구성원들은 자연스럽게 실패로부터의 학습, 책임의식의 제고, 지속적 개선으로 업무 역량을 강화할 수 있다.

그러나 이렇게 단순하면서도 효과적인 ARR을 도입하려면, 미래의 자산이 되는 현재의 실패나 실수를 서로 공개하는 조직문화를 만드는 것이 선행되어야 한다.

반대에 적극적으로 대응하라

우리 주위에서는 무수히 많은 아이디어들이 탄생한다. 그중에는 좋은 결과로 연결되는 것도 있지만, 사장되는 것도 매우 많다. 사장되는 것 중에 숨은 진주가 있을 수 있다. 당신은 훌륭하고 좋은 아이디어가 사장되는 것을 막아야 한다. 아무리 좋은 아이디어도 거센 반대에 부딪히면 한 순간에 사라질 수도 있다. 따라서 반대론자들의 저항에 강력하게 반론을 제기할 수 있어야 한다.

그렇다면 어떻게 해야 반대라는 저항에 굴복하지 않고 자신의 아이디어가 좋은 아이디어라고 반론을 펼칠 수 있을까? 이것은 생각보다 어렵지 않다. 반대론자들에게 아이디어를 반대하는 이유를 사실에 근거하여 글로 작성해 보라고 하면 된다. 말로는 쉬워도 글로 반대 이유를 기술하라고 하면 논리적으로 거부하기가 어렵기 때문이다.

반대론자들은 특별한 이유 없이 반대하는 경우가 많다. 그래야만 자신의 위신이 선다고 생각하기 때문이다. 그들은 타인의 아이디어를 칭찬하기보다는 비판하는 데 익숙해 있다. 인간은 일반적으로 '예스!'라고 대답하긴 어려워도 '노!'라고 대답하긴 쉬운 습성을 가지고 태어났다.

이렇게 반대자의 이름을 적게 하고 그들에게 반대 이유를 5W1H who, when, where, what, why, how 에 의거하여 구체적으로 기술하게 해보라. 그러면 자신이 기술한 부정적 의견에 대해 책임을 져야 하기 때문에 근거 없이는 무조건적인 반대를 할 수 없게 된다.

창의적인 조직문화를 만들고 수평적인 커뮤니케이션을 활성화하기 위해서는 관리자와 반대자론들이 '노!'라고 말하는 빈도를 줄이도록 해야 한다. 프로젝트 매니저들은 자신의 판단에 대하여 책임을 져야 하기 때문에 이러한 프로세스를 거친다면 무작정 반대하지는 않을 것이다.

만약 반대 의견이 있을 경우, 그 이유를 구체적으로 작성하게 한다면 그들은 자신의 의견이 기록으로 남기 때문에 더욱 구체적으로 기술할 것이다. 만약 반대하는 것이 품질상의 문제라면 품질을 실험한 데이터로 그 이유를 정량화하여 기술하게 한다. 구두로 반대 의견을 제시할 경우에는 뭔가 한마디 해야 한다는 의무감에 말할 때가 많아 그 이유가 정확치 않을 때가 많다. 반면 데이터를 내놓고 기술하라고 하면 사전에 심도 있는 분석과 검증을 통해 객관적으로 반대 의견을 기술할 것이다.

그리고 반대론자가 납득할 만한 반대 이유를 제시했다면, 이번에는 그에게 다른 대안이 있는지를 물어야 한다. 만약 그가 또 다른 대안을 구체적으로 제시한다면 당신도 귀를 기울일 필요가 있다. 왜냐하면 제

3의 대안을 제시한다면, 이미 자기 검증을 통과해 도출된 아이디어이기 때문이다. 이런 경우에는 본인과 반대론자의 아이디를 충분히 검토하고 장단점을 분석한 후 확정하는 것이 바람직하다.

또한 반대 의견에 대해서 반론을 하는 경우에도 절차가 있다. 먼저 상대방의 의견에 감사를 표하고, 그에 대해서 참석자들이 이해할 수 있도록 반복해서 설명을 해야 한다. 그리고 자신과 상대방의 아이디어에 대한 장단점을 구체적인 근거를 제시하여 설명한 후 결론을 말해야 한다.

반대론자를 설득하는 가장 좋은 방법 중 하나는 공식적인 설명회를 실시하기 전에 비공식적으로 사전 방문을 해서 아이디어의 주요 내용과 장단점, 활용 방안 등에 대해 충분히 설명하고 동의를 구하는 것이다. 즉 상대방이 인정받고 있다는 것을 느끼도록 만드는 일이라고 할 수 있다.

그리고 문서로 작성된 반대 의견은 충분한 검토 후에 기술된 경우가 많기 때문에 상대방을 효과적으로 설득하기 위해서는 더욱 구체적이고 과학적인 반론이 필요하다. 또한 반대론자의 의견에 충분히 공감하고, 필요하다면 반대자의 의견이나 아이디어를 활용할 방안도 함께 모색해야 한다.

원가에 민감하게 반응하라

경제용어 중에 '생존부등식'이라는 것이 있다. 이것은 기업이 지속적으로 생존하기 위한 조건을 등식화한 것으로 다음과 같이 나타낸다.

생존부등식 = V Value ⟩ P Price ⟩ C Cost

이것을 간단히 설명하면, 판매가격은 비용보다 높고 고객이 느끼는 가치는 구입한 가격보다 높아야 한다는 것이다. 이는 당연한 이치다. 그러나 디자이너들이 이 원칙에 따라 아이디어를 도출하고 상품화하는 경우에는 제품의 기능이나 품질에만 초점을 맞추는 경우가 많다.

여기서 'P-C = 생산자 이익'이라고 하며, 'V-P = 소비자 이익'이라고 한다. 만일 노트북 출하가격이 100만 원이고 노트북을 생산하는 데 소요된 비용이 90만 원이라고 하면 생산자는 10만 원의 흑자를 본 것이고, 소요된 비용이 110만 원이라면 생산자는 10만 원의 손해를 본 것이다.

또한 소비자의 관점에서는 100만 원에 구입한 노트북에서 100만 원 이상의 가치를 느꼈다면 이익을 본 것이고, 100만 원 미만의 가치를 느꼈다면 손해를 본 것이다. 예를 들어 동네 중국집의 5,000원짜리 자장면이 마트의 700원짜리 짜파게티보다 맛없다면 소비자는 4,300원 이상의 손해를 본 것이다. 반면 700원짜리 짜파게티가 5,000원짜리 자장면보다 맛있다면 소비자는 4,300원 이상의 이익을 본 것이다.

기업이 생존하기 위한 요건은 매우 다양하다. 하지만 가장 기본이 되는 요건 중 하나는 생산자 비용을 적게 들여 제품을 생산하는 것이다. 생산 비용을 줄이면 판매자에게 제공되는 제품의 공급가격을 낮출 수 있고, 이는 소비자 가격을 낮추는 요인이 되어 소비자의 이익으로 연결된다. 소비자 이익을 증가시키면 소비자는 그 기업의 상품을 더 많이 구매할 것이고, 수요가 많아지면 대량생산의 법칙, 경험의 법칙에 따라 생산 비용을 줄이는 효과를 얻을 수 있다. 그리고 이것은 선순환 구조를 가져와 생산자 이익과 소비자 이익을 극대화하는 연결구조가 된다.

원가를 줄이는 데는 OVAOverhead Value Analysis, JITJust In Time, DFADesign for Assembly, BPR비즈니스 Process Reengineering, ERRCEliminate · Reduce · Raise · Create, IEIndustrial Engineering 등 매우 다양한 도구들이 존재한다. 당신은 이 중에서 사업 특성에 맞는 것을 선정해 활용하면 된다. 원가계획은 처음부터 명확한 계획하에 수립되고 관리해야 한다. 원가혁신을 위해서는 먼저 목표원가를 설정하는 방법부터 알아야 한다.

● 목표원가 설정 방법

1. 경쟁제품의 판매가에서 마진과 세금을 제외한 비용을 기준으로 공급가격을 설정하는 방법

2. 경쟁제품을 분해, 각 부품의 원가를 분석한 후 이를 합산하여 가격을 설정하는 방법

3. 직·간접비＋세금＋마진＋기타비용⇒공급가격

이 외에도 각각의 기업들은 다양한 방법으로 목표원가를 정하는데, 대개는 3번 방법을 활용한다. 그러나 GE의 경우에는 고객지향적 가격 설정 방법을 활용한다. 일반적으로는 직·간접비, 세금, 마진, 기타비용 등을 합산하여 공급가격을 설정하는 데 반해, GE는 고객이 지불할 수 있는 가격을 기준으로 목표원가를 설정한 후 이를 기준으로 직·간접비, 세금, 마진, 기타비용 등을 설정한다. 3번과 반대되는 접근 방법으로 목표원가를 설정하고 있는 것이다. 이를 '고객지향적 목표원가 설정 방법'이라고 한다. GE는 이 방법을 통해서 원가를 획기적으로 혁신하고 있다.

[그림 2-5] **목표원가 정하는 법**

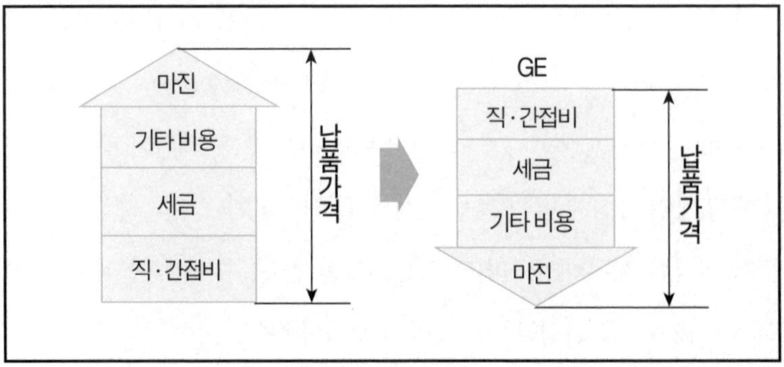

GE의 창립자이자 발명가인 토마스 에디슨은 비즈니스 분야에서 창의성이 가치를 인정받으려면 반드시 두 명의 스승을 따라야 한다고 생각했다. 첫 번째 스승은 기술분야의 스승이며, 두 번째 스승은 경제분야의 스승이었다.

발명 초기에 에디슨은 경제적인 측면을 고려하지 않고 기술적인 측면에만 집중하는 바람에 여러 번 실패를 경험했다. 전구 필라멘트를 개발하던 초기에는 기술적인 측면에서 백금이 매우 뛰어나다는 사실을 알았지만 비싼 가격이 걸림돌이었다. 아무리 좋은 원료라고 해도 원가가 높다면 무용지물이나 마찬가지였다. 원가 상승은 판매가격의 상승으로 연결되어 고객들로부터 외면받을 것이 불을 보듯 뻔했다. 그는 저렴한 가격에 조달할 수 있는 백금원료가 있는지 찾아보는 동시에 백금을 대용할 수 있는 원료도 찾기 시작했다. 그렇게 해서 결국 저렴하면서도 손쉽게 구입할 수 있는 탄소 필라멘트를 성공적으로 개발하게 되었던 것이다.

10배의 법칙을 유념하라

우리 속담에 '호미로 막을 것을 가래로 막는다.'는 말이 있다. 이 말이 야말로 '10배의 법칙'이라고도 하는 '1 : 10 : 100의 법칙'을 가장 잘 설명한 문구라고 할 수 있다. 피터라는 아이가 어머니의 심부름을 다녀오는 길에 물 흐르는 소리를 듣고 가보니, 제방에 구멍이 나 있어서 주먹으로 그 구멍을 막아 마을 사람들을 살렸다는 네덜란드의 동화이야기도 이 법칙과 같은 맥락이라고 할 수 있다.

세계적인 물류기업인 페덱스는 1 : 10 : 100의 법칙을 매우 잘 활용하는 모범적인 기업으로도 유명하다. 이 기업의 자료에 따르면, 초기단계에서 문제를 발견해 즉시 해결하면 1달러가 들지만, 책임 소재 등이 두려워 그 사실을 숨기면 1단계에서 문제가 해결되지 않고 기업 문을 나서는 순간, 10달러의 비용이 든다고 한다.

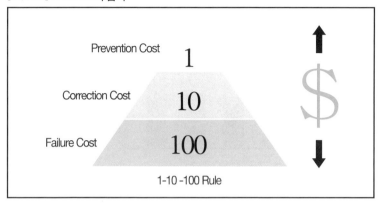

[그림 2-6] 1 : 10 : 100의 법칙

Prevention Cost   1
Correction Cost   10
Failure Cost   100
1-10 -100 Rule

또한 불량제품이나 서비스가 고객에게 전달되어 불평이나 불만으로 연결되면 100달러의 비용이 들게 된다고 한다. 그리고 만약 안전상의 문제가 발생하여 인명사고라도 발생하면 기업은 이 문제를 해결하는 데 천문학적인 비용을 감수하거나 경영상 심각한 타격을 받게 된다고 한다. 이와 같이 초기에 문제가 해결되지 않고 지연되면 1단계씩 늦어 질 때마다 10배씩 비용이 증가한다는 것이 '10배의 법칙'이다.

미국은 소비자가 피해를 입었을 때, 가해자가 손해를 끼친 액수만을 보상하는 전보적 손해배상^{보상적 손해배상, compensatory damages}만으로는 예 방효과가 충분치 않다고 판단되었을 경우, 가해자에게 실제 손해액보 다 훨씬 많은 액수를 부과하는 징벌적 손해배상 제도를 실시하고 있다. 1994년 맥도날드에서 커피를 주문하던 할머니가 쏟아진 커피에 화상 을 입었던 사건이 대표적이다.

그 할머니는 사건이 일어나자마자 맥도날드를 상대로 소송을 제기 했고 소송에서 승소했다. 일반 커피보다 높은 온도 때문에 지난 10년간

[그림 2-7] 10배의 법칙에서 처리비용 효과

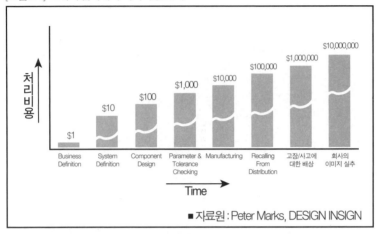

■ 자료원 : Peter Marks, DESIGN INSIGN

700여 건의 화상 사고가 있었지만, 맥도날드는 이를 알고도 개선하지 않았던 것이다. 이에 대해 배심원들은 할머니의 손을 들어주었고, 법원은 할머니에게 286만 달러를 지급하라는 명령을 내렸다. 할머니의 화상치료 비용은 16만 달러에 불과했고, 나머지 270만 달러는 처벌 성격의 손해배상금이었다. 이 사건 이후 맥도날드는 커피의 온도를 낮췄고, 다른 패스트푸드사들도 '커피가 뜨거우니 조심하라!'는 경고 문구를 컵에 새겨 넣는 등 안전조치를 강화했다.

이러한 징벌적 손해배상을 필립모리스도 결코 피해갈 수 없었다. 1997년 미국 대법원은 담배로 인해 피해를 입은 환자 편에 서서, '담배회사는 50개 주 정부에 25년간 2,060억 달러를 물어야 한다.'는 판결을 내렸다. 이 소송에서 변호사들이 받은 수임료와 승소 사례비만 해도 무려 81억 달러에 이른다. 이 소송으로 인해 필립모리스는 한때 직장 폐쇄까지 신중히 검토했다고 하니 그 여파가 얼마나 컸는지 알 수 있다.

그런가 하면 2000년 플로리다 주의 흡연 피해자들이 담배의 유해성에 제기한 집단소송도 있었다. 법원은 필립 모리스에 1,450억 달러를 배상하라고 판결했다. 개인적인 소송도 이어졌다. '윌리엄스' 사건이 대표적이다. 40여 년간 하루에 세 갑씩 담배를 피웠다는 윌리엄스가 67세에 폐암으로 사망하자 1997년 그의 유족들은 필립모리스를 상대로 손해배상 청구소송을 제기했다. 결국 그 소송은 2009년 3월에 보상적 배상 82만 달러에다 징벌적 배상 7,950만 달러를 지불하라는 원고 승소 판결로 끝이 났다.

2014년 4월 일본 최대의 제약업체인 다케다제약도 미국 법원으로부터 60억 달러를 지급하라는 징벌적 손해배상 판결을 받았다. 미국 루이지애나 주 연방법원 배심원단은 "다케다 제약이 매출이 떨어질 것을 우려해 액토스의 발암 가능성을 고의로 은폐한 혐의가 인정된다"며 이와 같이 판결했다. 이와 같이 초기에 문제가 해결되지 않으면 지연되는 만큼 그 비용은 기하급수적으로 늘어난다. 그리고 그 비용은 생산자가 모두 부담해야 한다. 전 세계적으로 이러한 징벌적 손해배상 제도는 점차 확산되는 추세다.

그렇다면 이런 문제에 대해서 어떻게 접근해야 할까? 비즈니스 시스템 초기 단계부터 창의적 아이디어 도출에 집중할 필요가 있다. 10배의 법칙에 따라 초기에 집중할수록 비용을 최소화할 수 있기 때문이다. 여기서 비즈니스 시스템이란 자원을 투입하여 상품을 개발하고 생산하여 고객에게 인도하기까지의 전 과정을 의미한다. 비즈니스 시스템은 산업 또는 사업의 형태에 따라 차이가 있을 수 있다.

혁신적으로 사고하라

많은 경제학자들과 인류학자들은 과거의 100년보다 최근 10년의 변화가 더 크다고 말한다. 어쩌면 이제는 과거의 10년보다 앞으로 닥칠 1년의 변화속도가 더 빠를지도 모른다. 시장과 고객이 끊임없이 더 새로운 것을 찾고 있기 때문이다. 또한 IT의 발달은 인간의 속성을 '더 빠르게, 보다 더 빠르게'라는 슬로건에 익숙하도록 만들고 있다.

따라서 시장과 고객의 요구에 빠르게 반응하기 위해서는 혁신을 하지 않으면 안 된다. 우리 조직을 혁신적인 문화로 만드는 것이 매우 중요한 시대가 된 것이다. 그런데 정작 현실은 어떤가? 우리 앞에는 혁신을 방해하는 장애물들이 무수히 많다. 그중 하나가 바로 사내외의 각종 규제다. 산업을 보호한다는 명분 아래 자행되고 있는 국가의 지나친 간섭과 규제, 그리고 사내의 각종 규정도 이러한 장애물에 해당한다.

규제를 완화하는 조치는 어리석은 짓을 하도록 내버려 두는 것이 아니라 혁신적인 사람으로 성장하도록 돕는 역할을 한다. 각종 규정과 규칙은 조직 전체가 일사불란하게 움직이도록 만드는 데 기여하지만, 획일화된 조직문화를 만들어 '서로 다름'을 인정하지 않는 부정적인 면도 양산한다. 이러한 조직문화에서는 혁신적인 아이디어가 수용되지 않고 사장되는 일이 허다하게 발생한다. 창의적인 아이디어의 싹을 잘라버리는 일이 비일비재하게 일어난다.

혁신이란 '유레카'를 외칠 만큼 고객의 마음에 꼭 드는 상품이나 서비스를 만들어 내는 것을 의미한다. 혁신적인 제품과 서비스는 기존의 고정관념을 뒤엎을 뿐만 아니라 사회 구성원들의 행동과 커뮤니티를 변화시키는 원동력이 되기도 하다. 혁신적인 아이디어와 상품은 고객으로부터 환영받는 것이라야 한다. 시장이 외면하는 아이디어와 상품은 혁신적인 상품이 아니다.

그리고 혁신적인 기업은 변혁을 통하여 지속적으로 성장한다. 과거의 역사를 보면, 불기둥처럼 훨훨 타오르다 어느 순간 사라진 기업이 얼마나 많은가? 1865년 제지사업으로 출발한 노키아는 한때 IT 업계를 호령하던 맹주이자 아이콘이었다. 노키아가 만든 휴대폰에 전 세계는 열광했다. 그러나 지금은 어떤가? 맹주의 자리를 빼앗기고 이빨 빠진 호랑가 된 지 오래다. 지속적으로 혁신이 일어나지 않았기 때문이다.

2007년, 노키아의 휴대폰 세계시장 점유율은 거의 50%에 육박했다. 그러나 성공에 성공을 거듭하던 노키아는 더 이상 혁신기업이 아니었다. 자만에 빠져 시장의 변화를 읽지 못했던 것이다. 그 순간 혁신의 시계는 멈춰버렸다. 이제 사람들은 더이상 노키아에 대해 궁금해하지 않는다.

그렇다면 끊임없는 혁신을 통해 지속적인 성장이 가능한 기업이 되기 위한 조건에는 무엇이 있을까?

첫째, 할 수 있는 일과 할 수 없는 일을 명확히 구분하고, 할 수 있는 일에 선택과 집중을 해야 한다. 모든 일을 할 수 있다는 것은 모든 일을 할 수 없다는 말과 같다.

둘째, 처음부터 완벽한 계획을 세우고 실행하기보다는 일을 진행해가면서 시장의 변화에 맞추어 개선해 가야 한다. 완벽한 계획을 세우는 동안 고객의 니즈는 저만치 가 있기 때문이다.

셋째, 구성원이 아이디어를 스스로 도출하고 실행하기까지 혁신적 아이디어 실행의 주인이 되는 풍토를 만들어야 한다.

넷째, 일이 신속하게 진행될 수 있도록 의사결정의 매커니즘을 철저하게 실행의 관점에서 운영해야 한다. 의사결정이 한 단계 지연될 때마다 기업이 부담하는 비용은 가중되기 때문이다.

다섯째, 혁신적인 아이디어를 손쉽게 발현할 수 있도록 개방형 온&오프 채널을 가동하고, 조직 구성원들의 아이디어를 지지하고 격려하는 프로그램을 운영해야 한다.

여섯째, 혁신적인 아이디어를 도출하는 데 집중할 수 있도록 불필요하고 비효율적이며 소모적인 회의나 보고 같은 낭비요소를 제거해야 한다.

시장과 고객의 니즈가 변하지 않는다면 혁신은 가치 없는 일일 것이다. 하지만 고객의 요구는 다양해질 뿐만 아니라 급격히 변하고 있다. 따라서 사고방식, 시스템 등 혁신을 위한 것이라면 모두 고객지향적으로 바꿔야 한다. 그래야만 생존할 수 있다. 오늘의 성공이 내일도 반드시 성공할 것이란 보장은 없다. 개인과 기업 어느 누구도 혁신을 피해갈 수 없는 이유다.

팀워크를 발휘하라

팀워크Teamwork의 사전적 의미는, 그룹의 구성원이 공동의 목적을 향하여 정신적 또는 기술적으로 협력하면서 행동하는 상호 작용이라고 할 수 있다. 팀 구성원이 공동의 목적을 달성하기 위해서 상호관계성을 가지고 협력해 나가는 것이라고 정의할 수 있는 것이다.

이와 비슷한 의미로 응집력이란 말을 쓰기도 한다. 하지만 이것은 팀워크와는 차이가 있다. 응집력이란 사람들로 하여금 어느 집단에 머물도록 만들고, 그 집단의 구성원으로서 계속 남아 있도록 만드는 힘을 말하는 것으로, 그 안에 협력이란 키워드는 존재하지 않는다.

오늘날 기업 차원에서 진행되는 프로젝트는 대부분 굉장히 크고 복잡한 구조로 되어 있어 단독으로 진행하는 경우는 매우 드물며, 여러 부서에서 서로 협력하여 진행하는 경우가 많다. 가령, 자동차 회사에서 신종 모델을 개발하기 위해서는 수백 명의 디자이너들이 들러붙어 연구를 하거나 하나의 건축물을 완성하기 위해 개발, 시공, 감리 등 각각의 전문가 수십 명, 수백 명이 거대한 팀을 이루어 작업을 하는 모습이 대표적이다.

팀워크를 만들어 내는 데는 개인의 기능을 연계하는 기술, 집단목표가 구성원들에게 받아들여지는 협동적 인간관계의 기술, 커뮤니케이션 스킬 등이 고려되어야 한다. 기본적으로 팀워크가 좋은 그룹은 사기morale가 높은 그룹이라고 할 수 있다. 팀워크는 공통된 비전을 가지고 구성원 간의 협동심으로 조직이 추구하는 공동 목표를 이루는 데 큰 힘을 발휘한다. 아무리 재능이 뛰어난 구성원들이 모인 집단이라고 해도 협력을 하지 않고는 조직이 추구하는 공동의 목표를 달성할 수가 없다.

하지만 현실은 어떠한가? 개인이나 부서 이기주의로 인해 조직 내부의 협동심이 약화되어 많은 부작용들이 발생하고 있다. 이러한 병폐를 없애는 좋은 방법은 무엇일까? 그것은 바로 따뜻한 동료애를 바탕으로 강한 팀워크를 이루어 힘든 일은 서로 나누고 기쁜 일은 서로 함께하는 것이다.

미국의 프로풋볼미식축구 경기에서 만년 꼴찌를 벗어나지 못하던 세인트루이스 팀을 슈퍼볼 우승의 주인공으로 만든 딕 버메일 감독은 앤드류 카네기의 말을 빌려, "조직을 승리로 이끄는 힘의 25%는 실력이고, 나머지 75%는 팀워크다."라고 말했다. 이는 무엇을 의미하는가? 팀워크가 공동체의 꿈을 실현하는 데 있어서 없어서는 안 될 최고의 요소임을 표현한 것이다.

그러면 이러한 팀워크는 어떻게 만들어질까? 팀워크가 강한 조직은 다음과 같은 특성을 가지고 있다.

첫째, 개인과 팀의 목표가 공유되어 있다. 목표가 공유되어야만 자원을 효율적으로 배분하여 운영할 수 있으며, 평가 기준으로도 활용할 수 있다.

둘째, 상호 신뢰하는 조직문화를 가지고 있다. 신뢰는 팀워크 형성에 가장 중요한 근간이 되는 요소다. 신뢰하지 않는다면 상호 협력은 절대 기대할 수 없다.

셋째, 수평적 커뮤니케이션이 활발하게 이루어지고 있다. 커뮤니케이션이 이루어지지 않는다면 서로 마음을 나눌 수가 없다. 또한 업무를 수행하면서 불가피하게 발생할 수 있는 갈등을 해결할 수도 없다.

넷째, 팀 활동을 통해서 얻은 성과에 대해서는 기여도에 따라 공평하게 배분한다. 특정인에게 성과가 불공평하게 분배된다면 조직의 팀워크는 일순간에 와해될 가능성이 높다.

다섯째, 서로를 격려하고 칭찬하며 지지하고 인정하는 문화를 가지고 있다. 대개는 창의적인 아이디어일수록 선뜻 동의하기 어려운 경우가 많다. 익숙하지 않기 때문이다. 이럴 때일수록 상대방의 아이디어에 대해서 격려하고 지지하는 분위기를 만드는 것이 중요하다. 이렇게 해야만 함께 성장할 수 있다. 이러한 관점에서 볼 때, 강한 팀워크는 조직에 빛과 소금 역할을 해준다고 할 수 있다.

조직 구성원들은 성격과 인성, 가치관이 각기 다르기 때문에 서로 다른 의견을 나타내는 것이 당연하다. 이를 조화롭게 만들어 나보다는 우리라는 조직을 위해 최대한 능력을 발휘할 때, 그 조직은 팀워크가 높은 조직이라고 할 수 있다.

우리는 무한경쟁 시대를 살아가고 있다. 이러한 환경에서 살아남으려면 너와 내가 아니라 우리라는 소명의식을 가져야 한다. 또한 협동심의 발로인 강한 팀워크로 똘똘 뭉쳐 상부상조의 미덕을 실천할 때, 창의적이고 활력 있는 조직으로 탈바꿈하여 시장과 고객들로부터 무한한 신뢰를 얻을 수 있다.

3장

창의력을
가로막는 장애물

심리적 타성

창의력 발휘를 가로막는 방해요소들은 무수히 많다. 그중에서도 가장 대표적인 것으로는 고정관념과 편견이라는 예명을 가진 심리적 타성이 있다. 다음 두 편의 글을 읽고 전달하고자 하는 메시지가 무엇인지 생각해 보자. 먼저 시 한 수를 음미해 보자.

송아지의 길

-사무엘 테일러 포스

먼 옛날 원시림 속을

송아지 한 마리가 집을 향해 걸어가고 있었네.

착한 송아지들이 그러하듯이

구불구불하게 새로운 길을 만들어 걸어갔네.

모든 송아지들이 그러하듯이

그 통로는 조그만 길이 되었고, 그 오솔길은 도로가 되었으며

그 길을 가로지르는 1마일의 지름길이 만들어질 수도 있었건만

뙤약볕 아래 수많은 불쌍한 말들은

등 위에 짐을 실은 채 힘겹게 3마일을 걸어야 했네.

그리고 2세기하고도 반 동안 사람들은 그 송아지의

발자국을 따라 걷고 있네.

사람들은 맹목적으로 행동하는 경향이 있어

송아지가 만들어 놓은 그 길만을 따라

해가 뜨고 질 때까지 부지런히 그 길을 걷고 있네.

다른 사람들이 그래왔던 것처럼.

다음은 철도의 역사를 다룬 글의 일부이다.

The History of Railroad Gauge

미국의 표준철도 폭은 4피트 8.5인치 또는 56.5인치이다.

영국의 파견기술자가 미국의 첫 번째 철도를 건설했고, 그는 영국의 표준 철도 폭을 사용했다. 그리고 영국의 표준 철도는 영국의 전차선로나 시기전차 선로의 폭을 모방한 것이다. 그런데 그 전차선로의 폭은 마차 제조업자들이 수레바퀴를 설치하는 데 쓰였던 지그jig와 툴링tooling에서 모방한 것이다.

그리고 마차 제조업자들은 로마제국 시절 전 유럽에 건설된 돌길에 남아 있

던 바퀴자국에서 수레바퀴 폭을 정한 것이다. 또한, 그 수레바퀴 자국은 로마전차에 의해 만들어진 것이었다.

마차 제조업자가 울퉁불퉁하고 구불구불한 승차감을 얻지 않으려면 로마전차의 수레바퀴 축 간격에 맞게 마차의 축 간격을 만들어야만 했다. 그런데 왜 로마전차 바퀴간격은 4피트 8.5인치였을까? 그것은 로마제국 전차가 두 마리 군마의 엉덩이 폭을 충분히 수용할 수 있도록 만들어졌기 때문이다.

위의 두 편의 글이 전달하려는 메시지는 무엇일까? 사람들은 다른 사람이 하던 방식을 그대로 따라 하거나 자신이 과거에 취했던 행동방식을 그대로 답습하려는 경향이 있다는 것이다. 이것이 바로 심리적 타성이다. 이를 극복하지 않는 한 창의력을 발휘하기란 매우 어렵다.

전기전자적 측면에서만 해결이 가능한 문제가 있다고 가정해 보자. 이 문제를 열역학 전문가는 어떻게 해결하려고 할까? 인지적 특성에 따라 열역학이라는 관점에서만 문제를 해결하려는 경향을 보일 것이다. 이 문제를 해결하려면, 전기전자공학 측면에서 접근을 해야만 해결할

[그림 3-1] **심리적 타성의 예**

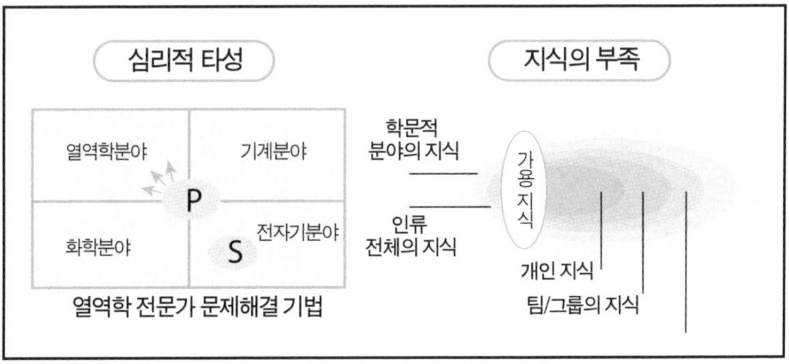

수 있는데도 말이다. 이것이 바로 심리적 타성의 전형적인 예라고 할 수 있다.

　그렇다면 산업혁명에 지대한 영향을 끼친 인류 최초의 증기기관차는 어떤 바퀴 모양을 하고 있었을까? 최초의 시제품은 톱니바퀴 모양이었다고 한다. 발명가가 원형으로 바퀴를 제작할 경우, 제동을 했을 때 관성에 의하여 기관차가 정지하지 않고 무한질주를 할 것이라는 타성에 젖었기 때문이다. 이처럼 위대한 발명가도 심리적 타성의 늪에서 빠져나오는 것은 결코 쉬운 일이 아니다.

동조성

    인간은 다른 사람과 똑같이 생각하고 행동하는 것을 중시한다. 남과 다르다는 데 불안감과 두려움을 느끼고, 다른 사람과 똑같이 생각하고 행동하면 안심이 되기 때문이다. 이것을 '동조성의 법칙'이라고 한다.

    사자성어로 '부화뇌동附和雷同'이라는 말이 있다. '남이 장에 가니 나도 장에 간다.'는 속담과 같은 뜻이다. 장에 갈 생각이 전혀 없었지만, 나만 가지 않으면 따돌림 당할 것 같은 느낌을 가질 때 흔히 나타나는 현상이라 할 수 있다. 이는 대체로 주관이 뚜렷하지 못한 경우에 발생한다.

    미국의 사회심리학자인 솔로몬 애쉬는 7명의 실험 대상자를 모아서 다음과 같이 선분 실험을 실시하였다. 그는 한쪽 카드에는 기준이 되는 선을 그려 놓고 실험 대상자들에게 이 카드를 보여 준 후, 길이가 다른 선분 세 개가 그려진 또 다른 카드를 실험 대상자들에게 보여 주었다.

두 번째 보여 준 카드의 선분 중 하나는 처음에 제시한 카드와 동일한 길이를 가지고 있었다. 솔로몬 애쉬는 참여자들에게 두 번째 보여 준 카드에서 처음 보여 준 카드와 동일한 길이의 선분을 선택하게끔 했다.

[그림 3-2] 솔로몬 애쉬의 동조성 실험 카드

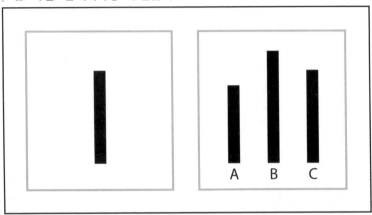

그리고 7명의 사람들이 모여 있는 상황에서 참여자 한 명을 제외한 다른 여섯 명은 실험 도우미로, 고의적으로 오답을 말했다. 이렇게 실험을 한 결과, 집단 상황에서의 정답률은 63%인 반면, 혼자 있는 상황에서 정답률은 99%를 나타냈다. 애쉬는 이후 후속 실험을 통해 좀 더 구체적으로 동조가 발생하는 경계조건을 확인했는데, 단 둘이 있는 상황에서는 동조현상이 발생하지 않고 협력자가 3명일 경우 동조현상이 가장 강하게 발생한다는 사실을 확인하였다.

이 실험에서 6명이 모두 오답을 정답이라고 말하자 자기 답이 옳다는 확신에도 불구하고 사람들은 다른 사람과 자신의 대답이 일치하지 않는 데 대해 불안감을 나타내고 당황하기 시작했다. 실험자 한 명은 나머지 6명이 실수를 저지르고 있다고 확신했지만, 다수의 생각에 이견을 제시하면 자신의 평판이 나빠질 수 있다는 심리 때문에 진실을 공개적으로 밝히기를 꺼렸던 것이다.

이와 같은 동조성은 대개 부모나 교사, 동료 등에 의해 형성되며 우리 주위에서도 흔히 볼 수 있는 현상이다. 특히 조직 내에서 의사결정을 할 때 자기 자신의 뜻과 정반대의 의견일지라도 다수결인 경우, 자신의 의견을 자신 있게 개진하지 못하고 동조하는 것을 볼 수 있다.

이러한 동조현상은 사회적 쏠림 현상을 유발하고 집단 편향성의 폐해를 불러오게 된다. 군중에 순종하는 인간의 자연스러운 동조현상 때문에 생기는 지식 위증은 심각한 사회적 문제를 야기할 수 있다. 이때 만약 자신이 알고 있는 것을 밝히지 않는다면 올바른 가치관은 형성될 수 없으며, 사회는 윤활 기능을 상실하여 문화적 진보를 가져올 수 없게 된다.

이러한 암시적 압력은 유행의 확산을 돕거나 건전한 조직문화와 사회를 만드는 데 일조를 하기도 하지만, 개인이나 조직의 개성이나 독창성을 저해하기도 한다. 따라서 개인이나 조직이 지켜야 할 고유의 문화나 가치는 일치화하되, 개인이나 조직의 발전이나 창의성을 저해하는 요인은 과감하게 파기할 필요가 있다. 독특하고 엉뚱한 생각을 하는 사람이 존중 받는 문화를 만드는 것이 창조적 사회를 만드는 밑거름이기 때문이다.

두려움

인간은 어쩌면 두려움 때문에 오히려 안전한 삶을 영위하는지도 모른다. 위험에 대한 두려움 때문에 안전하게 살기 위한 방어기제를 만들고, 미래의 불확실성에 대한 두려움 때문에 미래를 준비하며, 죽음에 대한 두려움 때문에 운동도 시작한다.

이와 마찬가지로 인간은 두려움 때문에 한 곳에 지속적으로 머물며 평안함을 얻으려는 본능을 지니고 있다. 그동안 머무르던 자리는 이미 많은 경험을 통하여 안전을 검증 받은 곳이기 때문이다. 따라서 그곳을 떠나려는 찰나 두려움과 공포심이 싹트기 마련이다. 그리고 두려움을 극복해 얻는 보상이 두려움으로 인해 겪는 고통보다 크다는 확신이 없는 한, 두려움은 공포로 남아 있게 된다.

그러나 이러한 두려움은 실제로 존재하지 않는, 우리들의 마음속에

드리워진 허상일 경우가 대부분이다. 어쩌면 측정이 불가능하니 더 두려운지도 모른다. 하지만 마음속의 허상이기 때문에 자기 자신을 관리하고 통제할 수 있는 능력만 있다면 두려움은 쉽게 깨뜨릴 수 있다.

앞에서도 말했지만 사람들은 두려움 때문에 안전에 대한 방어기제를 만들고, 미래에 대해 준비하고, 체력을 단련한다. 이것들은 두려움의 순기능이다. 그러나 두려움 때문에 새로운 일에 도전하거나 독창적인 생각을 다른 사람들에게 말하지 못하는 것은 두려움의 역기능이다.

그렇다면 사람들은 도대체 어떤 두려움에 사로잡혀 있는 것일까?

1. 이런 아이디어를 내면 비난 받을 거야

'내 아이디어는 지금까지 아무도 생각해 본 적이 없는 매우 독창적인 아이디어야. 성공 가능성도 높아. 하지만 사람들이 내 아이디어를 듣고 나를 엉뚱한 사람이라고 생각하지는 않을까?'라고 생각할 수도 있다. 하지만 기우일 수 있다. 물론 이런 사람들이 우리 주위에 존재하는 것은 엄연한 사실이다. 하지만 창의적인 아이디어맨이 되려면 이런 사람들의 비난을 잠재울 만큼 자신 있게 명확한 근거를 제시해야 한다.

2. 과거에 그런 아이디어가 실패한 적이 있어

"그 아이디어는 과거에 실패한 경험이 있어. 그런 아이디어를 왜 또 내는 거야?"라는 상사나 동료의 말 한마디는 주눅을 들게 한다. 과거에 실패한 아이디어가 지금도 실패하리란 법은 없다. 법규, 기술, 사회적 인식, 환경 등이 달라졌기 때문이다. 그러니 당신의 아이디어가 어떤 것이든 자신 있게 말하라.

3. 나는 상상력이 부족한 사람이야

자신은 상상력이 부족한 사람이라고 선을 긋는 사람들이 있다. 그러나 인간의 상상력에는 한계가 없다. 자신이 만든 울타리만 있을 뿐. 창의력이 부족한 사람도 훈련에 의해서 얼마든지 개발이 가능하다. 창의력이 부족한 것은 창의력 개발 도구를 잘 모르기 때문이다.

4. 아이디어는 좋지만 실행할 때 리스크가 발생할지도 몰라

아이디어 회의를 하다 보면 '내 아이디어가 아이디어 자체로는 매우 뛰어나지만, 실행단계에서 리스크가 발생하는 것은 아닐까?'라고 고민하는 사람이 의외로 많다. 아이디어를 도출하는 과정에서는 아이디어 자체를 검열하고 분석하는 일은 지양해야 한다. 자신의 아이디어에 리스크가 존재한다는 생각이 들더라도 당장 걱정할 필요는 없다. 리스크는 실제 실행단계에서 분석하고 대응방안을 도출하여 해결하면 된다. 리스크가 존재한다고 해도 제거할 수 있는 경우가 대부분이다. 생각 자체에는 리스크가 없다는 것을 명심해야 한다.

5. 나는 변화가 싫어

인간의 기본 속성은 보수적이다. 따라서 이 세상에 변화를 반기는 사람은 그리 많지 않다. 변화에 대한 거부 반응은 세상을 변화시킬 수 있는 미래지향적 아이디어 도출에 걸림돌이 된다. 이런 거부감을 줄이려면 변화를 즐기는 것으로 받아들여야 한다. 변화에 효과적으로 대응하지 못해 몰락한 기업들이 얼마나 많은가. 이것은 변화가 회피의 대상이 아니라 극복의 대상이라는 것을 일깨워 주는 좋은 예가 된다.

6. 틀리면 바보 취급 당할 거야

실패했을 때 다른 사람들이 자신을 바보 취급하지 않을까 걱정하는 사람은 절대 새로운 아이디어를 도출해낼 수 없다. 누구나 실패할 수 있고 틀릴 수 있다. 이 세상에 완벽한 사람은 없다. 실패란 하던 일을 멈추는 것이다. 그 일을 계속하는 한, 누구도 실패라고 단정할 수 없다. 중요한 것은 계속해서 새로운 아이디어를 도출하는 것이다. 그러면 아무도 바보 취급을 하지 않을 것이다.

두려움은 우리 마음속에 또아리를 틀고 있는 허상이다. 따라서 우리들의 생각이 조금만 바뀌면 사라지기 마련이다. 작은 아이디어라도 도전해 본다면 두려움은 사라질 것이다.

규제

언젠가 정부기관을 대상으로 GE의 Work-Out 프로그램을 진행한 적이 있다. 마지막 실행계획을 수립하고 참석자들의 의견을 듣는 자리가 있었다. 도출된 과제들을 실행하기 어렵다는 이야기가 많았다.

이유를 물어보니 각종 법규와 규제사항을 개정하지 않는 한, 실행이 어렵다는 것이었다. 그중에는 국회의 동의를 얻어야 하는 것도 있고, 국민에게 가치를 제공하고 비용을 줄일 수 있는 혁신적인 아이디어라고 해도 실행할 수 없는 경우가 많다고 했다. 아무리 좋은 아이디어라도 독단적으로 실행했다가는 법적인 문제가 발생해 개인이 시간과 비용을 들여 대응해야 한다는 것이었다.

이런 현상은 정부기관뿐만 아니라 일반 사기업에서도 종종 일어나는 일이다. 각종 제도나 규정 및 표준화된 매뉴얼 등이 창의적인 아이디어를 도출하는 데 장애가 되는 경우가 많기 때문이다. 특히 행정이나 시스템 중심적인 집단에서 업무를 수행하는 사람이라면 제도 준수와 창조적 아이디어 사이에서 균형을 잡기가 매우 어렵다. 그 이유는 업무 수행 시 발휘할 수 있는 융통성에 제한이 있고, 혁신적인 아이디어를 실현하는 데 장애물이 너무 많으며, 제도와 규칙 및 규정 등을 바꿔서는 안 된다고 생각하는 데 있다.

만약 당신이 깊은 산속을 여행하는 도중에 자동차의 헤드라이트가 고장이 났다고 가정하자. 11시까지는 도착해서 선발대에게 음식과 물을 보급해야 한다. 그런데 카센터의 응급차량은 내일 오전 9시에나 도착할 수 있다고 한다. 이런 경우 당신은 어떻게 할 것인가? 다음과 같은 행동을 취할 수 있을 것이다.

1. 인터넷에서 매뉴얼을 검색하여 그에 따라 헤드라이트를 수리해 본다. 하지만 헤드라이트의 필라멘트가 고장난 경우에는 수리가 불가능하다.
2. 카센터 전문가에게 전화해 헤드라이트를 수리해 본다. 하지만 전문용어 등으로 커뮤니케이션이 어렵고, 어느 부위를 어떻게 손대야 할지 모른다.
3. 야외캠핑용 전등을 임시로 사용한다. 조도는 낮지만, 서행하면 목적지까지 도착하는 데는 무리가 없다.

당신은 지금 당장 헤드라이트를 수리할 수는 없다. 그러나 다른 방안을 강구하여 이 문제를 해결할 수는 있다. 문제는 사람들이 헤드라이트를 수리할 수 있는 역량이 없다는 핑계를 대며 등산용 전등을 활용할 시도조차 하지 않는다는 데 있다.

때로는 당신에게 내적 동기가 부족한 경우도 있다. 이런 경우에는 아이디어가 실행되었을 때 가져올 결과를 상상하면 된다. 성취감이라든가 주위로부터 듣게 될 찬사라든가 물질적 또는 정신적 보상을 마음속으로 떠올려 보는 것이다.

제도나 규정, 규칙을 개정하는 것은 쉬운 일이 아니다. 그러나 불가능한 것도 아니다. 문제는 시작하기도 전에 불가능하다고 미리 단정해 버리는 사람들의 속성이다.

과거 현업에 근무할 때, WHM watt-hour meter, 전력량계에 대한 조립성 평가를 실시한 적이 있다. 그 결과, 조립성이 외국 경쟁 기업에 비하여 현저하게 낮다는 것을 알게 되었다. 어떤 원인으로 조립성이 낮았던 것일까? 원인은 사용되는 부품 중에 볼트의 머리 모양이 '一'자로 되어 있어 자동화가 불가능했기 때문이다. 그 당시 KS 규격에는 '一'자 볼트를 사용하도록 규정되어 있었다. 해결은 매우 간단했다. 경쟁업체도 똑같은 문제를 겪고 있었기 때문에 이해관계자가 모두 모여 '一'자 볼트를 '十'자 볼트로 변경하기로 합의하고, 관련 기관에 변경을 요청해서 해결되었다.

당신은 제도나 시스템, 규정, 규칙 등을 바꾸기 어렵다는 생각을 하루빨리 버려야 한다. 그럴 때 비로소 창조적 아이디어를 얻을 수 있다.

[그림 3-3] **문제 해결의 열쇠가 된 +자 볼트**

조직문화

한 조직에 오래 몸 담고 있으면 그 조직의 문화가 최고라는 생각을 하게 된다. 이러한 생각이 몸에 배어 관습이 된다면 매우 위험하다. 관습을 떨쳐 버리지 못하고 관습의 노예가 된다면 급격한 환경 변화의 희생양이 되고 말기 때문이다. 조직에 축적된 노하우나 기술, 핵심프로세스 등은 물론 아주 중요하다.

그러나 과거의 경험과 실적만을 바탕으로 무언가를 시작한다면 창의적인 시각이 흐려질 수 있다. 이와 같은 환경에서는 창의적인 아이디어보다는 상황에 수동적으로 끌려 가는 낮은 수준의 아이디어만 나오게 된다. 우리는 누구나 창의적인 아이디어를 가지고 있다. 하지만 다음과 같이 관습에 밴 생각을 가지고 있다면 창의적인 아이디어를 도출할 수 없다.

- 우리는 오랫동안 이 분야에서 1등이었다.
- 우리 방식은 업계에서 최고로 인정받고 있다.
- 이 방법은 우리 회사의 방식과 동일하다.
- 우리 회사의 전략이 최고이고, 이보다 더 좋은 전략은 없다.
- 우리 회사는 이런 종류의 상품은 개발하지 않는다.
- 이 방법은 전에도 효과적이었기 때문에 앞으로도 바꿀 계획이 없다.
- 업무방식을 바꾸는 것은 어리석은 일이다.

창조적으로 생각하고 자유롭게 행동할 수 있는 능력은 우리가 가지고 있는 관습과 문제가 될 수 있는 상황에 대해 의문을 가지지 않는 태도의 영향을 받는다. 조직 구성원과 조직은 새로운 기회를 포착할 수 있는 사고방식보다는 단순히 현재의 문제 해결에만 초점을 맞추는 근시안적 태도를 견지하기 쉽다. 하지만 미래지향적 사고가 부족하면 개인의 생각과 태도를 받아들이려는 수렴적 사고가 부족해지게 마련이다.

창의는 크게 개인창의와 집단창의로 나눌 수 있으며, 개인창의와 집단창의는 바늘과 실처럼 불가분의 관계이다. 개인창의가 창의력 개발 기법을 활용하여 아이디어를 도출하는 데 초점이 맞추어져 있다면, 집단창의는 이러한 개인의 창조적 아이디어를 수렴하는 조직의 태도를 말한다

"이 생각은 나의 생각인가? 아니면 조직이 지향하는 바인가?"라고 자기 자신에게 한 번 물어보라. 조직의 관습이 그러하다면 사람들의 아이디어를 적극적으로 받아들이고, 실행에 능동적으로 참여할 수 있도록

조직의 문화를 미래지향적 문화로 하루 빨리 바꿔야 한다.

어떤 조직의 경우, 구성원 개개인의 창의성은 매우 돋보이지만, 이러한 개인의 창조적 아이디어가 실행되지 못하는 것을 볼 수 있다. 왜 그럴까? 이런 조직은 개인의 창조적 아이디어를 수렴하고 실행에 함께 동참하려는 개방적 문화가 형성되어 있지 않아서 그렇다. 반면에 조직 자체는 매우 수평적이고 수렴적인 문화를 바탕으로 하여 어떤 아이디어든 받아 들일 준비가 되어 있으나, 조직 구성원들에게 창의성이 결여되어 있어서 창조적 아이디어가 도출되지 못하는 경우도 있다.

조직 내에 축적된 경험이나 관행, 그리고 업적이 모두 나쁘다는 뜻은 물론 아니다. 새로운 아이디어를 도출하는 데 이러한 노하우들은 방향성을 일러주는 바로미터가 되기도 한다. 그러나 그런 관행이나 관습이 우리의 생각을 지배하거나 제한하도록 방관해서는 안 된다.

조선시대 말 흥선대원군의 쇄국정책에 대해서는 역사적 판단이 필요하겠지만, 결과적으로 보면 우리나라는 기존의 관습을 보호하려는 기득권층의 폐쇄정책으로 근대화의 기회를 놓쳤다고 볼 수 있다. 많은 선각자들이 선진 문화를 받아들이려는 노력을 기울였으나 결국은 실패하고 말았다. 이처럼 불필요한 관행과 관습을 패러다임 전환을 통하여 과감하게 바꾸지 않으면 관습이 국가의 흥망성쇠에 영향을 끼쳤듯이, 기업의 성패에도 지대한 영향을 미칠 것이 불을 보듯 훤하다.

집단 사고

집단 의사결정Group Decision Making 이란 조직의 당면 문제에 대한 해결 방안이 개인이 아닌 집단에 의해 이루어지는 의사결정 방법으로, 개인의 의사결정에 비해 문제 분석을 보다 넓은 관점에서 할 수 있고, 보다 더 많은 지식과 정보를 활용할 수 있다는 장점이 있다.

그러나 집단 의사결정은 많은 사람이 참여하므로 결정 과정이 느리고 타협을 통해 이루어지는 경우가 많아, 가장 적절한 방안을 채택하기가 어렵다는 단점이 있다. 더욱이 의사결정 과정에서 집단 사고group thinking 의 영향을 받을 경우, 올바른 판단을 할 수가 없는 경우도 많다.

집단 사고란 응집력이 높은 소규모 집단 또는 가족적인 문화를 가진 집단에서, 의사결정 시 문제의 명확한 분석이나 해결 방안에 대한 충분한 토의 없이 비판이나 의견 제시를 억제하고, 다수의 의견이나 강력한 영향력을 가진 몇 사람의 의견에 맹목적으로 합의를 이루려는 심리적 경향을 말한다. 이는 곧 집단구성원들이 대안에 대한 충분한 분석과 토론 없이 너무 쉽게 합의하고, 그 대안이 최선의 해결 방안이라고 믿고 합리화하며 따르려는 동조화 현상을 말한다.

집단 사고는 의사결정 과정에서 나타나는 '집단착각 현상'이라고 할 수 있다. 집단 사고에 빠지면 조직 구성원들은 새로운 정보나 변화에 민감하게 반응하지 못해 문제의식이나 비판의식이 떨어져 새로운 대안을 찾아내기 어렵다. 또한 조직의 운명에 중대한 영향을 미치는 결정을 함에 있어 책임 있는 의사결정 집단이 오만과 편견에 빠져 크게 잘못된 결정을 함으로써 조직을 위기로 몰아넣는 경우도 많다.

이러한 집단 사고 현상은 특히 '우리'라는 집단의식이 강한 조직과 비판의식이 결여되고, 수평적 커뮤니케이션이 이루어지지 않는 조직에서 생길 가능성이 높다. '우리'라는 의식이 강한 집단일수록 만장일치라는 환상에 사로잡혀 집단의 결정에 동조하지 않는 의견이나 태도를 배척하는 경향이 강하기 때문이다.

권위주의적인 리더가 존재하는 경우, 집단의 구성원들은 그가 선호하는 대안에 대해서 반대하지 못하고 동조하는 현상이 특히 두드러지게 나타난다. 또한 집단 사고는 집단구성원들이 당면한 문제에 대하여 독창적인 해결책을 찾아내기보다는 오히려 다른 구성원들의 동의를 얻는 데만 관심을 갖기 때문에, 개개인의 독창성과 새로운 아이디어를 억제할 우려가 있다. 특히 집단 의사결정에 있어 집단 사고는 최적의 방안을 모색하는 데 가장 큰 장애 요인이 될 수 있다.

당신은 혹시 회의에 참여하면서 당신의 의견과 다른 방향으로 의사결정이 이루어짐에도 불구하고 침묵한 적이 없었는가? 또는 아무런 의견을 제시하지 못하고 다른 사람들의 의견에 동의하지 않는데도 맹목적으로 고개를 끄덕였던 적은 없었는가?

누구나 한번쯤은 이러한 경험을 했을 것이다. 이러한 경험을 한 이유는 집단 의사결정에 방해를 하고 싶지 않거나 따돌림을 당하고 싶지 않은 심리 때문이다. 물론 상대방의 의견과 같아서 동의한 경우도 있을 것이다. 어쨌든 여러 가지 이유로 우리는 많은 사람들이 이구동성으로 동의하는 의견을 거스르려고 하지 않는다. 상대방의 의견에 동의하지 않으면서도 침묵을 미덕으로 생각하는 경우가 많은 것이다.

모두가 집단 의사결정에 동조하는 행동을 하면 결국 집단의 생각이 의사결정을 좌우하게 된다. 그리고 그로 인해 지적인 사람들이 모인 집단조차도 어리석은 의사결정을 내리는 경우가 종종 발생한다. 우주왕복선 챌린저 호의 폭발사고와 미국의 피그스 만 침공이 대표적이다.

1986년 1월 28일, 미국의 우주왕복선 챌린저 호가 발사 73초만에 고체 연료 추진기 이상으로 폭발했다. 챌린저 호는 이 사고로 탑승했던 승무원 7명 전원이 사망하고 한화로 4,865억 원의 금전적 손실을 입었다.

원래 첫 발사 예정일은 1월 22일이었는데 다른 발사STS-61-C로 인해 23일, 다시 24일로, 발사가 두 차례나 연기되었다. 이어서 착륙 예정지의 악천후로 인해 다시 25일로 연기되었다. 그리고 발사 기지인 케네디 우주센터의 악천후로 인해 27일 9시 53분으로 다시 미뤄졌다. 또다시 챌린저호 본체의 추가 정비가 필요하다는 판단에, 발사는 결국 28일로

미뤄지기에 이른다.

발사 전 NASA와의 회의 때, 우주왕복선 고체 로켓 부스터를 설계하고 제작한 모튼 치오콜 사의 경험 많은 O링 기술자는 발사 일정을 조정해달라고 몇 번이나 간청했다고 한다. 그는 매우 낮은 온도에서는 O링이 얼어 제 역할을 다하지 못할 것이라고 강력히 주장했다고 한다.

그러나 NASA와 정부 관계자와 모튼 치오콜 사의 고위 관리자들은 기술자의 말을 무시하고 발사를 허가했다. 결국 장착된 O링은 낮은 온도로 인해 탄력성이 떨어졌고, 틈새로 새어 나온 고온, 고압의 연료에 불이 붙어 챌린저 호는 폭발해 공중분해되는 최악의 결과를 맞이했다. 결국 발사에 찬성한 사람들의 가설은 모두 틀린 것으로 증명되었다.

어떤 일을 도모하는 사람들은 환상을 키우면서 소속감을 발전시킨다. 그 환상 중 하나는 그들 스스로는 절대 실패하지 않으리라는 믿음을 갖고 있다는 것이다. 그들의 지도자와 그들이 속해 있는 집단이 어떤 계획을 수립하고 그 계획이 성공할 수 있다는 신념을 가진다면, 그들은 행운이 자신들의 편이 될 것이라는 밑도 끝도 없는 믿음을 갖는 것이다.

또 하나의 환상은 만장일치에 대한 환상, 즉 '집단의 의견이 같고 나만 의견이 다르다면 내 의견은 틀린 것이야.'라는 생각을 가진다는 것이다. 조직 전체가 이런 환상에 사로잡힌다면 사람들은 감히 다른 의견을 제시하는 것을 꿈도 꾸지 못한다. 자칫 집단에서 제외되는 두려움이 앞서 자신의 생각을 피력하지 못하는 것이다.

그렇다면 이러한 집단 사고의 오류를 제거할 방법으로는 어떤 것이 있을까?

첫째, 침묵하지 말고 자신의 의견을 과감하게 제시해야 한다. 당신이 속한 조직에서 전략이나 아이디어에 대하여 논의를 할 때 구성원들이 의견 일치를 보이더라도 나와 생각이 다르다면 자신의 의견을 강력하게 피력해야 한다. 사람들이 말하기를 꺼리는 부분에 대해서도 의견을 제시하고, 조직의 따돌림을 감수하고 자신의 의견을 제시해야 한다. 언젠가는 당신의 의견이 중요했다는 것을 구성원들이 공감할 것이기 때문이다.

둘째, 만약 당신이 리더라면 '악마의 대변인' 역할을 할 사람을 정하고, 그 사람에게 그 역할을 맡겨야 한다. 악마의 대변인이란 의사결정 과정에서 의도적으로 반대 의견을 말해 열띤 논의가 이루어지도록 하는 사람을 가리킨다. 이는 그룹의 의사결정을 비판적으로 검토하여 합리성을 높이려는 것이다.

가톨릭 교회에서는 악마의 대변인이라는 직책이 있다. 그 직책을 맡은 사람은 누군가를 시성할 때 그 사람의 반대편에 서서 그가 성인이 되기에는 많은 결점이 있으며 좋은 성품을 갖고 있지 않다는 것을 증명해 보인다. 이러한 직책의 목적은 가톨릭과 시성 대상자를 공격하는 것이 아니라 오히려 가톨릭의 시성 결정에 확고한 신뢰와 공신력을 제공하기 위한 것이다. 대단히 엄격하고 적의를 띤 검증 절차를 이겨냄으로써 그 결정에 더욱 큰 믿음을 주기 위함이다.

저항

만일 당신이 독창적인 아이디어를 도출했다고 가정해 보자. 그러면 당신 자신은 물론 이해관계자들에게도 거센 저항을 받을 가능성이 크다. 그리고 아이디어가 독창적일수록 저항의 벽은 높을 것이다.

하지만 이러한 저항에 효과적으로 대응하지 못한다면 어떻게 될까? 당신의 아이디어는 실행 문턱도 넘지 못하고 차단될 것이 분명하다. 이러한 저항을 극복해야만 당신의 아이디어는 훌륭한 아이디어로 취급되고, 인정받을 수 있다. 당신이 아이디어를 성공시키기 위해서 넘어야 할 벽은 바로 당신 자신과 다른 사람들의 저항이다.

• 상황_ 1

오랫동안 연구한 결과든 아니면 번쩍 떠오르는 아이디어든 당신은 자신의 아이디어에 대해서 두 번 다시 있을 수 없는 훌륭한 아이디어라고 생각한다. 그러나 시간이 조금 지나면 당신의 생각은 180도 변한다. '아니야, 그건 절대 좋은 아이디어가 아니야. 한 번도 좋은 평가를 받아본 적이 없는 내가 어떻게 그런 훌륭한 아이디어를 내겠어?' 혹은 '다른 사람들이 내 아이디어를 들으면 한심하다고 말할 게 뻔해' 라고 하면서 금세 회의적인 태도로 변한다.

• 상황_ 2

이렇게 자기 자신을 뛰어넘어 사람들에게 자신의 아이디어를 제안하기로 한다. 사람들은 망설임 없이 "그 아이디어는 좋은 아이디어가 아니야. 효과가 있겠어? 효과가 있다고 해도 실행상에 많은 문제가 발생할 것이 분명해." 라고 말할 것이다.

당신의 아이디어가 당신 자신에게 저항을 받든 아니면 다른 사람에게 저항을 받든, 문제는 그 아이디어가 좋은지 나쁜지를 판단하기 어렵다는 것이다. 따라서 자신의 아이디어가 나쁜 아이디어라고 생각할 필요가 없다.

미국의 심리학자인 칼 로저스는, "창의력의 본질은 지금까지 전혀 접해보지 못한 새로움에 있다. 그러므로 우리는 아이디어의 좋고 나쁨을 판단할 수 있는 아무런 근거를 가지고 있지 못하다. 따라서 아이디어의 좋고 나쁨을 판단하기 이전에 "그건 아니야." 대신에 "그 아이디어 괜찮은데."라고 말하는 법을 배워라."고 말했다. 그의 말처럼 아이디어를 내는 단계에서는 좋고 나쁨을 판단해서는 안 된다. 그렇게 되면 좋은 아이디어가 역사 속에 묻혀버릴 가능성이 높다. 아이디어의 효과나 유용성은 평가 단계에서 판단하면 된다.

구글플러스가 탄생할 때 이 프로젝트는 많은 저항을 받았고 실패할 것이라고 여겨졌다. 그러나 이 프로젝트는 결국 성공했다. 구글에는 "실패한 프로젝트를 죽이지 말고 더 살릴 수 있도록 하라."는 슬로건이 있다. 실패한 프로젝트라고 여겨졌던 구글플러스가 성공한 배경에는 저항을 극복하고자 했던 기업문화와 실패도 존중해 주는 기업 정신이 있었다.

잭 웰치는 다국적 기업인 GE에서 회장과 사장을 지낸 경영인으로, 1981년 45세의 나이로 GE의 8대 회장이 되었다. 그의 첫 임무는 경영 전반을 혁신하는 것이었다. 그때 GE는 150개에 달하는 방대한 사업분야를 가지고 있어서, 의사결정이 느리고 100년 이상의 역사가 남기고 간 보수적인 경영 풍토와 관료적인 조직문화가 팽대해 있었다.

잭 웰치는 회장으로 취임한 후 국제시장에서 1, 2위를 다투는 사업만 남겨놓고 대대적인 구조조정을 단행했다. 그리고 모든 사업을 핵심사업 분야, 첨단기술사업 분야, 서비스사업 분야의 3개 분야로 정리해 취임 당시 170개에 이르던 사업부 중 110개를 정리했다. 그리고 나서 그는 최정상만을 고집하는 원칙에 따라 '통합된 다양성', '글로벌화', '기업문화 혁신', '벽 없는 조직', '워크아웃', '스트레치 목표', '6-시그마 품질경영 운동' 등 전사적인 경영혁신 활동을 전개하였다.

그러나 언론으로부터 '중성자탄 잭'이란 별명을 얻은 잭 웰치에게도 걸림돌은 있었다. 경영혁신 활동에 대한 저항을 어떻게 관리하느냐가 문제였다. 잭 웰치는 여러 가지 혁신활동을 진행하면서 환경 변화 및 조직의 저항을 효과적으로 관리하기 위한 CAPChange Acceleration Process을 동시에 진행하였다. 그 결과, 시가 총액은 1981년 회장으로 부임할 당시의 120억 달러보다 40배나 늘어났고, 매출은 270억 달러에서 1,295억 달러로 늘어났으며, 순이익은 30억 달러에서 137억 달러로 신장되었다.

경영혁신 활동이나 아이디어의 도출과 실행의 과정에는 크든 작든 여러 형태의 저항을 받게 마련이다. 이러한 저항을 극복하지 못하면 절대 성공적으로 프로젝트를 수행할 수 없다. 이러한 저항을 극복하기 위해서는 관련된 이해관계자를 설득하여 동의를 얻거나 프로젝트에 직접 참여시키는 것이 무엇보다 중요하다.

그렇다면 저항을 극복하기 위해서는 어떤 절차를 거쳐야 할까? 그 절차는 다음과 같다.

1. 저항을 어떻게 극복할 것인지 계획을 수립한다.
2. 주제와 관련된 이해관계자를 파악한다. 이해관계자는 주제에 대해 긍정적인 관심을 보이는 '전도사'와 부정적인 관심을 보이는 '테러리스트'로 분류한다.
3. 핵심 이해관계자(관리 대상자)를 선정한다. 테러리스트 중 부정적 영향력이 가장 큰 사람을 관리 대상으로 선정한다.
4. 저항의 유형과 강도를 파악한다. 저항의 유형과 강도를 파악해야만 관리의 우선순위를 정할 수 있다.
5. 저항의 원인을 파악한다. 이해관계자가 주제에 대하여 왜 반대를 하는지 그 원인을 파악해야만 구체적인 해결 방안을 도출할 수 있다.

해결 방안을 수립하고 실행한다. 실행 경과를 모니터링하고 실행결과를 분석한다.

[그림 3-4] 저항 극복 절차

저항극복 계획수립	이해관계자 탐색	핵심이해 관계자 선정	저항파악	저항해결
저항을 어떻게 극복할 것인지 전체계획과 일정을 수립한다.	아이디어와 관련된 이해관계자가 누구인지 파악한다.	저항이 가장 큰 이해관계자가 누구인지 선정한다.	핵심 이해관계자의 저항 유형과 강도를 파악한다. 핵심 이해관계자의 관심도를 파악한다. 아이디어에 대한 '긍정', '부정' 정도를 파악한다.	이해관계자별 저항 극복방안을 수립하고 실시한다.

[그림 3-5] 관리 계획

항목	이해 관계자	저항 강도	저항 내용	저항 원인	해결 방안	담당	일정

　　이해관계자는 이와 같이 저항 극복 절차에 따라 관리하면 된다. 그러나 이해관계자를 관리하는 것만으로 모든 저항을 극복할 수는 없다. 아이디어의 도출과 실행 단계에서는 사전에 예측하지 못한 장애물과 저항을 만나게 마련이다. 이러한 장애물과 저항을 극복하기 위해서는 다음과 같은 몇가지 사항을 유념할 필요가 있다.

첫째, 아이디어에 대한 가설검증 계획을 수립하고, 세부적으로 검증한다. 검증 방법은 통계자료를 활용하거나 전문가의 조언을 받거나 설문 및 실험 등을 통해서 실시한다. 이렇게 하면 근거 없는 반론을 제기하는 반대론자의 저항을 효과적으로 차단할 수 있다.

둘째, 자기 긍정 예언을 한다. 세상 모든 일은 생각하는 대로 된다는 말이 있다. 자신의 아이디어에 대해 불신을 하거나 부정을 한다면 평생 훌륭한 아이디어를 낼 수 없다. 아이디어를 내는 과정에서 나쁜 아이디어는 없다. 모두가 좋은 아이디어다. 따라서 자신의 아이디어는 훌륭한 아이디어라고 자기 긍정을 하는 것이 좋다. 자기 긍정 예언은 자기 자신에 대한 저항을 가장 효과적으로 관리하는 방법이다.

셋째, 이해관계자와 조직적인 쌍방향 커뮤니케이션을 한다. 저항은 아이디어에 대하여 상대방이 이해하지 못하거나 내가 상대방을 이해하지 못해 발생하는 경우가 많다. 따라서 진정성을 갖고 이해관계자와 체계적인 의사소통을 해야 한다.

넷째, 이해관계자를 프로젝트에 직간접적으로 참여시킨다. 이해관계자가 프로젝트에 직접 혹은 간접적으로 참여하면, 테러리스트가 일순간 아군이 되는 경험을 맛볼 수 있다.

다섯째, 아이디어를 실행했을 때 이해관계자가 얻을 수 있는 이익이 무엇인지 설명해준다. 아이디어가 실행되면 어떤 이득이 있는지 근거를 제시하면서 이해관계자에게 구체적으로 설명해야 한다. 자기 자신에게 아무런 이득이 없다면, 그들은 지속적이고 끈질기게 저항을 멈추지 않을 것이다.

4장

생각을 바꾸면
불이 켜진다

원론도 잘 다듬으면 보물이 된다

전문가든 비전문가든 한결같이 "한국 축구의 문제점은 골 결정력이 부족하다."고 말한다. 어떻게 해야 골 결정력을 높일 수 있을까? 많은 사람들이 "유연성을 높이면 된다."고 말한다.

그렇다면 이것은 원론일까, 아이디어일까? 원론이다. 아이디어란 문제를 해결하기 위한 구체적인 방법론을 말한다. 따라서 "유연성을 높이면 된다."는 말은 아이디어가 아니라 원론이다. 원론은 아이디어가 아니다. 그러나 "어떻게 하면 그렇게 할 수 있을까?"를 다시 묻는다면, 훌륭한 아이디어로 전환할 수가 있다.

Q. 어떻게 하면 한국 축구의 골 결정력을 높일 수 있을까?

A. 유연성을 높인다.

이것은 아이디어가 아니고 원론이다. 이런 경우에는 다음과 같이 "어떻게 하면 그렇게 할 수 있을까?"를 물어야 한다.

Q : (A에 대하여) 어떻게 하면 그렇게 할 수 있을까?

A1 : 매주 2회 산악자전거를 탄다.

A2 : 리듬체조 선수로부터 매일 1시간씩 훈련을 받는다.

A3 : 매일 2시간씩 계단 오르기를 실시한다.

아이디어 회의를 하면 구체적인 아이디어를 도출하는 경우가 얼마나 될까? 아이디어를 구체적으로 단번에 도출할 수 있다면 얼마나 좋겠는가? 그러나 그런 사람은 극히 드물다. 에디슨이나 아인슈타인이라면 가능할까?

에디슨은 1877년에 축음기를 발명했다. 하지만 아마 처음부터 축음기라는 아이디어를 단박에 도출해 내진 못했을 것이다. 단지 '음악을 저장해 두었다가 다시 들을 수 있는 도구의 개발'과 같이 원론 정도를 생각했을 것이다. 1879년에 발명한 백열전구도 마찬가지다. 그저 '전기를 활용하여 불을 밝히는 도구의 개발'과 같이 원론으로부터 출발해 이를 구체화하는 과정에서 발명되었을 것이다. 원론도 '어떻게 하면 그렇게 할 수 있을까?'를 물으면 좋은 아이디어로 연결될 수 있는 것이다.

그렇다면 어떻게 하면 원론을 좋은 아이디어로 연결할 수 있을까?

첫째, 먼저 사람들이 필요로 하는 것이 무엇인지를 파악한다. 즉 니즈를 파악하는 것이다. 당신에게 좋은 아이디어가 필요하다면 주변을 둘러보며 다른 사람들이 필요로 하는 것을 관찰해 본다. 어떤 부분을 좋아하며 어떤 부분에서 불편해 하는지, 그들이 필요로 하는 것이 무엇인지를 잘 파악하면 좋은 아이디어와 연결된다. 물론 주변을 둘러볼 수 있는 시각은 한순간에 이루어지는 것이 아니다.

처음부터 사람들이 필요로 하는 것을 찾아내기란 결코 쉽지 않다. 그래서 먼저 자신이 필요로 하는 것이 무엇인지를 파악하는 것이 좋다. 거기서부터 출발해 사고의 폭을 넓혀가면서 타인의 말이나 행동을 하나하나 살피다 보면, 그들의 욕구가 당신의 눈에 들어올 것이다. 그렇게 파악된 니즈는 좋은 아이디어로 연결되기 마련이다.

둘째, 사람들의 니즈가 무엇인지 파악했으면 원론을 도출한다. 물론 번뜩하고 독창적인 아이디어가 도출되면 이보다 좋은 일은 없을 것이다. 그러나 니즈를 파악했다고 해서 곧바로 구체적인 아이디어가 떠오르는 일은 드물다. 다소 개념적이고, 추상적인 원론 정도를 떠올릴 수도 있다.

원론을 도출했을 때, 이를 비난하고 비아냥거려서는 안 된다. '나는 왜 이 정도의 원론밖에 도출하지 못하는 것일까?'라고 자괴감을 가져서도 안 된다. 원론은 좋은 아이디어를 만들기 위한 '출발점'일 뿐이다.

셋째, 원론을 도출했으면 "좋은 생각이야."라고 지지와 격려를 보낸다. 그런 다음 "어떻게 하면 그렇게 할 수 있을까?"라는 질문을 통해 원론을 구체화한다. 꼬리에 꼬리를 무는 질문을 계속하다 보면 우리가 원하는 구체화된 아이디어를 도출할 수 있다.

니즈 : (영업본부장의) 마음에 드는 창의적인 제품 판매 향상 기획서(원론) 를 만들어

봅시다.

Q1 : 네 좋은 생각입니다. 어떻게 하면 창의적인 기획서를 만들 수 있을까요?

Idea1 : 창의력, 세일즈, 기획 역량을 확보하면 됩니다.

Q2 : 그러면 어떻게 해야 창의력, 세일즈, 기획역량을 확보할 수 있을까요?

Idea 2 : 네, 창의력과 세일즈 역량은 외부 공개 교육을 통하여 확보하고, 기획 역량

은 전문가의 1:1코칭을 받으면 될 것 같습니다.

이와 같이 원론도 질문을 통하여 구체화하다 보면 좋은 보물이 된다.

다양한 관점에서 생각하라

뇌는 자극정보을 받으면 자동적으로 뇌 속에 있는 과거의 기억정보을 짜고 맞추어, 먼저 '인식 작업'을 한다. 그리고 그 인식에 따라 어떻게 반응할 것인지, 순서를 결정하고 행동을 한다.

그런데 인식은 일단 행해지면 다른 인식을 하지 않는 경향이 있다. 창의력을 발휘한다는 것은 일단 결정된 인식을 다양하게 바꾸어 보는 것, 즉 의도적으로 인식을 재구성하여 다른 견해를 가져 보는 사고 실습을 반복하는 것이라고 할 수 있다.

우리는 습관의 동물이다. 오늘도 어제와 같은 시간에 일어나 밥을 먹고, 어제와 비슷한 스타일의 옷을 입고 학교에 가거나 회사에 출근한다. 그리고 어제와 비슷한 패턴으로 생각하고 일을 하거나 공부를 한다. 이는 대부분 좌뇌의 기능인 분석적, 수리적, 판단적, 논리적 사고에 기인한다.

우리는 이와 같이 좌뇌 사고를 많이 하고 있지만, 이렇게 사고하는 방식이 얼마나 위험한 것인지는 알지 못한다. 이 세상에는 사고하는 방법과 생각을 표현하는 방법이 무수히 많은데도 말이다. 이렇게 좌뇌로 인식한 것은 다른 것을 받아들이려고 하지 않는 경향을 보인다.

정신측정법 및 지능의 구조에 대한 연구로 유명한 미국 심리학자인 길퍼드 교수는 지능에 대한 가설적 모형에서 사고 유형을 3가지로 분류했다. 수렴적 사고, 확산적 사고, 창조적 사고가 그것이다.

수렴적 사고란 문제 해결을 위해 지식과 원리, 논리 법칙 등을 동원하여 가장 적합한 해결책이나 답을 모색해 가는 사고방식으로, 결정된 답이나 관습적인 답, 제한된 형식 내에서 하는 사고를 말한다. 이는 우리가 평소에 사고하는 방법이다. 우리는 누군가가 무엇을 제안하면, 그 제안을 집중 분석하고 비판하며 문제점이 무엇인지부터 파악한다.

우리는 중고등학교와 대학을 거치면서 국어, 문학, 과학 등을 학습하면서 글을 요약하고 분석하며 평가하도록 훈련받았다. 그 때문에 어떤 문제가 주어지면 이를 비판적으로 분석하여 답을 이끌어 내는 데 익숙하다. 해결해야 할 과제도 우리가 보는 세상의 틀 안에 집어넣은 후, 자기 자신이 가지고 있는 패러다임과 사고방식을 동원해 분석한다. 이러한 수렴적 사고에 의한 문제 해결은 대부분 해결 방법이 정해져 있고, 답도 정해져 있다.

반면, 확산적 사고는 문제 해결의 해답을 찾는 과정에서 기존에 정해져 있거나 예측 가능한 해결책이 아닌, 또 다른 해결책이나 답을 모색하는 사고를 말한다. 확산적 사고를 하면 해당 사안에만 집중하지 않고,

여러 방향으로 사고를 전개하여 주어진 문제나 개념과 뚜렷한 관계가 없는 아이디어까지 다양하게 생각해 낼 수 있다. 이는 창의적 사고 형성에 많은 영향을 미친다.

여기서 중요한 것은 수렴적 사고가 필요없다는 것이 아니다. 수렴적 사고는 잘 훈련되어 있으니 앞으로는 사물을 여러 가지 관점에서 바라보고 판단하여 문제를 해결하려는 사고의 확장이 필요하다는 얘기다. 즉, 확산적 사고로 다양한 아이디어를 촉진하는 사고의 전환이 필요하다는 의미다.

당신 앞에 소가 한 마리 있다고 가정하자. 당신의 눈에는 이 소가 무엇으로 보이는가? 주부의 시각으로 보면 소는 음식재료가 된다. 농부의 시각으로 보면 소는 단지 일꾼에 지나지 않는다. 수의사의 시각으로 보면 환자 즉, 고객으로 보인다. 소를 바라볼 때 주부, 농부, 수의사의 시각만으로 바라보아서는 안 된다. 다양한 관점에서 소를 바라보아야 한다. 소를 음식재료로도 보고, 고객으로도 보고, 어느 지방을 대표하는 상징물로도 보고, 일꾼으로도 볼 수 있어야 한다.

[그림 4-1] **관점의 예**

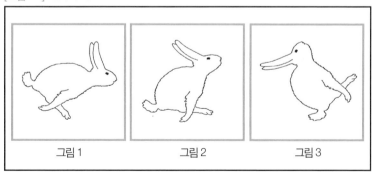

| 그림 1 | 그림 2 | 그림 3 |

앞의 〈그림 1〉을 보고 떠오르는 동물은 무엇인가? 아마 대부분은 토끼라고 답했을 것이다.

그러면 〈그림 2〉는 무엇으로 보이는가? 50% 정도는 토끼라고 답했을 것이고, 50% 정도는 오리라고 답했을 것이다.

그렇다면 〈그림 3〉은 무엇으로 보일까? 대부분은 오리라고 답하지 않았을까?

우리는 왜 〈그림 1〉을 보고 오리를 떠올리지 못했을까? 그리고 우리는 왜 〈그림 3〉을 보고 토끼를 떠올리지 못했을까? 그것은 '인식의 틀'에 우리 스스로를 가두었기 때문이다. 다양한 관점에서 사고를 하려면 우리가 가진 이러한 인식의 틀을 과감하게 깨뜨리지 않으면 안 된다.

패러다임을 전환하라

    사전에서는 패러다임을, '어떤 한 시대 사람들의 견해나 사고를 지배하고 있는 이론적 틀이나 개념의 집합체 또는 세상의 이치를 바라보는 정신적인 틀'이라고 규정하고 있다. 이 세상 사람들이 질서를 유지하면서 살아가기 위해서는 이러한 틀이 필요하다. 예를 들어 초록색일 때는 전진, 노란색일 때는 신속히 통과, 빨간색일 때는 멈춤이라는 사회적 약속은 많은 사람들이 안전하게 도로 위를 질주할 수 있는 규칙이 된다. 규칙은 다른 수백만 명의 사람들과 함께 공유하면 패러다임이 된다.

    그런데 패러다임은 다른 곳이나 다른 영역까지 확장되기도 한다. 생산 라인에서 근무해 본 사람이라면 다 알고 있을 것이다. 생산라인에서 아무런 문제없이 제품이 조립되고 있다면 초록색 불이, 설비나 조립되는 제품에 문제가 생기면 빨간색 등이 들어온다. 빨간색이 들어오면 관런 정보가 생산기술 담당자나 설비 담당자, 품질 담당자에게 전달되어 신속히 조치를 하게 된다.

이와 같이 우리들에게는 여러 가지 상황을 정확하게 판단하고 신속하게 대처하며 미래를 예측할 수 있게 하는 수많은 패러다임이 존재한다. 그리고 사물을 일관되게 바라보도록 하는 패러다임은 세상을 본질적으로 단순하게 처리하는 역할을 하기도 한다.

미국의 과학사학자이자 철학자인 토마스 쿤은《과학혁명의 구조》에서, "인류사의 특정한 시기에는 언제나 전체 과학자 집단에 의해 공식적으로 인정된 모범적인 틀이 있는데, 이 모범적인 틀이 패러다임이다."라고 말했다. 또한 그는 "패러다임은 전혀 새롭게 구성되는 것이 아니라 기존의 자연과학 위에서 혁명적으로 생성되고 쇠퇴하며, 다시 새로운 패러다임으로 대체된다."고도 했다.

쿤은, "하나의 패러다임이 나타나면, 이 패러다임에서 나타나는 갖가지 문제점들을 해결하기 위해 과학자들은 지속적으로 연구하고 탐구하는 활동을 하는데, 이를 '정상과학normal science'이라고 정의한다. 이어 정상과학을 통해 일정한 성과가 나타나고 성과가 누적되다 보면 기존의 패러다임은 차츰 힘을 잃게 되고, 경쟁적인 새로운 패러다임이 나타난다. 그러다 과학혁명이 일어나면서 한 시대를 지배하던 패러다임은 완전히 사라지고, 경쟁관계에 있던 패러다임이 새로운 패러다임으로 대체된다. 따라서 하나의 패러다임이 영원히 지속될 수는 없고, 항상 생성·발전·쇠퇴·대체되는 과정을 되풀이한다."고 했다. 기존 패러다임에 들어맞지 않는 새로운 정보가 나타나면 과학에 혁명이 일어나고,

기존의 패러다임이 전복되는 상황에 이르게 된다는 것이다. 이것을 우리는 '패러다임 시프트paradigm shift'라고 부른다. 하지만 새로운 패러다임이 자리잡기까지는 사람들로부터 수많은 의구심과 저항을 받는다.

팔짱을 한 번 끼어보라. 어떤 사람은 〈그림 1〉과 같이 팔짱을 낄 것이고, 어떤 사람은 〈그림 2〉와 같이 낄 것이다.

[그림 4-2]패러다임의 예

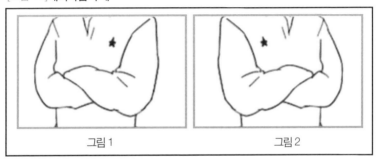

그림 1   그림 2

이번에는 반대로 팔짱을 끼어보라. 앞에서 팔짱을 〈그림 1〉과 같이 낀 사람은 〈그림 2〉와 같이 끼고, 〈그림 2〉와 같이 낀 사람은 〈그림 1〉과 같이 낄 것이다. 첫 번째와 두 번째 중에서 어느 쪽이 편한가? 첫 번째가 편하고, 두 번째는 불편할 것이다. 어느 것이 옳은 방식일까? 어느 것이 옳다고 말할 수는 없다. 이것이 바로 패러다임이다. 세상에 태어나 팔짱을 처음 낀 날부터 왼쪽 팔짱이 편해서 그렇게 한 것뿐이다. 그런데 반대로 팔짱을 끼어보라고 하면 많은 사람들이 매우 불편해한다.

패러다임 전환은 이와 같이 매우 힘든 과정이다. 기존의 '규범', '규칙', '방식', '인식', '편안함' 등을 과감하게 파괴하여 새로운 틀로 바꾼다는 것은 결코 쉬운 일이 아니다.

그러나 패러다임 전환은 사회 곳곳에서 자주 일어난다. 과거에 우리 사회에서는 여자가 말을 하지 않는 것이 미덕이었다. 그러나 오늘날에는 여자들의 사회 참여가 늘면서 더 이상 말을 하지 않는 것이 여자들의 미덕이라는 흔적은 어디에서도 찾아볼 수가 없다.

현대 산업사회의 혁신적 발전에 가장 크게 기여한 제품을 꼽는다면 무엇일까? 누구나가 한 목소리로 컴퓨터라고 말할 것이다. 인류의 문명을 획기적으로 바꾼 세계 최초의 전자식 컴퓨터는 '애니악'이었다. 이 컴퓨터는 무게가 30톤에, 부피가 방 하나를 가득 채울 만큼 매우 큰 컴퓨터였다. 애니악에는 약 1만 8,000개의 진공관, 7만 개의 저항기, 1만 개의 축전지가 장착되어 매우 빠른 속도로 계산을 할 수가 있었으며, 주로 군사용, 과학용으로 사용되었다.

그 후 애니악을 기반으로 세계 최초의 상업용 컴퓨터인 '유니백'이 만들어졌다. 이 컴퓨터는 중앙컴퓨터와 소형컴퓨터로 나누어져 있었으며, 중앙에서 모든 정보처리를 통제하는 시스템으로 구성되어 있었다.

그리고 1980년대 들어 스티브 잡스가 개인용 컴퓨터를 개발한다. 그 이야기를 들었을 때 주위 사람들은 모두 회의적이었다고 한다. 기존의 패러다임을 가진 사람들은 컴퓨터란 산업계에서 쉽게 계산을 하는 데 필요한 기계장치일 뿐이며 일반 가정에서는 필요 없을 것이라고 생각했던 것이다. 이처럼 기존의 패러다임에 갇힌 사람들에게 그 밖을 상상하기란 매우 어려운 일이다. 그렇기에 새로운 아이디어를 얻고자 하는 사람들은 패러다임 밖으로 걸어 나와 새로운 가능성을 보려는 노력이 필요하다.

그렇다면 패러다임을 전환하려면 어떻게 해야 할까? 다음과 같은 노력이 필요하다.

첫째, 기존의 패러다임 속에서 살고 있다는 것을 절실하게 깨달아야 한다. 한계를 깨달아야 그것을 깨려는 시도를 할 수 있기 때문이다. 항체를 몸 속에 집어 넣어 여러 가지 감염을 미리 예방하는 것과 같은 이치다.

둘째, 때론 고객의 니즈를 무시해야 한다. 고객의 니즈 속에는 기존의 패러다임이 또아리를 틀고 있기 마련이다. 아이디어 도출에서 고객니즈 파악, 즉 소비자 통찰은 매우 중요하다. 그러나 고객도 자신이 무엇을 원하는지 모를 때가 있다. 따라서 파괴적인 혁신이 필요할 때는 일시적으로 고객의 니즈를 무시하는 것도 좋다.

셋째, 자신의 생각을 3°만 바꿔라. 패러다임 전환이란 당신의 생각을 180° 바꾸라는 말이 아니다. 3°만 바꿔도 전체를 바꾼 것과 같은 결과를 얻을 수 있다. 패러다임을 전환하지 않으면 새로운 세계로 한 발자국도 나아갈 수 없다.

통합적으로 사고하라

수직적 사고가 논리적이고 직관적이라면, 수평적 사고는 직관적 곡선적 사고에 가깝다. 수직적 사고의 결과는 답이 하나지만, 수평적 사고의 결과는 답이 수없이 많다. 수직적 사고가 '앞으로 나란히'라면, 수평적 사고는 '옆으로 나란히'다. 앞으로 나란히는 앞만 보면 되지만, 옆으로 나란히는 좌도 보고 우도 보아야 한다.

수직적 사고가 목표물 하나만을 겨냥해 사격하는 일반 소총이라면, 수평적 사고는 한 방에 여러 마리를 사냥할 수 있는 산탄총이라고 할 수 있다. 수직적 사고는 하나의 방법론을 깊이 파고 들지만, 수평적 사고는 모든 가능성을 열어둔다.

구약성서에 나오는 솔로몬 왕의 지혜가 바로 수평적 사고의 전형이라고 할 수 있다. 솔로몬 왕은 한 아이를 가지고 다투는 두 어미의 모성에 판단을 맡겨 진실을 밝혀냈다. 만약 솔로몬 왕이 자신의 의사결정 기준에 따라 진실 여부를 판단했다면 이는 수직적 사고 방식이라고 할 수 있다.

다음도 수평적 사고의 힘을 보여주는 이야기라고 할 수 있다.

옛날 예쁜 딸을 가진 한 상인이 늙은 고리대금업자에게 많은 돈을 빌렸지만 갚지 못해 감옥에 갈 처지에 놓이게 되었다. 이 때 음흉한 고리대금업자는 상인에게 다음과 같은 제안을 했다.

"주머니 속에 검은 돌과 흰 돌을 각각 하나씩 넣어서 당신 딸이 검은 돌을 꺼내면 빚 대신 나에게 시집을 오고, 흰 돌을 꺼내면 빚을 탕감해 주겠소."

운명의 날에 고리대금업자는 자신의 집 정원에 깔려 있는 조약돌 중에서 두 개를 주머니에 집어 넣었다. 그 때 상인의 딸은 고리대금업자가 검은 돌 두 개를 주머니에 집어넣는 것을 보았다. 고리대금업자는 어떤 돌을 골라도 검은 돌을 고르게 해 상인의 딸과 결혼하려고 잔꾀를 부렸던 것이다.

당신이라면 어떻게 이 난관을 슬기롭게 극복하겠는가? 만약 수직적 사고를 하고 있다면 다음의 방법을 선택할 것이다.

● 수직적 사고

1. 고리대금업자의 제안을 거절함
2. 주머니 속에 검은 돌만 들어 있다는 것을 밝혀 고리대금업자를 고발함
3. 검은 돌만 주머니에 들어 있다는 것을 알면서도 검은 돌은 꺼내 자신을 희생함

그렇다면 상인의 딸은 이 위기를 어떻게 넘겼을까? 다음과 같은 수평적 사고로 이 위기를 넘겼다.

● 수평적 사고

상인의 딸은 주머니에 검은 돌만 두 개 들어가 있다는 사실을 알고 주머니에서 돌을 하나 꺼내어 아무에게도 보여주지 않고 바닥에 슬쩍 떨어뜨려 떨어진 돌이 어느 것인지 찾을 수 없게 했다. 그런 다음 이렇게 말했다.

"주머니 속에 있는 돌의 색깔을 보면 제가 꺼내다 땅에 떨어뜨린 돌의 색깔을 알 수 있겠군요. 검은 돌 하나와 흰 돌 하나를 주머니에 넣으셨으니 주머니 속의 돌이 흰색이면 제가 떨어뜨린 돌은 검은색이니 시집을 가야만 하고 주머니 속의 돌이 검은 돌이면 제가 떨어뜨린 돌이 흰색이니 빚을 모두 탕감해 주시면 됩니다."

이런 지혜로 딸과 아버지는 빚을 모두 탕감받게 되었다.

수직적 사고는 땅 속의 보물을 찾기 위해 한 곳을 깊게 파는 것이다. 반면 수평적 사고는 여러 군데를 파는 것이다.

[그림 4-3] **수직적 사고와 수평적 사고의 차이**

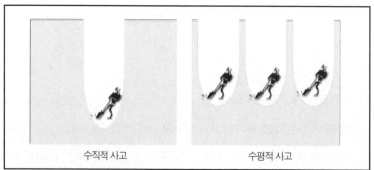

수직적 사고   수평적 사고

문제를 해결하는 데는 수직적 사고만으로 가능한 경우도 있고, 수평적 사고만으로 가능한 경우도 있다. 그러나 문제 해결이나 창의적인 아이디어 도출을 위해서는 대개 수직적 사고와 수평적 사고가 서로 보완적이어야 한다. 이를 통합적 사고라고 한다. 땅 속에 묻혀 있는 보물을 찾기 위해서는 여러 군데를 깊게 파야 한다.

다른 시각에서 이 개념을 바라보자. 사막에서 자동차 레이스를 한다고 가정해 보자. 당신 팀은 경기에 몇 번 참여했지만, 한 번도 입상한 적이 없다. 당신 팀이 입상하려면 어떻게 해야 할까? 다음과 같은 절차에 따라 레이스에 참가하면 된다.

첫째, 팀의 역량을 분석한다. 어떤 지형에 강한지 팀과 개인의 역량을 분석한다.

둘째, 기존 루트 중 팀의 역량을 가장 최고로 발휘할 수 있는 구간을 선정한다. 이 구간을 어떻게 하면 이전 대회 때보다 빠르고 안정적으로 질주할 수 있는가에 몰입한다(수직적 사고).

셋째, 최고의 기량을 발휘하지 못하는 구간은 새 루트를 개발한다(수평적 사고).

[그림 4-5] **자동차 레이스를 통한 수평적 사고의 예**

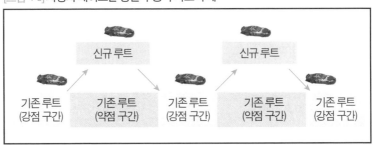

이와 같이 수직적 사고와 수평적 사고를 결합하면 당신 팀도 우승을
할 수 있다.

단순화하라

소비자가 원하는 훌륭한 상품의 속성은 무엇일까? 가격이 저렴하고 품질이 좋으며 사용이 편리한 상품일 것이다. 반면에 생산자가 원하는 훌륭한 상품의 속성은 어떤 것일까? 개발 비용이 저렴하며, 이익을 극대화 할 수 있고 구현하기 쉬운 제품이 아닐까?

그렇다면 이와 같이 소비자가 원하는 제품의 속성인 가격이 저렴하고 사용이 편리한 제품과 생산자가 원하는 제품의 속성인 개발 비용이 저렴하고 구현이 용이한 제품, 이 두 가지를 모두 만족시키는 방법은 무엇일까? 그것은 '단순화'다. 단순화를 하면 생산 비용을 낮출 수 있다. 그리고 생산 비용의 절감은 소비자 가격을 내리는 결과를 낳아 생산자의 이익을 극대화하는 것으로 연결된다.

또한 사용자의 입장에서는 구조가 단순할수록 제품을 사용하기 편리해지는 장점이 있다. 구조를 복잡하게 설계하여 부품이 많아지면 부품 사이에서 발생하는 오류의 빈도가 높아져 제품의 불량률이 높아지는 문제가 발생하게 된다. 이러한 문제 또한 단순화를 통해 개선할 수 있다. 구조를 단순화하면 부품에서 발생하는 오류의 빈도를 낮출 수 있어 불량률을 줄이는 효과를 얻을 수 있다.

소비자들은 일반적으로 이해하기 쉬운 것을 좋아한다. 단순함을 선호하는 인간의 심리를 설명할 때, 인간이 사물에 대한 전체와 부분을 어떻게 인지하는지를 설명한 '게슈탈트 법칙'이 종종 인용되곤 한다. 그중 하나인 '단순화의 법칙'에 따르면, 인간은 어떤 환경에서 사물을 인지할 때 가능한 한 단순한 형태로 지각한다고 한다. 인간의 뇌가 한꺼번에 많은 정보를 처리하는 능력이 없기 때문에 그렇다고 한다. 인간의 뇌는 정보를 처리할 때 가장 단순한 패턴을 찾는 경향이 있다. 즉 복잡한 형태보다는 단순화된 형태에 더 친숙하게 반응하며 더 쉽게 정보를 처리한다. 선택의 수가 늘어나면 의사결정의 속도와 질이 떨어지기 때문이다.

우리 삶이 복잡해질수록 단순함의 가치는 더욱 빛을 발하기 마련이다. 최근 미국 전자제품협회에서 실시한 소비자 조사에서도 그 가치를 찾을 수가 있다. "전자제품을 고르는 데 가장 중요한 요소는 무엇인가?"라는 질문에 약 90%의 고객(중복응답)이 '사용의 편의성'이라고 답했다고 한다.

그리고 전자제품의 반품 사유를 살펴보니, 제품의 '품질이 나빠서'라는 이유보다 '사용하기 어려워서'라는 이유가 더 많았다고 한다. 제품의 사용설명서가 복잡하거나 사용 방법을 이해하는 데 어려움이 있거나 조립에 어려움을 느낀 상품의 경우, 반품 비율이 높은 것으로 나타났다.

또한 소비자가 제품 사용 중 발생한 고장의 원인을 지각하는 형태도 다르게 나타났다. 단순한 구조의 제품을 사용하다 고장이 난 경우에는 그 원인을 자기 탓으로 돌리지만, 복잡한 구조를 가진 경우에는 그 원인을 생산자 탓이라고 돌리는 경향이 있었다고 한다. 아울러 소비자가 제품의 결함 때문이라고 생각하는 순간, 제품 구매 후의 만족도가 떨어지며, 재구매율도 현저하게 낮아진다고 한다.

이처럼 구조가 단순한 제품은 소비자가 이해하기도 쉽고, 사용하기도 편리하며, 가격도 저렴해 구입할 가능성이 높다. 또한 생산 시간과 비용을 줄일 수 있으며, 서비스 기간도 단축할 수 있다. 그러나 단순하다고 해서 무조건 좋은 것은 아니다. 다음의 조건을 충족해야 한다.

첫째, 소비자가 요구하는 기능을 훼손하지 않는 범위에서의 단순함을 추구해야 한다. 세탁기의 기능 중 '불림', '탈수', '건조', '정전기방지', '살균' 기능이 소비자의 핵심 니즈라고 생각해 보자. 단순화한다고 해서 '정전기 방지' 기능을 없앤다면 소비자의 니즈를 충족시킬 수 있겠는가?

둘째, 상품의 견고함을 유지할 수 있는 단순함을 추구해야 한다. 견고함이란 소비자가 싫증을 나타내기 전이나 폐기하기 전까지 상품에 결함이 발생하지 않는 속성을 의미한다. 예를 들어 50층 높이의 건물을 신축한다고 가정해 보자. 이 건물의 하중을 견디려면 총 7개의 기둥이 필요하다. 그런데 단순화한다고 해서 5개의 기둥만 설치한다면 이 건물은 어떻게 될까?

셋째, 감성적 요소가 반영된 단순함을 추구해야 한다. 단순한 형태의 현대적 디자인은 자칫 차갑고 사무적이며 딱딱한 느낌을 주기 쉽다. 따라서 단순함을 추구할 때는 장식적이고, 곡선적인 타입의 디자인을 통해 여유 있고 편안하며 안락함을 제공해 주려는 노력이 필요하다. 단순화가 성공하려면 기업의 철학, 방향, 핵심 가치 등 기업의 비전이나 전략이 상품 설계에 반영되어야 한다.

실패와 실수로부터 교훈을 챙겨라

위대한 발명은 화려한 성공을 보장받지만, 실패나 실수는 사람들로부터 비난을 받는 경우가 많다. 그래서 사람들은 실패나 실수를 드러내기보다는 숨기기에 급급해한다.

그러나 세상은 수많은 실패와 실수로부터 얻은 교훈을 통하여 발전해 왔다. 성공을 통해 배울 수 있는 것도 많지만, 실패나 실수를 통하여 얻는 교훈도 많다. 역사가 진화한 것은 수많은 실패와 실수가 있었기 때문이다. 실패는 두려움의 대상이 아니라 성공의 기회이며, 성공의 또 다른 말이다.

운전면허증을 취득한 때를 생각해 보라. 면허를 취득하기 위해서는 수많은 실패를 거쳐야 한다. 처음부터 단박에 운전을 할 수 있는 경우는 거의 없다. 안전선을 위반하는 실수를 연발하기 마련이다. 그러나 안전

선을 넘지 않으려고 노력하다 보면 자연스럽게 운전을 잘하게 된다. 학습도 마찬가지다. 공부 잘하는 아이들을 보면 오답 노트를 체계적으로 관리한다는 것을 알 수 있다. 그들은 오답 노트를 통해 두 번 다시 그런 실수를 하지 않기 위해 문제를 철저히 분석하고, 완전히 자기 것으로 소화한다.

그렇다면 실패는 무엇일까? 실패란 틀린 것이 아니라 정작 그 일을 그만두었을 때 나타나는 결과물이라고 할 수 있다. 에디슨이 전구를 개발할 때, 어느 기자가 이런 질문을 했다고 한다.

"박사님! 박사님은 2,000번이나 실패하셨는데 왜 아직도 전구 개발에 몰두하십니까?"

이 질문에 에디슨은 이렇게 말했다고 한다.

"실패라니요? 나는 2,000번의 실험을 했을 뿐입니다."

세상을 살아 가면서 누구나 실패나 실수를 하게 마련이다. 중요한 것은 그것을 감추지 않고 다시는 반복하지 않도록 문제점이 무엇이었는지 체계적으로 분석해 보는 것이다.

리바이스는 세계적인 청바지 상표이다. 미국 캘리포니아의 황금시대에 발명되어 오늘날까지도 전 세계인들이 즐겨 입는 이 청바지는 실패를 극복하고 탄생한 대표적인 발명품이라고 할 수 있다. 청바지의 역사를 들여다 보자.

1930년대 초반 미국 서부지역에서는 많은 양의 금이 채굴되어 골드러시가 진행되자 건물 부족으로 많은 천막촌이 지어진다. 이때 천막 천을 제조해 판매하던 독일인 리바이 스트라우스는 밀려드는 주문으로 막대한 이익을 얻는다. 그러던 어느 날 군수품 납품담당자가 찾아와 대형 천막 수만 개 분량의 천막 천을 납품하라는 제안을 한다. 뜻밖의 납품을 주문받은 그는 많은 빚을 내 생산에 들어간다.

그러나 천막 천의 색깔이 문제가 되어 납품을 못하게 된다. 납품업자는 녹색을 원했지만, 천막의 색상을 청색으로 만든 것이다. 결국 납품은 전량 취소되고 빚 독촉에 시달리며 직원들에게 월급도 못 주는 상황에 처한다. 납품 실패로 고민에 빠져 있던 그는 어느 날 주점 인근을 지나가던 중 금광촌의 광부들이 삼삼오오 모여 앉아 헤어진 바지를 수선하는 모습을 발견한다. 순간 "납품을 거절당한 천막 천으로 바지를 만들면 어떨까?"라는 생각을 한다. 얼마 후 그는 재고로 남아서 골치거리였던 천막 천을 바지로 탈바꿈시켜 시장에 출시해 광부들의 많은 사랑을 받게 된다.

그런데 카우보이와 노동자들의 전유물로만 여겨졌던 이 청바지가 1950년대에 들어와 청춘 스타였던 말론 브랜도와 제임스 딘이 〈와일드 원〉과 〈이유 없는 반항〉이라는 영화에서 입으면서부터 본격적으로 대중화된다. 그 후에 청바지는 반항과 자유의 상징으로 젊은이들 사이에서 유행처럼 번져 나간다. 이처럼 리바이 스트라우스의 실패는 결국 성공을 불러와 오늘날까지도 리바이스라는 명성으로 이어지고 있다.

할리데이비슨이라는 이름은 오토바이 마니아가 아니더라도 한 번쯤 들어보았을 것이다. 할리데이비슨은 1903년 20살의 할리와 21살의 데이비슨이 만든 오토바이 전문회사다. 할리데이비슨의 오토바이는 1950년대 할리우드 영화에 자주 등장하면서 급성장해 미국 오토바이 시장의 70%까지 점유한다.

그러나 1960년대 일본의 혼다, 야마하 등 소음이 적고 가격도 저렴하며 디자인도 훌륭한 저가의 오토바이가 시장에 출현하면서, 할리데이비슨은 시장점유율이 25%까지 떨어지는 위기에 직면한다. 시장점유율을 빼앗긴 이유는 진동이 심하고, 성능에 비해 가격이 비쌌기 때문이다. 할리데이비슨은 이러한 위기를 어떻게 극복했을까? 할리데이비슨은 역발상을 통해 극복했다.

할리데이비슨은 기술력 부족으로 발생하던 심한 소음을 반항과 자유의 상징이라는 새로운 문화로 재창조했다. 라이더들로 하여금 할리데이비슨 오토바이의 성능, 디자인, 가격을 구매하는 것이 아니라 문화를 구매하도록 발상을 전환한 것이다. 그 결과, 라이더들은 이제 더 이상 할리데이비슨의 진동과 소음을 문제삼지 않는다.

성공한 사람들의 이야기에서 항상 빠지지 않는 것이 있다. 그들의 성공 뒤에는 항상 실패와 실수가 있다는 것이다. 성공한 사람들이 존경을 받는 이유는 실패와 실수를 통해서 지혜를 얻었기 때문이다.

안전지대 밖에서 생각하라

산업사회에서 최고의 성공 전략은 튀지 않으면서 조금씩 조금씩 위로 올라가는 것이다. 주어진 시스템 안에서 별 생각 없이 그저 단순히 그 시스템을 따르기만 하면 된다. 이것은 자기 자신의 흔들림이 없이도 지켜낼 수 있는 전략이다. 당신도 이 전략이 옳다고 생각하는가? 오늘날의 경제환경에서는 결코 바람직한 전략이 아니다. 인간적이고 창조적인 삶을 차단하기 때문이다. 그렇다면 우리는 왜 굳이 비판받고 망신을 당할 것을 감수하면서까지 위험 속으로 뛰어들어야 하는 것일까?

20세기의 산업경제하에서 일하는 사람들은 대개 시스템 내부에서 적당한 은신처를 찾아 숨어 있거나 관행을 중시하며 핑계를 찾는 성향이 강하다. 이러한 시스템에 익숙해지면 시스템 밖으로 나가려는 시도조차 하지 않으려 한다. 비난과 수치심에 대한 두려움 때문이다. 비난과 수치심은 모든 것을 빨아들이는 블랙홀이자 누구도 건드리고 싶지 않은 고압선이다. 그런 위험을 감지하면, 대부분의 사람들은 한 걸음 물러서서 안전 장비를 챙긴다.

그러나 그런 불안감을 가지고 있다면 창조적이고 혁신적인 아이디어를 절대 도출할 수 없다. 창조적인 사람은 "성공하면 좋겠지만, 실패하면 망신을 당하고 수치심을 느껴야 할 텐데…"라고 말하지 않는다. 수치심은 자신의 말이나 행동을 다른 사람들이 비난할 때 생기는 자연스런 감정적 반응이다. 이 수치심은 당신의 영혼을 갉아먹는 적이다.

산업경제하에서 수치심을 피하는 방법은 몸을 한껏 낮추고 복종하며 자신의 생각과 아이디어를 말하지 않고 침묵하는 것이었다. 그때는 그것이 미덕이었다. 그러나 창조경제에 들어와서는 미덕도 아니고, 행복을 보장해 주지도 않는다. 경제환경이 완전히 변했기 때문이다.

창조적 지휘자는 강력한 의지와 용기를 한데 모아 수치심에 저항하는 사람이다. 다른 사람들로부터 받는 비난이야 어쩔 수 없는 일이지만, 수치심은 얼마든지 거부할 수 있다. 창조적인 아이디어를 인정하지 않는 사람들도 물론 있을 것이다. 그러나 그들에 대한 분노나 유감을 머릿속에 담고 있는 것은 자신의 영혼을 파괴하는 일이다. 자신의 창의력을 발전시키는 데에도 도움이 되지 않는다.

당신이 최선을 다해 안전지대를 벗어나 창의적인 아이디어를 도출한다면 그것으로 충분하다. 당신의 창조적 아이디어가 고객의 마음을 움직이는 데 실패했다면 실패의 원인을 찾고, 실패에서 얻은 교훈을 활용해 다음 번에 적용하면 된다.

안전지대를 벗어나려면 배짱이 두둑해야 한다. 배짱이란 일에 대한 확고한 결심과 비전을 향한 고집과 창조의 정신을 말한다. 배짱이 두둑한 사람은 무사안일한 사람들이 근시안적인 타협안을 제시할 경우, 단호하게 거절할 뿐만 아니라 다른 사람들의 반대를 이겨내고 비판에 직면해서도 꿋꿋함을 잃지 않으며 자신의 생각을 끝까지 추구한다.

창의적 아이디어의 근본적인 목적은 고객을 감동시키는 데 있다. 그 첫걸음은 비난과 수치심을 극복하고, 안전지대를 과감히 벗어나 생각하는 것이다. 안전지대 밖에서 아이디어를 도출하면 고객을 감동시킬 수 있다Delighter. 최소한 고객을 만족시킬 수 있다Primary. 그러나 안전지대 안에서 얻는 최대한의 결과물은 고객의 기본적인 욕구만을 충족시키는 것이다Must Be. 자칫 기본적인 욕구 충족도 못해 고객의 불만을 야기할 수도 있다.

[그림 4-6] **고객의 욕구 충족 수준**

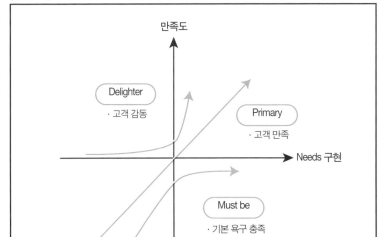

안전지대란 누구나 익숙해서 벗어나고 싶지 않은 영역을 말한다. 안전지대는 비즈니스뿐만 아니라 정치, 사회 등 모든 부분에 존재한다. 안전지대에서는 지휘자의 명령에 따라 수동적으로 천천히 움직이기만 해도 삶을 살아가는 데 최소한의 보장을 받을 수 있다. 스스로 생각하지 않아도 되고, 위험을 감수하지 않아도 된다. 지휘자의 명령과 악보에 따라 연주만 하면 된다. 무리 속에서 편안하게 안주할 수 있다.

그러나 안전지대 안에서는 외부환경이 변화하고 있음을 감지할 수 없다. 왜냐하면 외부의 환경 변화에 민감할 필요가 없기 때문이다. 지휘자의 통제만 잘 따르면 언제나 연주의 기회가 보장된다. 연주의 기술이나 새로운 패턴을 배울 필요도 없다. 새로운 정보를 얻을 수 없으니 진일보한 연주는 기대할 수 없다.

그렇다면 안전지대 안은 언제나 안락할까? 그렇지 않다. 머무르려는 사람이 많아서 경쟁이 치열하다. 언제, 누가 내 열매를 빼앗아 갈지 모르기 때문에 항상 불안하다. 바로 이곳이 레드오션이다. 곳간 양식은 그대로인데 식솔들은 많아진다. 안전지대는 안락지대가 아니다. 말 그대로 안전한 곳일 뿐 마음이 편한 곳은 아니다.

그러므로 당신은 안전지대를 벗어나 새로운 정글을 탐험하지 않으면 안 된다. 레드오션에서는 많은 사람들의 경쟁으로 인해 머잖아 풍요로운 들판이 곡식이 여물지 않는 황무지로 변할 것이기 때문이다.

IMF와 같이 경제가 어려워지면 창업하는 사람들이 늘어난다. 소자본으로 손쉽게 창업할 수 있는 것이 식당이다. 하지만 경제 환경이 좋아져도 식당 창업으로 성공하는 사람은 극히 적다. 10명에 1명이 겨우 성공한다고 한다. 여기서 성공이란 식당을 통해 생활을 영위하고 아이들에게 학비를 지원해 줄 수 있는 정도를 말하며, 그리 부자가 되는 것을 의미하는 것이 아니다.

[그림 4-7] **안전지대 안과 밖**

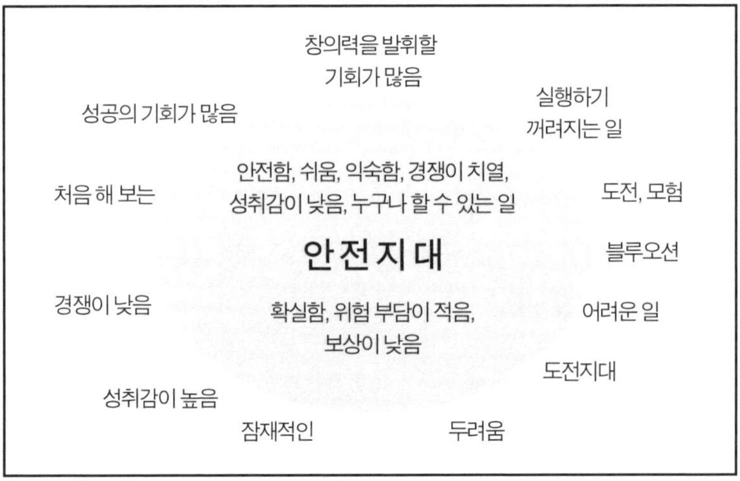

창의력을 발휘할
기회가 많음

성공의 기회가 많음

실행하기
꺼려지는 일

처음 해 보는

안전함, 쉬움, 익숙함, 경쟁이 치열,
성취감이 낮음, 누구나 할 수 있는 일

도전, 모험

안 전 지 대

블루오션

경쟁이 낮음

확실함, 위험 부담이 적음,
보상이 낮음

어려운 일

도전지대

성취감이 높음

잠재적인

두려움

음식점은 누구나 할 수 있어 직장을 잃거나 다른 사업을 하다 어려우면 진입하는 경우가 많다. 누구나 할 수 있기 때문에 진입하는 사람이 많아 경쟁도 치열하다. 경쟁이 치열해지면 원가 상승의 요인이 되고, 이는 곧 경영 악화로 연결된다. 이 분야에서 성공한다는 것은 결코 쉬운 일이 아니다. 성공한다고 해도 열매는 그리 달콤하지 않다.

하지만 음식점으로 성공하는 사람들도 있다. 그들은 대개 경쟁 식당에서 제공하지 않는 새로운 음식이나 서비스를 개발하여 고객에게 제공한다. 음식 프로그램에서 성공한 음식점들의 특징들을 살펴보면, 경쟁 식당이 미처 생각하지 못한 퓨전요리라든가 다른 식당들이 제공하지 않는 기존과 완전히 다른 새로운 고객서비스를 제공한다. 거기에다가 스토리텔링을 더해 고객과 홍보 매체에 노출 빈도를 늘려 고객의 관심을 끌기도 한다.

환경이 변하면 고객의 입맛도 변하기 마련이다. 거기에 재빠르게 대응하는 방법은 기존의 것들을 모두 버리고 완전히 새로운 형태의 음식을 개발하여 고객들에게 제공하는 것이다. 새로운 것은 두려움을 동반한다. 그러나 안전지대를 벗어나야 블루오션이라는 넓은 바다를 항해할 수 있다. 안전지대를 벗어나려고 할 때 비난과 수치심이라는 두려움의 벽에 부딪힐 수 있지만, 이를 극복하지 않고서는 창의력이라는 달콤한 과실을 얻을 수 없다.

상상의 경험을 창조하라

앞에서 창의란 '과거에 습득한 지식과 지혜를 해체하거나 결합하여 새로운 것을 만들어 내는 것'이라고 정의했다. 창의의 키워드인 지식과 지혜는 경험의 산물이다. 창조적 아이디어를 도출하는 데 있어서 경험은 매우 중요한 역할을 한다.

인지과학자들은 우리 뇌가 매우 역동적인 구조를 가지고 있음을 발견했다. 뇌는 실제 경험뿐 아니라 가상의 허구적인 경험도 실제 경험처럼 기억한다. 우리의 뇌는 필요에 따라 가상의 경험을 만들어 낼 수 있는 것이다. 이는 곧 우리가 창조적 아이디어를 도출하기 위한 경험을 상상을 통해 얼마든지 조작할 수 있다는 이야기다.

눈앞에 노란색의 레몬 하나가 있다고 상상해 보자. 칼로 레몬을 잘랐을 때 레몬즙이 알알이 튀기는 것을 상상해 보라. 그리고 레몬의 새큼한 향기를 상상해 보라. 이번에는 레몬을 한입 크게 무는 상상을 해보라. 레몬의 새콤한 맛이 느껴지는가? 입에 침이 고이는가? 아마 상상에 집중했다면 지금 당신의 입 안엔 침이 한가득 있을 것이다.

비전은 미래의 모습을 상상으로 그려보는 것이다. 하버드 대학에서는 비전에 관해 다음과 같은 연구를 실시했다. 재학 시절에 비전이 명확했던 사람과 불명확했던 사람이 20년 후에 어떻게 살아가는지 연구한 것이다.

미래의 비전을 구체적으로 그려보고 상상하면서 자기경영을 한 3%의 사람들은 정신적, 물질적으로 매우 풍요롭게 살고 있었다. 그리고 구체적인 비전은 아니지만 미래의 자기 모습을 자주 상상하면서 살았던 10%의 사람들은 비교적 여유롭게 살고 있었다. 그러나 비전도 없고 미래의 모습조차 상상하지 않았던 27%의 사람들은 다른 사람의 도움을 받으면서 근근이 살고 있었다. 이 실험은 상상이 우리 삶에 어떤 영향을 주는지 극명하게 보여주는 사례라고 할 수 있다.

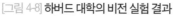

[그림 4-8] **하버드 대학의 비전 실험 결과**

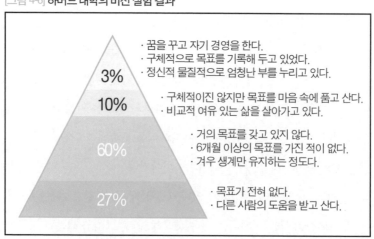

- 꿈을 꾸고 자기 경영을 한다.
- 구체적으로 목표를 기록해 두고 있었다.
- 정신적 물질적으로 엄청난 부를 누리고 있다.

3%

- 구체적이진 않지만 목표를 마음 속에 품고 산다.
- 비교적 여유 있는 삶을 살아가고 있다.

10%

- 거의 목표를 갖고 있지 않다.
- 6개월 이상의 목표를 가진 적이 없다.
- 겨우 생계만 유지하는 정도다.

60%

- 목표가 전혀 없다.
- 다른 사람의 도움을 받고 산다.

27%

상상의 세계와 현실의 세계는 서로 영향을 미친다. 따라서 우리는 상상을 통해 현실을 변화시킬 수 있다. 하지만 사람의 뇌는 실제 경험과 구체적이고 세부적으로 상상한 경험을 구별하지 못한다고 한다. 성형외과 의사인 맥스웰 멀츠는『인공두뇌심리학』이란 책에서 다음과 같은 실험을 통해 인간에게는 상상의 경험도 실제 경험만큼 효과가 있다는 사실을 증명했다.

맥스웰 멀츠 박사는 15명의 학생을 농구 코트에 불러 놓고 5명에게는 1주일 동안 매일 몇 분씩 슈팅 연습을 시켰고, 다른 5명에게는 상상으로만 슈팅 연습을 시켰으며, 나머지 5명에게는 아무런 지시도 하지 않았다. 1주일이 후 테스트를 해 본 결과, 실제로 연습을 한 5명은 24%가 향상되었고, 상상으로만 연습한 5명은 23%가 향상되어 불과 1%의 차이를 나타냈다. 하지만 아무런 지시도 받지 않은 5명은 전혀 향상되지 않았다.

과학은 가설을 세우고 실험을 거쳐서 그것이 받아들일 만한 것인지 아닌지를 결정하면서 발전해간다. 상상이 현실을 창조한다는 주장 역시 과학의 이런 방식을 벗어나지 않는다.

우리가 사는 세상은 상상력이 만들어 놓은 세상이다. 삶도 상상의 결과이다. 자신의 상상 속에서 어떤 일이 일어나는지 인식하는 사람은 창의적 아이디어가 상상에 기반을 두고 있다는 것을 보다 깊이 깨닫고 있을 것이다. 모든 활동의 근간에는 상상이 자리 잡고 있다. 상상력은 목적이 있고 원하는 것을 창조하며, 한 존재를 유지시키거나 무너뜨리기도 한다.

규칙 변화를 빨리 받아들여라

　법이나 제도를 바꾸지 않으면 실행이 어려운 아이디어는 아무리 창의적이라고 해도 얻는 이익이 없거나 적을 수밖에 없다. 이 세상에는 이해관계자의 합의 등을 통해 비교적 바꾸기 쉬운 법규, 제도, 규정도 있지만, 바꾸기 어려운 것도 존재한다. 그렇다면 바꾸기 어려운 경우라면 어떻게 하면 좋을까? 신속하게 인식하고 받아들여야 한다.

　우리 주변의 시장환경이나 경영환경은 끊임없이 변하고 있다. 그런 환경에서 성공하는 사람이나 기업도 있지만, 실패하는 경우도 많다. 그렇게 변화하는 가운데 새로운 도약을 하려면 바뀐 규칙에 빨리 적응하는 것이 중요하다. 규칙을 바꿀 수 없다면 바뀐 규칙을 재빨리 파악하고 적응하는 수밖에 없기 때문이다.

　제약업계에서는 2011년에 129건, 2012년에 131건, 2013년에 122건의 인수합병이 이루어졌다. 그중에서 1조 원 이상의 규모는 모두 20건이었다. 가장 규모가 컸던 딜은 암젠사와 오닉스사 간의 약 11조 원에 달하는 인수합병이었다. 이는 오닉스사가 개발해 2012년에 승인받은 다발성골수종 치료제인 키플롤리스_{카필조밉}의 가치 덕분으로 분석된다.

캐나다 국적인 발리언트사가 안과용 치료제에 특화된 바슈롬사를 약 9조 원에 사들인 인수합병도 있었고, 제네릭 부분의 강자인 액타비스사가 워너 칠콧사와 맺은 인수합병도 약 9조 원으로 주목을 받았다. 인수합병에 가장 적극적인 회사는 스웨덴에 본부를 둔 아스트라제네카로 모두 6건을 진행했다. 오랜 기간 당뇨병 치료제 분야에서 파트너 관계를 형성했던 브리스톨 마이어스 스퀴브사로부터 당뇨병 치료제를 4조 원이 넘는 액수에 인수했다.

이렇게 인수합병이 많이 이루어진 이유는 제약 시장의 규칙이 바뀌었기 때문이다. 수익성이 높은 제품의 특허가 만료되면서 매출이 급격하게 감소하는 '특허나락'과 내부 R&D의 감소, 약가 인하에 대한 압력이 인수합병의 요인으로 작용한 것이다.

국내 유통시장을 살펴보자. 전국 요지에 거미줄 같은 백화점 유통망을 구축한 롯데백화점의 발전사는 한마디로 인수합병의 역사라고 말해도 과언이 아니다. IMF사태 이후 신격호 회장은, "자금은 걱정하지 마라. 목 좋고 장사 잘되는 기업은 무조건 인수하라. 유통에 화력을 집중하라."며 적극적인 인수합병 전략을 수립하고 실행에 옮겼다.

그 후 롯데백화점은 99년 1월 분당 블루힐백화점을 필두로 부평 동아시티(99년 4월), 서울 강남 그랜드(99년 8월), 창원 갤러리아(99년 10

월)에 이어, 포항 동아(2000년 12월), 부산 세원백화점(2000년 12월)을 잇따라 인수했다. 롯데백화점 측의 대표적인 인수합병 성공사례는 분당 블루힐백화점이라고 할 수 있다. 99년 1월 인수해 99년 4월 블루힐 간판을 떼고 롯데 분당점으로 재탄생한 첫 해 매출액이 무려 2,420억 원이었다. 단 9개월 영업으로 98년 당시 청구그룹이 운영한 1년 매출액인 2,000억 원보다 무려 400억 원 이상이나 많았다. 그리고 롯데는 그 이후에도 지속적인 인수합병을 통해 유통의 절대강자가 되었다.

롯데가 이처럼 인수합병에 공을 들인 것은 게임의 규칙이 바뀌었기 때문이다. 소비자의 트렌드가 변하자 소비자들은 가까운 곳에서 손쉽게 쇼핑할 수 있는 접근성을 요구했다. 또한 그들은 한 곳에서 원하는 상품을 모두 구입할 수 있는 원스톱 쇼핑을 원했다.

그러나 이러한 인수합병이 모두 성공을 하는 것은 아니다. 승자의 저주처럼 오히려 합병 후에 기업의 가치가 떨어지는 경우도 많다. 또한 인수합병 초기엔 성공적이었지만, 점차 시간이 지나자 많은 어려움에 직면한 경우도 있다. 이는 근본적으로 게임의 규칙이 바뀌었음을 인지하지 못했기 때문이라고 할 수 있다.

세계 최고의 인터넷 서점으로 인정받는 아마존닷컴. 그렇다면 아마존닷컴이 얼마 되지 않는 시간에 폭발적인 성공을 한 배경은 무엇일까? 한동안 20%의 충성스러운 고객들이 매출의 80% 차지한다는 2 : 8의 법칙이 신앙처럼 여겨지던 시대가 있었다. 이 같은 2 : 8의 법칙은 비즈니스의 황금률로 받아들여져 마케팅의 기본 토대가 되었다. 인기 상품을 고객의 눈에 잘 띄는 곳에 진열하여 판매하거나 소수의 우수고객이나 우량고객을 우대하는 등의 마케팅 기법은 모두 이 이론에 근거한 것이었다.

그러나 아마존닷컴은 시장의 규칙이 완전히 바뀌었다는 것을 알아차리고 80%의 '사소한 다수'가 20%의 '핵심 소수'보다 뛰어난 가치를 창출한다는 관점에서 마케팅에 접근했다. 이를 일명 '롱테일의 법칙' 또는 '역逆 파레토 법칙'이라고 한다.

그동안의 비즈니스 플랫폼은 폐쇄적인 구조로 만드는 것이 시장의 규칙이었다. 그러나 아마존닷컴은 마켓플레이스와 같은 개방적인 커뮤니티로의 전환을 통해 독자와의 접근성을 한층 강화하는 전략을 구사했다. 또한 아마존닷컴은 '소비자'를 '독자'의 관점으로 인식을 변화하여 독자와의 교류를 더욱 강화하는 데 노력을 기울였다. 이처럼 개인과 기업은 그동안 절대적인 신앙처럼 믿어왔던 시장의 규칙이 어떻게 변화하고 있는지 민감하게 감지하여, 그에 대응하지 못하면 위기상황에 직면할 가능성이 높다.

5장

창의력의 원천은
어디에 있는가

동기를 부여하라

동기부여의 사전적 의미는, '인간을 포함한 생명체를 행동하게 만드는 일 또는 특정 사물을 학습하려는 의욕을 불러일으키는 일'이다. 따라서 동기부여란 조직 구성원이 개인의 욕구충족 능력을 가지면서 조직 목표의 달성을 위해서 높은 수준의 자발적 노력을 기울이는 것이라고 할 수 있다.

동기부여 방법은 크게 내적동기와 외적동기로 나눌 수 있다. 두 가지 방법 모두 뭔가 행동을 하게 만드는 요인이다. 그러면 이 두 가지 방법의 차이는 무엇일까?

당신이 시장점유율 강화라는 주제로 프로젝트를 수행한다고 가정해보자. 프로젝트에 참여하는 사람의 동기는 다음과 같이 여러 가지가 될 수 있다.

1. 난 이번 프로젝트가 너무 재미있어!

2. 난 이번 프로젝트에서 반드시 오리온 팀을 물리치고 말 거야.

3. 이번 프로젝트에서 대상을 받으면 사장님이 2호봉 승진시켜 준대.

4. 지난번 프로젝트에서는 방법을 몰랐는데 이번에는 확실히 이해할 거야.

5. 이번 프로젝트를 수행하는 컨설턴트는 너무 멋진 분이야.

6. 난 세부적인 실행 계획을 수립해서 단계적으로 프로젝트를 실행하겠어.

7. 이번 프로젝트의 시너지를 극대화하기 위해서는 생산기술팀과 공동으로 진행하는 것이 바람직해.

　

말론과 레퍼는 내적동기를 도전, 호기심, 통제, 경쟁, 환상, 협동 등 6개 요소로 분류했다. 위의 보기 중 3번을 제외한 나머지는 내적동기다. 1번은 '호기심', 2번은 '경쟁', 4번은 '도전', 5번은 '환상', 6번은 '통제', 7번은 '협동'에 해당한다.

그렇다면 외적동기와 내적동기의 가장 큰 차이점은 무엇일까? 외적동기는 지속성이 없고 대개 경제적 또는 물질적인 보상이 주어지지 않으면 동기유발이 되지 않는다는 것이다. '돈도 안 되는데 이것을 왜 해야 되지?', '남들이 알아주지도 않는데 이것을 해야 할 이유가 도대체 뭐지?'와 같은 질문들은 외적동기를 추구하는 경우에 나온다. 외적동기는 이중성이 있다. 동기부여를 하려면 계속해서 보상이 이루어져야 한다. 외적동기는 보상이 없으면 행동이 끝나버린다.

그런데 보상이 많아도 행동을 하지 않는 경우도 있다. 그래서 내적동기가 중요한 것이다. 일하는 사람이 일 자체에 흥미를 느끼고 좋아해야 동기가 유발된다. 내적동기는 일이든 공부든 행동을 지속적으로 하도록 해 주면 오히려 높아진다.

내적동기와 외적동기의 차이는 아동심리학자인 레터가 실시한 유치원생의 그림 그리기 실험을 통해 증명되었다. 레터는 아이들을 두 그룹으로 나눈 뒤, A그룹의 아이들에게는 "그림을 그리면 상을 줄게요."라고 말하면서 그림을 그리게 했고, B그룹 아이들에게는 아무 말도 하지 않고 그림을 그리게 했다. 그리고 두 그룹 아이들 모두에게 상을 주었다.

그러고 나서 며칠 후 레터는 실험에 참가했던 아이들이 얼마나 그림을 자주 그리는지를 관찰했다. 그 결과, A그룹의 아이들은 실험 전보다 그림을 그리는 횟수가 줄어들었고, B그룹의 아이들은 오히려 늘어났다는 놀라운 결과를 얻었다. 그렇다면 A그룹의 아이들은 왜 그림 그리기에 흥미를 잃은 것일까? 그림 그리기가 '좋아하는 활동'에서 '상을 받기 위한 활동'으로 바뀌었기 때문이다.

내적동기는 행동 자체에 즐거움을 느껴 발생하는 강하고 능동적인 동기이며, 외적동기는 행동에 따른 보상을 목표로 발생하는 약하고 수동적인 동기이다. 내적동기는 자발적인 동기로 보람, 책임감, 성취감 등으로 구성되며 활동 그 자체가 목적이다. 반면 외적동기는 보상을 받거나 벌을 피하려는 것으로 일정한 목적을 달성하기 위한 수단이다.

그렇다면 내적동기가 외적동기보다 중요한 이유는 무엇일까? 보상에 의해 유발된 동기는 인간이 능동적으로 환경을 탐색하는 능력과 의지를 제한한다. 따라서 보상으로 동기를 유발하려면 계속해서 보상을 해야 한다. 활동 자체보다 보상에만 관심을 가지면 내적동기가 저하되는 부작용을 낳는다.

이를 뒷받침하는 또 하나의 실험이 있다. 1945년 심리학자인 칼 던커가 실시한 촛불 실험이 그것이다. 이 실험은 다음과 같이 진행된다.

- 실험 준비물 : 초, 압정이 든 상자, 성냥
- 과제 : 촛농이 바닥에 떨어지지 않도록 초를 벽에다 붙이기(벽은 합판)

이 실험에서 대부분의 사람들은 양초의 옆면을 살짝 녹여 벽에 붙이거나 양초의 모서리를 압정으로 꽂아본다. 그리고 수많은 시행착오를 거치다가 3~5분 후에 비로소 그 해법을 알아낸다. 압정으로 상자를 벽에 붙인 다음, 상자 안에 촛불을 세우고 불을 붙이는 것이다. 그렇다면 사람들은 이 문제를 왜 쉽게 해결하지 못할까? 그것은 상자를 압정을 담는 용도로만 생각하기 때문이다. 이와 같이 사고의 유연성이 제한을 받는 것을 '기능적인 고착화'라고 한다.

[그림 5-1] 칼 던커의 촛불 실험

프린스턴 대학의 글럭스버그 교수는 이 방법을 조금 변형시켜 다음과 같이 실험을 했다.

- 피실험자를 2그룹으로 나눈다.
- A집단에는 "촛농이 떨어지지 않게 초를 벽에 붙이는데, 이때 걸리는 평균 시간을 재겠습니다." 라고 말하고 과제를 수행하도록 한다.
- B집단에는 빨리 붙이면 상금을 주겠다고 하고 과제를 수행하도록 한다.
  → 가장 빨리 붙이는 사람에게는 25달러를 주겠다고 약속을 했고, 1등에게만 상금을 주는 것이 아니라 1/4에 든 사람도 5달러씩 주겠다고 약속했다.

보통은 상금을 주면 빨리 과제를 수행할 것으로 생각할 것이다. 그런데 상금을 걸었던 B집단이 오히려 문제를 해결하는 데 3분 정도 더 지연되었다. 그 이유는 무엇일까? 상금에 눈이 멀어 조급해진 것이 기능적인 고정화를 불러와 문제 해결이 지연되었던 것이다.

글럭스버그의 이 실험이 주는 의미는 단순반복적인 작업에는 성과 보상이 문제 해결에 도움을 주지만, 사고의 유연성을 필요로 하는 과제에는 성과 보상이 별로 도움이 안 된다는 것을 보여주고 있다.

글럭스버그는 이를 검증하기 위해 다음과 같이 또 다른 실험을 실시했다.

- 이번에는 상자 안에는 아무것도 넣지 않고 압정은 테이블 위에 놓는다. 두 집단에게 앞에서 실시한 동일한 목적을 제시하고 실험을 한다.

실험 결과는 성과 보상을 하겠다는 집단의 과제 해결 속도가 더 빨랐다. 왜냐하면 과제 수행이 단순해 누구라도 쉽게 과제를 해결할 수 있었기 때문이다. 이처럼 사고의 유연성이 필요 없는 경우에는 차등성과 보상이 문제 해결의 속도를 높여주지만, 유연한 사고를 필요로 하는 경우에는 성과에 따른 차등 보상이 문제 해결을 오히려 지연시킨다. 생산성을 관리하던 시대와 창의성을 관리하는 시대는 동기부여 방법이 원천적으로 달라야 한다는 것을 이 실험은 보여주고 있다.

자긍심을 가져라

사회학자들은 남자들을 데리고 다음과 같이 자긍심에 대한 실험을 했다. A그룹에게는 쉬운 문제를 제시하여 풀게 하고, B그룹에게는 어려운 문제를 제시하여 풀도록 한 것이다. A그룹은 쉽게 문제를 풀었지만, B그룹은 문제를 풀지 못하거나 매우 어렵게 문제를 풀었다.

그리고 나서 A그룹 사람들을 젊은 여성들이 있는 방으로 데려갔다. 그들은 예쁜 여성들에게 적극적으로 접근하고 구애를 해서 짝을 맺었다. B그룹 사람들도 젊은 여성들이 있는 방으로 데려갔다. 그러나 그들은 방 한쪽에 처박혀 있거나 매력이 떨어지는 여성들에게 접근하는 모습을 보여 주었다.

그런데 재미있는 것은 젊은 여성들에게도 똑같은 실험을 했는데 남성들과 같은 반응이 나타났다는 것이다. 쉽게 문제를 푼 여성들은 매력이 넘치는 남성들에게 접근했고, 자신들과 어울리지 않는다고 판단되는 남성들은 무시했다. 반면에 어려운 문제를 푼 여성들은 B그룹과 마찬가지로 구애에 적극적인 반응을 보이지 않거나 매력이 다소 떨어지는 남성에게 접근하는 모습을 보여 주었다. 이와 같이 간단한 테스트만으로도 자긍심이 환경에 얼마나 영향을 받는지를 알 수 있다.

개인이 집단 속에서 활동하다 보면 다른 구성원들로부터 좋은 평가를 받을 때도 있고 나쁜 평가를 받을 때도 있다. 자긍심은 칭찬과 비난에 따라 높아지기도 하고 낮아지기도 한다. 이렇게 인간은 외부의 긍정적 신호나 부정적 신호에 따라 일희일비하는 경우가 많다.

이와 마찬가지로 독창적 아이디어는 사람들로부터 좋은 평가를 받기 어려운 경우가 많다. 이때 낙담을 하거나 자신을 비하해서는 안 된다. 독창적인 아이디어가 실행으로 연결되려면 외부의 평가에서 자유로워져야 한다. 그러기 위해서는 스스로에게 시험을 부과하고, 그에 따른 보상을 부여함으로써 외부로부터 오는 '당근과 채찍'에서 벗어나야 한다.

그렇다면 자기 자신의 자긍심을 향상시킬 수 있는 방법에는 어떤 것이 있을까?

첫째, 자신감을 가져야 한다. 자신감이 없으면 모든 일에 적극적으로 나서지 못하고 멈칫거리게 된다. 심한 경우, 어떤 일도 실행하지 못하게 된다. 도전을 많이 하면 결과물도 많아지고, 칭찬 받는 일도 많아진다.

둘째, 자신이 한 일에 대해 스스로를 칭찬한다. 우리는 자기 자신을 칭찬하는 데 매우 인색하다. 남들이 다 할 수 있는 일일지라도 자랑스러워해야 한다. 다른 사람들이 못하는 일이 얼마나 많은가? 아무리 사소한 것이라도 자신을 칭찬하는 습관을 가져야 한다. 그래야 신이 난다.

셋째, 평가 기준을 낮춰라. 어떤 사람들은 자기 자신을 평가하는 데 매우 엄격한 반면, 다른 사람을 평가하는 데는 매우 관대한 성향을 보이는 경우가 있다. 반대로 어떤 사람들은 자기 자신을 평가하는 데는 관대한 반면, 다른 사람을 평가하는 데는 매우 엄격한 경우도 있다. 자긍심이 높은 사람이라면 엄격한 평가 기준이 필요하겠지만, 낮은 사람이라면 자기 자신을 평가하는 데 관대해야 한다. 그래야 성공 경험을 통해 자긍심을 회복할 수 있다.

넷째, 위험을 무릅써라. 이것은 쉽게 설명하면 어려운 일을 시도해 봄으로써 자신의 한계를 측정해 보라는 것이다. 이런 경우, 실패했다고 해서 자기 자신을 평가절하해서는 안 된다. 성과를 창출하는 데는 자신의 재능 이외에도 여러 가지 요인들이 필요하기 때문이다. 당신이 칭찬할 것은 일의 성공 여부가 아니라 위험을 무릅써 보았다는 사실이다.

다섯째, 자기 자신의 가치관을 명확히 하라. 인간은 각기 다른 가치관을 가지고 세상을 살아간다. 그 가치관에 따라 행복과 불행이 결정되며 사람들로부터 평가를 받기도 한다. 어떤 사람은 신앙심, 물질적인 부, 배움 등에 큰 가치를 두고, 어떤 사람은 좋은 인간관계, 봉사, 희생 등에 큰 가치를 둔다. 또 어떤 사람은 가치관이 없이 살아가는 사람도 있다. 이런 사람들은 대개 자기 자신을 존중할 줄 모르는 사람이다. 따라서 자긍심을 높이려면 먼저 자신의 가치관이 무엇인지 명확히하는 것이 필요하다.

여섯째, 능력 있는 사람이라고 스스로를 인정하라. 이 세상에 능력이 없는 사람은 없다. 사람들 개개인의 능력도 모두 다르다. 똑같은 능력을 가진 사람은 없다. 다만 비슷한 능력을 갖고 있는 사람이 존재할 뿐이다. 똑같은 능력이 존재하지 않기 때문에 내가 가진 능력은 나만이 발휘할 수 있고 존중 받을 만한 가치가 있는 것이다. 능력이 없다고 생각하는 사람은 능력이 없는 것이 아니라 자신의 능력을 발견하지 못했을 뿐이다. 그러니 지금부터 자신만의 강점을 찾아 강화하는 노력을 기울여라. 그러면 약점이 사라지고, 능력 있는 '나'를 발견할 수 있을 것이다.

아이디어가 독창적일수록 사람들로부터 외면을 받거나 큰 저항을 받기 마련이다. 이 때 자긍심이 없다면 아이디어를 포기하기 쉽다. 이로 인해 자칫 뛰어난 아이디어가 사장될 수도 있다. 이러한 저항을 극복할 수 있는 방법은 확고한 자긍심을 갖는 일이다.

경쟁을 즐겨라

　유럽 전역에서 일어난 문화혁신 운동인 르네상스 시대에는 예술이 꽃을 피운 시기라는 말에 걸맞게 유명 작가들의 걸작들이 쏟아져 나왔다. 그리고 르네상스의 중심 도시라는 피렌체에서 드디어 두 거장의 운명적인 만남이 이루어지면서 미켈란젤로와 레오나르도 다빈치의 역사적인 경쟁이 시작된다.

　르네상스를 대표하는 천재 예술가인 레오나르도 다빈치는 1452년 이탈리아의 지방 도시에서 태어났다. 조각, 건축, 해부학에서도 다재다능함과 천재성을 보인 그는 피렌체 공방에서 미술을 시작한 후 밀라노로 이주해 〈암굴의 성모〉, 〈최후의 만찬〉 등 다양한 작품을 그려 예술가로서 최고의 경지에 오른다.

　그리고 1500년 레오나르도 다빈치는 밀라노에서 피렌체로 다시 돌아온다. 피렌체로 돌아온 그에게 시민들은 수많은 걸작을 남겨주리라는 기대를 하면서 열광한다. 그러나 최고의 경지에 올랐던 레오나르도 다빈치는 지질학과 해부학 같은 다른 학문에 더 몰두한다. 그러던 어느 날 미켈란젤로도 피렌체에 오게 된다. 처음에 다빈치는 자신보다 23살이나 어린 풋내기 미켈란젤로에게 별로 관심을 갖지 않는다.

하지만 다빈치의 생각과는 달리 미술에 몰두했던 미켈란젤로는 최고의 예술가로 대접받는 작가가 된다. 미켈란젤로는 추기경으로부터 시에나 대성당 장식을 의뢰 받는 등, 자신의 명성에 맞게 작품 의뢰가 쇄도한다. 장차 교황이 될 피콜로미니로부터 그림 의뢰를 받았다는 것은 미켈란젤로가 피렌체에서 예술가로서 최고의 반열에 올랐다는 증거나 다름없었다. 이러한 사실은 레오나르도 다빈치를 자극하기에 충분했다.

얼마 후 이 두 거장의 자존심이 충돌하는 사건이 일어난다. 어느 무명 작가가 완성하지 못하고 남기고 간 5m짜리 대리석 때문이었다. 이 대리석을 방치할 수 없다고 판단한 성당 관계자들은 위원회를 개최하여 골치 아픈 대리석을 예술 작품으로 승화시켜 줄 예술가를 찾기로 한다. 위원회는 다빈치와 미켈란젤로를 후보에 올린다. 다빈치라는 거장을 꺾을 절호의 기회로 여긴 미켈란젤로는 위원회를 적극적으로 설득한 반면, 다빈치는 당연히 자기에게 작업 의뢰가 올 것이라는 확신을 가진다. 하지만 위원회가 최종으로 결정한 사람은 다빈치가 아닌 미켈란젤로였다.

2년 후, 미켈란젤로는 방치되었던 대리석을 다비드 조각상으로 완벽하게 승화시킨다. 엄청난 크기의 다비드상이 완성되자 미켈란젤로를 비롯한 성당 관계자들은 성당에 설치하는 것보다는 시뇨리아 광장 중앙에 설치하는 것이 바람직하다고 생각한다. 그러나 다빈치는 "이렇게 훌륭한 작품을 중앙광장에 설치했다가 비바람에 훼손되면 어떻게 하죠?"라며 광장 중앙에 설치하는 것을 반대한다. 레오나르도 다빈치는 비바람에 의한 훼손을 핑계로 다비드상을 광장의 한쪽 구석에 설치할 것을 주장한다. 그리고 다빈치의 의견대로 다비드상은 로기아 데이 란치에 세워진다.

이 소식을 들은 미켈란젤로는 자신이 원하는 장소에 설치할 수 없다는 사실과 다빈치의 이러한 행동에 분개한다. 이후 위원회의 결정에 따라 미켈란젤로가 원하는 장소에 다시 설치했지만, 악화된 두 사람의 관계는 회복되지 않는다. 이들의 경쟁의식은 날로 격화되어 작품 활동을 쉬고 있던 다빈치는 미켈란젤로와의 라이벌 의식으로 다시 붓을 잡게 된다. 바로 그 시기에 탄생한 그림이 바로 전 세계인의 사랑을 받고 있는 〈모나리자〉다. 젊은 화가에게서 느낀 경쟁 의식은 레오나르도 다빈치의 전열을 불태우기에 충분했다.

그리고 1504년 두 사람은 피렌체 정부로부터 대회의장의 벽화를 그려줄 것을 요청받는다. 앙기아리 전투 장면을 그리기 위해 대회의장에 들어선 다빈치는 깜짝 놀라고 만다. 카시나 전투 장면을 그려줄 것을 동시에 의뢰 받은 미켈란젤로와 마주친 것이다. 이때부터 같은 공간에서 비슷한 그림을 그리게 된 두 거장 간에 자존심 싸움이 시작된다. 두 사람은 서로를 이기기 위해 열심히 작업에 매진한다. 레오나르도 다빈치는 자존심 회복을 위해 특수 사다리를 제작하고 새로운 기법을 창안한다.

그러나 이 작업은 결국 미완으로 끝나고 만다. 작업 중에 교황 율리우스 2세의 영묘 작업을 위해 미켈란젤로가 로마로 떠나고, 레오나르도 다빈치도 얼마 지나지 않아 프랑스 국왕의 초청을 받아 피렌체를 떠났기 때문이다. 그렇게 서로를 이기기 위해 피나는 노력을 기울였던 두 거장은 끝내 승부를 보지는 못했지만, 마음 속에 꿈틀거리던 경쟁심은 수많은 걸작을 낳는 자극제가 되었다. 그들을 예술가로서 최고의 경지까지 오르게 한 원동력은 바로 서로 간의 라이벌 의식이었던 것이다.

말레이시아에 위치한 페트로나스 트윈 타워도 경쟁심을 활용한 대표적인 건축물이다. 정유회사 페트로나스 사의 사옥인 88층, 452m 높이의 이 빌딩은 쿠알라룸푸르를 대표하는 건물로 유명하다. 시행사는 한국과 일본의 미묘한 감정을 서로 자극하기 위해 A동은 한국 건설사에, B동은 일본 건설사에 시공을 맡겼다. 결국 시행사의 이와 같은 경쟁심 유발 전략은 비용과 공기를 혁신적으로 단축하는 결과를 가져왔다.

창의력도 이와 같이 경쟁 의식이 기폭제가 되는 경우가 많다. 경쟁 대상은 상품일수도 있고, 그 상품을 개발하는 사람이 될 수도 있다. 창의성은 최고가 되기 위한 경쟁 속에서 태어나며, 자존심을 건 한판 승부가 없는 곳에서는 태어나기 어렵다. 치열하게 경쟁해야 한다는 것은 '너 죽고 나 죽자'는 식의 무한경쟁이 아니다. 서로 선의의 경쟁을 하면서 협력적 경쟁을 해야 한다. 즉 서로 다른 분야의 사람들과 건강하게 어울리며 억압적이지 않은 분위기 속에서 경쟁이 피어나야 한다.

호기심을 드러내라

『교육심리학용어사전』에서 호기심을 찾아보면 이렇게 나와 있다.

"호기심은 어떤 것의 존재나 이유에 대해 궁금해 하고, 알려고 하며, 숙고하는 태도나 성향 또는 항상 생동감 있게 주변의 사물에 대해 의문을 갖고 끊임없이 질문을 제기하는 태도나 성향을 말한다. 호기심이 있는 사람은 주변의 현상에 대해서 '왜 그럴까?' 또는 '무슨 일일까?'라는 질문을 의식적으로 제기하고, 그 질문에 대한 답을 찾으려고 한다. 호기심은 자발적으로 지식을 습득하고, 사고하고, 행동하는 데 많은 영향을 미친다."

아리스토텔레스는 "호기심이야말로 인간만이 가지고 있는 특성이다."라고 주장했다. 또한 아인슈타인은 "나는 특별한 재능이 있는 사람이 아니고 단지 호기심이 많은 사람일 뿐이다."라며 호기심의 중요성을 이야기했다.

한국인은 세계에서 호기심이 가장 강한 민족 중 하나다. 조선시대 말 개화기에 한국을 방문한 서양인들의 기록에도 거의 빠지지 않고 등장하는 게 바로 한국인들의 호기심에 관한 이야기다. 천주교 선교사 다블뤼는 "조선인들은 호기심이 많아 작은 일 하나하나에도 알고 싶어하는 욕구가 있으며 또 그것을 남에게 이야기하고 싶어한다."고 기록했다. 1890년 초 미국인 선교사 G. W. 길모어는 "조선 사람들이 가지고 있는 독특한 특징은 호기심이다." 라고 말했다.

이러한 호기심은 한국이 근대화를 빠르게 이룩하는 원동력이 되었다. 역사적으로 거슬러 올라가면 조선시대에 한글을 창제하고, 측우기 등을 발명했으며, 현대에 들어와서는 자동차와 IT분야의 최대 강국이 되었다. 이는 호기심이 충만해 있지 않으면 단기간에 이룰 수 없는 업적이다.

호기심은 상품개발뿐만 아니라 마케팅, 광고 시장에서도 중요하다. 광고를 하는 이유는 소비자들로 하여금 제품을 구매하도록 하는 것이 궁극적인 목표다. 그러기 위해서는 그 전에 소비자의 관심부터 얻어야 한다. 하지만 광고의 홍수, 쏟아지는 정보와 일상화된 미디어의 자극에 이미 내성이 생긴 소비자들의 감각을 깨워 집중력을 갖게 하는 것은 쉽지 않다. 그래서 광고 전략은 매우 치열하다. 많은 정보에 물든 소비자에게 적극적 관심과 참여를 유발하기 위해서는 그들의 호기심을 자극하는 방법이 최선의 지름길이다.

믹서기 제조회사인 블렌드텍은 새로운 스마트폰이 나올 때마다 믹서기로 스마트폰을 분쇄하는 영상을 사람들에게 보여주어 주목을 끈다. 블렌드텍의 CEO인 톰 딕슨은 흰색 가운을 입고 연구소 같은 장소에서 스마트폰을 믹서기에 넣고 돌린다. 그리고 그는 검은 가루가 된 스마트폰을 보여주면서 "역시 승자는 블렌드텍!"이라고 말한다.

사람들의 호기심을 자극하는 이러한 바이럴 마케팅으로 블렌드텍은 믹서기 제품의 인지도와 신뢰도를 단기간에 높일 수 있었다. 파급 효과가 큰 유튜브를 통해 많은 사람들에게 전파되면서 입소문이 나 블렌드텍은 약 5배 가량의 매출 신장 효과를 본 것으로 알려졌다.

일본 홋카이도에는 인구 30만 명의 중소도시 아사히가와 시가 운영하는 아사히야마 동물원이 있다. 어린이들에게 꿈과 희망을 주자는 캐치프레이즈가 무색할 정도로 한때 아사히야마 동물원은 따분한 동물원이라는 인식이 퍼져 관람객들의 외면을 받았다. 그리고 결국 시 당국으로부터 폐쇄 명령까지 내려졌다.

[그림 5-2] 일본 최고의 동물원이 된 아사히야마 동물원

그런데 폐쇄 위기에 몰렸던 이 동물원에 기적이 일어난다. 그 시발점은 위기의식을 느낀 사육사들이 발길을 돌린 관람객을 잡기 위해 연구회를 조직한 데서 비롯됐다. 연구회에 참여한 사육사들은 정규직 14명과 임시직 10명을 포함해 총 24명. 그들이 소수 인력으로 아사히야마 동물원을 일본 최고의 동물원으로 탈바꿈시킨 원동력은 끈질긴 연구와 집념으로 만든 창의적 아이디어에 있었다.

그들은 한 사람이 하나의 동물을 집중해서 연구하는 것은 물론 관람객의 호기심을 자극할 수 있는 창의적인 전시 방법도 연구했다. 이와 같은 방식은 이후에 '행동주의 전시법'을 탄생시키는 밑거름이 되었다. 그리고 "하늘을 날아다니는 펭귄을 볼 수 있도록 하자.", "나무다리를 건너는 레서팬더를 볼 수 있는 현수교를 만들어 보자."와 같이 관람객의 호기심을 자극할 수 있는 다양한 아이디어를 내놓았다. 그 결과, 연간 26만 명에 머물던 관람객이 무려 300만 명으로 늘어나는 등 일본 최고의 동물원으로 자리매김을 할 수 있었다.

깊은 관심을 가져라

피터 드러커는 최소한 두 가지 학문에 정통하면 많은 장점이 있다고 말했다. 첫 번째는 한 가지 분야에 국한되지 않아 완전히 다른 일이 주어지더라도 무난히 해낼 수 있고, 두 번째는 향후에 고위관리자로의 승진에 매우 유리한 지위를 확보할 수 있을 뿐만 아니라 새롭고 더 막중한 책임을 떠맡을 준비를 하는 데 도움이 된다는 것이다.

물론 어떤 분야건 오직 한 가지 전문 분야를 토대로 뛰어난 발전이 이뤄지는 경우도 많기는 하다. 하지만 발명가를 비롯해 창조적으로 생각하는 사람들은 대개 자신의 전문 분야 외에도 하나 이상의 분야에 대한 역량을 확보하고 있다는 사실을 알 수 있다.

자신의 전문 분야에서 최고가 되는 것도 어려운데 다른 분야에서까지 전문가가 되라는 말은 어찌 생각하면 너무나도 가혹하고 부담스러운 일일지도 모른다. 하지만 전문 분야에 집중하는 한편, 다른 분야까지 꾸준히 관심을 가진다면 그것은 오히려 자신의 전문 분야에 대한 능력을 더욱 향상시키고 새로운 기회도 추가로 창출하는 계기가 될 수 있다.

다음은 발명품과 발명한 사람들의 직업을 나타낸 것이다. 자신의 전문 분야 외에도 끊임없는 관심을 가져 발명가로서 성공한 사람들이다.

[표 5-1] **발명품과 발명가의 직업**

발명품	발명가의 직업
만년필	보험 외판원(루이스 에드슨 워터맨)
일회용 면도기	세일즈맨(킹 질레트)
증기자동차	성직자(페르디낭드 베르비스트)
현대적 냉장고	인쇄공(제임스 해리슨)

최재천 박사는 생물학 분야의 전문가로, 특히 곤충 분야에 대해서는 매우 해박한 지식을 가진 생태학자다. 그런 그가 자신의 전공인 곤충에서 출발해 동물과 인간, 사회로 학문의 범위를 넓히고 '통섭'이란 화두를 던져 학문 간 경계 허물기를 선도한 이유는 무엇일까? 그의 이력 속에 답이 있다.

시인이 되고 싶었던 강원도 소년 최재천은 교육 체제에 떠밀려 이과를 선택한다. 그리고 아버지의 뜻에 따라 1지망으로 의예과에 지원하지만 떨어지고 결국 2지망인 동물학과에 입학한다. 그런데 꿈도 없이 방황하던 대학 시절, 운명처럼 다가온 스승, 조지 에드먼즈 교수를 만나면서 그의 인생이 바뀐다. 한 우물을 파야 성공할 수 있다던 시대였지만, 최재천은 에드먼즈 교수를 만나면서 학문의 다양성에 대해 관심을 갖게 된다. 결국 최재천은 학문의 경계를 넘나드는 자유로운 생각, 세상을 따뜻하게 바라보는 관점의 전환을 통하여, 인문·사회과학과 자연과학을 통합해 새로운 것을 만들어 내는 존경받는 '통섭학자'가 된다.

자동차 경주는 목숨을 담보로 하는 경기이다. 경기 중 벽에 부딪혀 큰 사고가 나는 장면을 TV를 통해 종종 볼 수 있다. 이때 레이서들은 사고가 나서 자동차가 미끄러지기 시작하면 경기장 벽에 부딪히지 않으려고 벽면을 바라보는 것이 자연스러운 반응이라고 한다. 하지만 벽을 바라보게 되면 자동차는 여지없이 벽에 부딪힌다고 한다. 그래서 카레이서들은 의식적으로 눈을 벽과 반대방향으로 돌려 넓은 공간으로 나간다고 한다. 이렇게 하면 사고를 최소화할 수 있기 때문이다.

아이디어도 마찬가지다. 평소에 주의 깊게 관심을 기울였던 분야뿐만 아니라 다른 분야에도 관심을 기울여야 획기적인 아이디어를 도출할 수 있다. 이러한 관심은 전문 분야 이외에 대한 관심뿐만 아니라 다른 사람이나 관계되는 모든 사물에 대한 관심으로 이어져야 한다. 그래야만 당신은 원하는 결과물을 얻을 수 있다.

한 TV프로그램에서 양파를 키우는 실험을 했다. 〈양파1〉에게는 "사랑한다.", "예쁘다."와 같이 긍정적인 메시지를 매일매일 들려주었고, 〈양파2〉에게는 "참 못 생겼군.", "곧 죽겠군.", "쯧쯧."과 같은 부정적 메시지를 수시로 들려주었다. 그리고 〈양파3〉에게는 무관심으로 일관했다. 그 결과는 어떻게 나타났을까?

긍정적인 메시지를 들은 〈양파1〉은 싱싱하고 튼튼하게 무럭무럭 자랐지만, 부정적인 메시지를 들은 〈양파2〉와 무관심으로 일관한 〈양파

3〉는 싹이 제대로 트지도 않고 그나마 자란 싹조차도 며칠이 지나자 모두 시들해졌다.

실험에 참가한 아나운서들은 〈양파1〉에게 들려주었던 긍정적인 메시지를 〈양파2〉와 〈양파3〉에게 보내면 어떻게 될지 궁금해서 다시 실험을 해보았다. 그 결과는 어떻게 되었을까? 일주일 정도가 지나자 시들시들해지던 〈양파2〉와 〈양파3〉이 건강한 싹을 틔우며 새롭게 살아났다.

창조적인 아이디어를 도출하는 데 있어서도 마찬가지다. 이와 같이 자기 자신에게 "나도 잘할 수 있다."는 긍정적인 메시지를 보내면서 다양한 분야에 지속적으로 관심을 보임으로써 창조적인 아이디어 도출이 가능해진다.

주의 깊게 관찰하라

관찰이란 일반적으로 '사물의 실태를 객관적으로 파악하기 위해서 주의 깊게 살펴보는 것'을 말한다. 관찰에는 감각 기관만으로 이뤄지는 경우와 관찰을 위해서 기계망원경, 현미경, 온도계 따위를 사용하는 경우, 사회현상을 연구할 때와 같이 통계적 수단을 활용하는 경우 등이 있다.

관찰은 계획없이 실시하는 것이 아니라 목적을 정해서 계획적으로 실시해야 한다. 이는 사실을 관찰하기 위한 것이다. 사실의 관찰은 모든 과학 연구의 출발점이다. 관찰은 단순히 눈에 보이는 사물이나 현상을 주의를 기울여 살펴보는 것뿐 아니라 그 속에 담긴 깊은 의미까지 발견하는 행위이다.

그렇다면 관찰은 얼마나 강력한 힘을 가지고 있을까? 관찰로 부와 명예를 거머쥔 사람들의 사례를 한 번 보자.

벨크로일명 찍찍이는 옷과 가방에 지퍼 대신 널리 사용되는 것으로, 가볍고 내구성이 있으며 세탁이 가능하다. 두 조각의 나일론 섬유로 이루어져 있으며, 한 조각에는 강력한 갈고리가 빽빽하게 부착되어 있고, 다른 조각에는 작은 원형 모양의 고리들이 부착되어 있다. 이것들을 붙이면 두 조각의 나일론 섬유가 서로 강력하게 접착되는데, 다시 뗄 수도 있다.

벨크로는 스위스의 전기 기술자인 조르주 메스트랄이 발명했다. 사냥광이었던 그는 1935년 어느 가을날, 사냥개 한 마리와 사냥에 나섰다. 이 산 저 산을 뛰어다닌 후 사냥을 하고 계곡에서 나오자 옷에 도꼬마리 가시가 더덕더덕 붙어 있어 그의 모습은 마치 고슴도치를 방불케 했다. 옷을 벗어 힘껏 털어 보았지만, 도꼬마리 가시는 좀처럼 떨어지지 않았다.

'도꼬마리 가시는 왜 이렇게 잘 떨어지지 않는 것일까?'

다른 사람들 같으면 대수롭지 않게 지나쳐 버렸겠지만 그는 달랐다. '틀림 없이 이유가 있을 거야.'라는 생각에 집으로 돌아와서 확대경으로 도꼬마리를 자세히 살펴봤다. 그 결과, 가시가 갈고리 모양을 하고 있다는 것을 발견했다. 순간 그의 머릿속에서는 뭔가가 빠르게 스쳐 지나갔다.

그 후 그는 여러 가지 시행착오를 거쳐 한 쪽에는 갈고리가 있고 다른 쪽에는 걸림 고리가 있는 찍찍이를 개발하는 데 성공했다. 두 쪽이 서로 닿는 순간 철컥 붙었다가 약간의 힘을 가하면 떨어지는 매우 간편한 제품이었다. 메스트랄은 즉시 특허를 출원하고 '벨크로'라는 상호와 상표로 제품 생산에 들어갔다. 메스트랄이 기술자 겸 사장으로 운영한 지 겨우 1년 만에 벨크로 사는 미국과 일본에 현지 공장을 세울 정도로 사세를 확장했다. 그리고 제2차 세계대전이 발발해 군복과 군화에까지 사용되자 세계적인 기업으로 성장했다. 이처럼 메스트랄은 자연 속에서 발견한 현상을 그냥 지나치지 않고 자세히 관찰한 후 이를 아이디어와 연결하여 성공한 사업가가 되었다.

우리가 흔히 머리를 묶는 데 사용하는 '곱창밴드'라는 머리 끈의 본래 이름은 '스쿤시'다. 로미 레브슨은 이것을 자신이 기르던 강아지의 이름을 가져왔다고 한다. 그렇다면 이것은 어떻게 만들어졌을까?

마흔 살에 남편과 이혼했던 로미는 생계를 잇기 위해 어쩔 수 없이 일자리를 구해야만 했다. 면접을 보기 위해 미장원에 다녀온 로미는 자신의 헤어스타일이 너무 마음에 들지 않았다. 그래서 그녀는 머리카락을 뒤로 묶기로 했다. 바로 그때 '머리카락을 보기 좋게 묶을 수 있는 도구를 만들면 어떨까?'라는 생각이 스쳐 지나갔다.

그녀는 고무줄을 예쁜 헝겊으로 싸서 머리카락를 묶는 데 사용하면 좋을 것 같다는 아이디어를 떠올리고는 바로 실행에 옮겼다. 그리고 나서 그녀는 여러 차례의 실험 끝에 완벽한 모양의 '곱창밴드', 즉 '스쿤시'를 개발하게 되었다. '스쿤시'를 개발한 후, 그녀는 특허도 내고 여성지에 광고도 냈다. 이렇게 만들어진 곱창밴드는 10년 동안 무려 20억 개가 팔렸다. 그리고 지금은 모자, 양말, 화분 장식 등 여러 분야에 널리 응용되고 있다. 로미는 문제 상황을 그냥 지나치지 않고 주의 깊게 관찰한 후, 이를 아이디어와 연결시켜 큰 성공을 거둔 것이다.

그렇다면 관찰이 아이디어로 발전하기 위해서는 어떤 과정을 거칠까? 다음의 4단계로 이루어진다.

[그림 5-3] **관찰을 이용한 아이디어 도출 프로세스**

관심	도꼬마리가 옷에 덕지덕지 붙어 있네.
관찰	도꼬마리가 옷에 왜 붙어 있지? 자세히 살펴봐야겠네.
발견	아! 도꼬마리가 갈고리 모양으로 되어 있어 옷에 붙으면 잘 떨어지지 않는 것이로군.
아이디어 착상	잘 떨어지지 않는 구조를 응용하면 상품개발과 연결할 수 있겠군.
아이디어 도출	이 구조를 잘 응용하면 지퍼 대용으로 사용할 수 있는 벨크로를 만들 수 있겠군.

관찰은 습관을 통해 나타난다. 즉 관찰은 무의식적이고, 반복적으로 일어나야 하며, 자연스레 몸에 배어 있어야 한다. 관찰이 습관화된 사람은 그렇지 않은 사람에 비해 창의적인 아이디어를 도출할 기회가 많다. 그렇다면 관찰력을 키울 수 있는 방법은 없을까? 그 방법은 모든 사물과 현상에 대한 관심과 호기심을 가지는 것이다. 그리고 관찰을 이용한 아이디어 도출 프로세스에 따라 보고 느낀 것들을 대입해 보는 것이다. 이를 반복적으로 수행하다 보면 관찰력은 자연스럽게 얻어지기 마련이다.

컬러 배스 효과를 활용하라

당신은 컬러 배스 효과Color Bath Effect란 말을 들어본 적이 있는가? 컬러 배스란 주로 눈에 들어오는 정보를 포착하는 것을 말하며, 컬러 배스 효과란 무언가를 마음에 두면 그것이 유난히 눈에 잘 들어오는 것을 뜻한다. 예를 들어 당신이 A브랜드의 옷을 사고 싶다고 간절히 생각해보라. 대중교통을 이용하거나 TV를 볼 때, 그 브랜드가 유난히 당신의 눈에 띄는 것을 알 수 있다. 이것이 바로 컬러 배스 효과라고 할 수 있다.

인류의 문명사에서 가장 중요한 과일 중 하나를 꼽으라면 사과를 들 수 있다. 아담과 이브가 에덴동산에서 쫓겨난 것도 사과 때문이었고, 스티브 잡스의 애플 로고도 사과였으며, 뉴턴이 만유인력의 법칙을 발견한 것도 사과와 관계가 있기 때문이다. '질량이 커질수록 잡아당기는 힘은 커지고, 물체 사이의 거리가 멀수록 그 힘은 작아진다.'는 만유인력의 법칙은 평소에 모든 사물을 주의 깊게 관찰한 아이작 뉴턴의 습관에 의한 결과라고 할 수 있다.

이렇듯 단순히 '보이다See'에서 '보다Look'로 관점을 이동시키면, 누구나 놀라운 경험을 할 수 있다. 어느 한 곳에 집중함으로써 당신은 고민하던 문제의 '유레카'를 찾을 수 있다. 아르키메데스가 고민하던 문제를 해결할 수 있었던 결정적인 요인도 바로 컬러 배스 효과 때문이었다. '+' 란 기호를 보았을 때, 간호사는 적십자를, 의사는 녹십자를, 수학자는 덧셈을, 교통 경찰관은 사거리를, 기능공은 십자 볼트를 연상할 가능성이 높다.

아침에 집을 나서기 전, 빨간색을 생각하면 신기하게도 빨간색 소재들만 눈에 들어온다. 빨간색 지붕, 빨간색 볼펜, 빨간색 신호등, 빨간색 노트, 빨간색 바지 등 빨간색과 관련된 정보들이 눈에 들어오는 것이다. 그러면 이렇게 저장된 정보로부터 빨간색에 관한 새로운 아이디어를 얻을 수 있다. 당신이 며칠 전부터 고민해왔던 것이 스마트폰 케이스의 색깔이라면, 그에 대한 아이디어를 얻을 수 있는 것이다.

앞에서 '창의란 기존의 요소를 나누거나 조합하여 새로운 것을 만드는 것'이라고 거듭 강조했다. 따라서 창의적 아이디어를 도출하기 위해서는 기존의 요소, 즉 기존의 정보를 많이 모으는 것이 중요하다. 그런데 기존의 정보를 많이 모은다는 것은 쉬워 보이지만, 생각보다 그리 쉽지 않다. 자동차를 개발하는 사람이라면 자동차와 관련된 카테고리 내에서만 정보를 수집하려는 경향이 있기 때문이다.

하지만 컬러 배스를 활용하면 이러한 경향을 극복할 수 있다. 컬러 배스는 정보를 모으는 데 매우 유용한 도구다. 정보를 어떻게 조합하여 아이디어를 어떻게 착상하느냐는 그 이후의 문제다. 일단 창의적인 아이디어를 도출하기 위해서는 정보를 가능한 한 많이 모으는 것이 필요하다.

그렇다면 컬러 배스를 통한 정보 수집은 어떤 과정을 거치는 것일까? 다음의 절차를 따른다.

[그림 5-4] 컬러 배스에 의한 정보 수집 과정

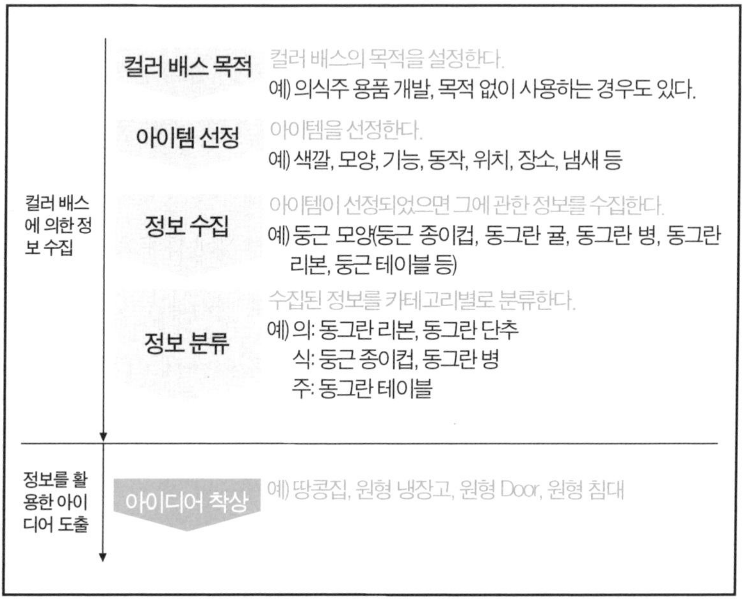

컬러 배스에 의한 정보 수집	컬러 배스 목적	컬러 배스의 목적을 설정한다. 예) 의식주 용품 개발, 목적 없이 사용하는 경우도 있다.
	아이템 선정	아이템을 선정한다. 예) 색깔, 모양, 기능, 동작, 위치, 장소, 냄새 등
	정보 수집	아이템이 선정되었으면 그에 관한 정보를 수집한다. 예) 둥근 모양(둥근 종이컵, 동그란 귤, 동그란 병, 동그란 리본, 둥근 테이블 등)
	정보 분류	수집된 정보를 카테고리별로 분류한다. 예) 의: 동그란 리본, 동그란 단추 식: 둥근 종이컵, 동그란 병 주: 동그란 테이블
정보를 활용한 아이디어 도출	아이디어 착상	예) 땅콩집, 원형 냉장고, 원형 Door, 원형 침대

컬러 배스의 정보 수집 과정을 좀 더 자세히 알아보자.

첫 번째 단계는 컬러 배스의 목적을 설정하는 것이다. 목적을 명확히 설정해야만 아이템이 명확해지고, 아이디어로 연결하기도 용이해진다. 컬러 배스는 특별한 목적 없이 진행할 수도 있다. 목적 없이 모아진 정보도 언젠가는 매우 유용하게 활용되기 때문이다.

두 번째 단계는 아이템을 선정하는 것이다. 아이템은 색깔, 기능, 냄새, 위치, 장소, 유통채널, 개발 프로세스, 판매 방법 등 다양한 유형으로 설정할 수 있다. 목적과 직접적으로 관련이 없어 보이는 아이템을 선정해도 좋다. 이렇게 하면 생각의 확장이 가능하기 때문이다.

세 번째 단계는 아이템과 직접적 또는 간접적으로 관련된 정보를 수집하는 것이다. 컬러 배스는 이동할 때, 출근할 때, 걸을 때 매우 유용하게 활용되는 도구다. 아침에 출근할 때 오늘의 컬러 배스 아이템을 동그라미로 선언한 후 길을 걸으면, 유난히 동그란 사물이 눈에 들어오기 마련이다. 둥근 유리창, 둥근 테이블, 둥근 히터, 둥근 의자 등받이, 둥근 헤드라이트 등 온통 세상이 동그란 것들로 만들어진 것 같은 착각이 들 것이다. 이러한 정보를 머릿속에 기억한 후 사무실에 들어와 기록한다.

네 번째 단계는 수집한 정보를 카테고리별로 정리하는 것이다. 10대가 선호하는 것, 가전, 산업용 기기, 음료 등과 같이 카테고리를 만든 후 수집된 정보를 그룹핑한다. 컬러 배스는 이것으로 마무리가 된다. 이 정보를 활용해 어떻게 아이디어와 연결하느냐는 그 이후의 절차이다.

컬러 배스의 핵심 포인트는 시각, 후각, 청각, 촉각, 미각 등 5가지 감각기관을 효과적으로 활용하는 것이다. 청각적인 부분에 대해서는 칵테일 파티 효과에서 상세히 설명하겠다. 일상 생활에서 컬러 배스를 습관적으로 활용한다면, 누구나 창의적인 아이디어맨이 될 수 있다.

칵테일 파티 효과를 활용하라

사람들은 이 세상의 모든 것을 보고 들을 수는 없다. 인간의 정보처리 능력에는 한계가 있기 때문이다. 그래서 사람들은 정보를 선택적으로 받아들이고 처리하려는 경향을 지닌다. 이러한 경향 때문에 시끄러운 파티장, 나이트 클럽, 회식 장소에서도 서로 대화가 가능한 것이다. 이와 같이 시끄러운 장소에서도 상대방의 이야기를 들을 수 있는 것은 자기에게 의미 있는 정보만을 선별하여 받아들이려는 인간의 '선택적 지각Selective Perception 현상' 때문이다.

가령, 당신이 시끄러운 칵테일 파티장에 있다고 가정해 보자. 많은 소리들이 귀에 들어올 것이다. 하지만 정작 의식되는 정보는 별로 없을 것이다. 그러나 그런 곳에서도 당신은 자기 이름을 부르는 소리나 익숙한 사람의 목소리가 들려오면 돌아보게 된다. 이러한 현상도 일종의 선택적 지각이라고 할 수 있다. 칵테일 파티장과 같은 시끄러운 장소에서도 특정한 목소리에 예민하게 반응한다고 해서 이러한 선택적 지각 현상을 '칵테일 파티 효과Cocktail Party Effect'라고 명명하였다.

캐나다 퀸즈 대학의 한 연구팀이 18년 이상 결혼 생활을 한 40대~70대 23쌍을 대상으로 실험한 바에 따르면, 오랜 시간 동안 부부나 연인 관계를 유지한 사람들은 시끄러운 장소에서도 상대방의 목소리를 잘 알아듣는다는 연구 결과가 나왔다.

이 실험은 남편이나 아내가 포함돼 있거나 세 명 모두 낯선 사람인 경우로 팀을 나눠서 진행되었다. 실험에 참여한 사람들은 한 번에 세 명의 목소리를 동시에 들을 수 있었다. 그리고 실험에 앞서 참가자들은 특정한 목소리에 집중하거나 어떤 정보를 기억하도록 요구받았다. 실험 결과, 연인이나 남편 혹은 아내의 목소리가 포함돼 있을 경우, 특정 정보를 더 정확히 기억하는 것으로 나타났다.

참가자들은 배우자의 목소리가 들릴 경우 필요 없는 정보를 더 잘 걸러내고 배우자의 목소리에 더 잘 집중했다. 심지어 노화로 인해 청력이 약해진 노부부의 경우에도 배우자의 목소리를 더 잘 인식하였다. 배우자 간에 선택적으로 듣는 이런 능력은 결혼 생활이 오래 될수록 강한 것으로 밝혀졌다. 이 연구는 칵테일 파티 효과를 아주 구체적으로 입증한 연구 사례라고 할 수 있다.

사람은 타인과의 대화 중에도 자신의 관심을 끄는 단어가 하나라도 나오면 곧 주의를 기울여 남들이 하는 말에 집중하면서 엿듣게 된다. 이것도 일종의 '칵테일 파티 효과'라고 할 수 있다. 층간 소음에 의한 이웃

간 갈등의 원인도 사실은 실제 소음에 의해 발생하는 것보다는 특정한 소리에 민감하게 반응하는 '칵테일 파티 효과'때문에 일어나는 경우가 많다. 이웃 간 층간 소음 문제가 발생해 소음을 측정해 보면, 대개는 생활 소음 이상의 데시벨dB: decibel을 나타내는 경우가 드물다고 한다. 그렇게 본다면, 사람마다 예민하게 반응하는 소리도 달라서 대개 이웃 간의 층간 소음 문제가 발생한다고 볼 수 있다.

칵테일 파티 효과는 이처럼 긍정적 또는 부정적인 자극에 대해서 동시에 일어나는 선택적 지각 현상이다. 칵테일 파티 효과는 긍정적인 관계를 맺고 있는 사람의 목소리를 듣거나 좋아하는 음악을 들을 때는 물론 소음과 같이 부정적인 트라우마를 경험하거나 갈등 관계에 놓인 상대방의 목소리를 들을 때에도 발생한다.

또한 칵테일 파티 효과는 의도적이지 않을 때는 물론 의도적인 경우에도 나타난다. 길을 걷다가 친한 친구의 목소리가 어디선가 들려오면 당신은 무의식적으로 그 방향으로 고개를 돌릴 것이다. 이것은 의도하지 않았지만, 무의식적으로 당신의 신호 체계가 선택적으로 반응을 한 것이다.

반면 의도적인 상황에서도 선택적 지각 현상은 나타난다. 당신이 '더 비틀폭스바겐, 일명 딱정벌레 차'의 경적 소리를 좋아한다고 가정해 보자. 당신은 출근길에 "오늘은 '더 비틀'의 경적 소리를 꼭 듣고 말 거야!"라고 다짐하고 경쾌하게 승강장으로 향한다. 그런데 어디선가 '더 비틀'의 경적 소리가 들려온다. 의도하지 않으면 절대로 들을 수 없는 거리에 있음에도 불구하고 당신의 청각은 예민하게 반응해 '더 비틀'의 경적 소리를 의도적으로 선택하는 지각현상이 나타난다.

컬러 배스 효과는 주로 눈으로 정보를 포착하는 반면, 칵테일 파티 효과는 귀로 정보를 포착한다. 하지만 그 방법이나 절차는 컬러 배스 효과와 동일하다.

당신이 아이디어의 힌트를 얻기 위해서는 다른 사람들의 이야기를 듣는 것이 매우 중요하다. 그러나 현실적으로 그런 자리를 마련하는 것은 쉽지 않다. 이럴 때 사용할 수 있는 것이 선택적 지각 현상을 활용한 '이야기 엿듣기'다.

가령, 출근길이나 퇴근길에 듣는 "야, 너 ○○스마트폰 써 봤어?", "너, ○○식당에 가봤어? TV에 소개된 그 식당 있지?"와 같은 대화는 당신의 귀에 탁 와 닿을 것이다. 지금 당장 '○○스마트폰'을 사고 싶은 생각이 들고, '○○식당'에 가보고 싶다는 생각까지 들 것이다. 이것이 바로 살아 있는 정보다.

상품을 기획하거나 고객의 니즈를 파악할 때 종종 고객 5~10명을 모아 FGIFocus Group Interview를 실시하는 경우가 있다. 이 방법은 매우 훌륭한 조사 기법이다. 그러나 비용이 많이 들고 인터뷰 전문가가 아니면 조사 대상자의 내면의 심리, 동기 등을 심도 있게 파악하기 어렵고, 현실감 있는 생생한 이야기를 포착하기 어렵다는 단점이 있다.

그러나 '이야기 엿듣기'를 활용하면 고객들의 실제적인 이야기를 생생하게 들을 수가 있다. '요즘 10대들의 취향을 분석한 결과에 따르면……'과 같은 판에 박힌 정보보다는 '너, ○○ 먹어 봤어?', '너, ○○○ 들어 봤어? 죽이더라.'와 같은 생생한 대화가 훨씬 현실감 있고 이해하기도 쉽다. 이처럼 고객들의 감정과 느낌을 공유할 수 있다면 아이디어의 영역은 훨씬 확대될 수 있다.

　다른 사람들의 이야기를 엿듣기 위해서는 언제, 어디서나 의식적으로 귀를 여는 것이 중요하다. 지금 당장 활용할 수 없는 정보도 언젠가는 매우 유용하게 사용할 수 있다는 사실을 잊어서는 안 된다. 상품을 기획하거나 업무상 성과를 높이는 데 필요한 아이디어는 당신 가까이에 있다. 정보는 지천에 널려 있다. 조금만 주의를 기울이고 귀를 연다면, 당신은 업무에 필요한 많은 정보를 끊임없이 수집할 수 있다. 아주 사소한 차이가 곧 큰 결과로 이어진다는 사실을 잊지 말아야 할 것이다.

프레이밍 효과를 활용하라

한 우유에는 '96% 무지방'이라고 적혀 있고, 다른 우유에는 '2%의 지방 함유'라고 적혀 있다고 가정해 보자. 당신은 이 중에서 어떤 것을 선택하겠는가? 십중팔구는 '96% 무지방' 우유를 선택할 것이다. '2%의 지방 함유' 우유보다 지방이 두 배나 많은데도 불구하고 말이다. 이처럼 같은 결과나 더 나쁜 결과지만, 표현을 달리하여 이해관계자나 고객의 인식을 다르게 만드는 것을 '프레이밍 효과Framing Effect'라고 한다.

대니얼 카너먼과 아모스 트버스키는 다음의 실험으로 프레이밍 효과를 검증했다.

1980년대 미국 방역 당국이 정글 모기가 퍼트리는 신종 전염병에 맞서고 있다고 가정했다. 이 병을 방치하면 600명이 목숨을 잃게 된다. A안에 따르면 200명이 살게 된다. 그리고 B안에 따르면 600명이 다 살 확률이 1/3, 아무도 살지 못할 확률이 2/3다. 당신은 어느 쪽을 택할 것인가? 이 물음에 대부분의 응답자들은 A안을 선택했다. 200명의 목숨을 확실히 구할 수 있는 A안보다 결과가 불확실한 B안을 꺼리는 위험회피 성향을 보인 것이다.

그래서 다음과 같이 말을 바꾸어 다시 한 번 물어보았다. A안에 따르면 400명이 죽고, B안에 따르면 아무도 죽지 않을 확률이 1/3, 600명이 다 죽을 확률이 2/3가 된다고 말이다. 이번에는 대부분이 B안을 선택했다. 400명이나 확실히 목숨을 잃으니 차라리 가능성은 낮지만 모두를 살릴 수도 있는 모험을 택하겠다는 것이었다. 위험을 회피하던 응답자들이 갑자기 위험추구 성향으로 바뀐 것이다. 이처럼 같은 문제라도 대안을 어떻게 제시하느냐에 따라 그 선택이 달라진다는 것이 바로 프레이밍 효과다.

심리학자인 대니얼 카너먼과 아모스 트버스키의 이 실험은 사람들이 늘 합리적인 판단만을 내리지는 않는다는 걸 보여준다. 첫 번째 물음에서는 200명을 확실히 살리는 A안을 선택한 게 합리적인 선택이었다면, 두 번째 물음에서도 A안을 선택해야 합리적이라고 할 수 있다.

대니얼 카너먼과 아모스 트버스키는 1979년 위험에 대한 선택의 문제를 다룬 프로스펙트 이론Prospect Theory으로 행동경제학의 새로운 지평을 연 인물들이다. 프로스펙트 이론의 가장 중요한 발견은 손실을 끔찍하게 싫어하는 인간의 행태에 관한 것이었다.

다음의 실험에서도 우리는 사람들의 손실회피 성향을 단적으로 볼 수 있다. 사람들에게 "당신은 150만 원을 딸 확률이 50%, 100만 원을 잃을 확률이 50%인 내기를 하겠는가?'라고 물었다. 그랬더니 내기를 하겠다는 응답자가 거의 없었다. 기대이익이 25만 원이었지만, 사람들은 위험을 안으려고 하지 않았다.

그래서 이번에는 "당신은 100만 원을 확실히 잃겠는가, 아니면 50만 원을 딸 확률이 50%, 200만 원을 잃을 확률이 50%인 내기를 하겠는가?'라고 물었다. 이번에는 대부분의 사람들이 내기를 받아들였다. 내기의 기대이익은 -75만 원이었지만, 사람들은 100만 원을 확실히 잃는 것보다는 위험을 안더라도 손실을 피할 수 있는 내기를 선택했던 것이다. 이처럼 이익보다는 굳이 위험을 안으려 하지 않던 이들도 손실을 피할 수만 있다면 기꺼이 위험을 안으려고 한다. 위험보다 손실을 더 끔찍하게 싫어하기 때문이다.

제약사 A사와 B사가 개발한 암 치료제는 환자들이 복용하면 생존할 확률이 50%다. A사는 "이 제품을 먹으면 100명 중 50명 정도는 죽을 수 있다."라고 광고했고, B사는 "이 제품을 복용하면 100명 중 50명 정도는 치료할 수 있다."라고 광고했다. 의사들은 어떤 제약사의 암 치료제를 처방했을까? 대부분은 B사의 암 치료제를 처방했다. 똑같은 결과를 다른 말로 표현했을 뿐인데 B사의 치료제를 처방한 이유는 '살 수 있다.'라는 긍정적인 단어를 선호했기 때문이다.

프레이밍 효과는 말의 뉘앙스부터 사물을 보는 관점에 이르기까지 매우 광범위하게 사용된다. 상대가 만들어 놓은 틀에 영향을 받기도 하고 자신이 틀을 정해 놓기도 한다. 똑같은 아이디어나 상품을 이해관계자나 고객에게 설명했을 때, 호감을 주는 단어나 표현을 사용하는 것은 매우 중요하다. 동일한 아이디어를 도출하고도 표현 방법에 따라 어떤 경우는 창의적 아이디어로 평가받는가 하면, 애써 도출한 아이디어가 세상의 빛을 보지 못하고 사장되는 경우도 있다. 말을 어떻게 꾸미느냐에 따라 상대방을 설득할 수도 있고 그렇지 못할 수도 있다.

6장

창의력에
에너지를 불어넣어라

세렌디피티

세렌디피티Serendipity는 완전한 우연으로부터 중대한 발견이나 발명이 이루어지는 것을 칭하며, 특히 과학 연구 분야에서는 실험 도중에 실패해서 얻은 결과에서 중대한 발견 또는 발명을 하는 것을 가리킨다. 그래서 세렌디피티는 '행운'이라는 말로 널리 알려져 있다. 이 단어는 영국의 소설가 호레이스가 1754년 1월 28일 친구에게 보낸 편지에 따르면, 『세렌디프의 세 왕자』라는 페르시아 동화에 나오는 왕자들이 '그들이 미처 몰랐던 것들을 항상 우연하게 발견'하는 모습에서 이 단어를 만들었다고 한다.

최근에 경영환경이 급변하면서 세렌디피티를 통한 뜻밖의 아이디어로 성공하는 기업들이 늘어나고 있다. 과거의 경험과 논리, 치밀한 분석 등을 활용한 전통적인 전략 대신 뜻밖의 기회, 우연한 통찰력 등으로 성공하는 기업이 탄생하고 있는 것이다. 에디슨이 등사판의 아이디어를 우연히 떠올렸을 때가 바로 그런 경우에 해당한다. 그때 그는 다른 전기 제품을 발명하는 데 몰두하고 있었다. 그러나 그는 그 아이디어가 훌륭하다는 것을 깨닫고 곧바로 실행에 옮겼다.

그러나 세렌디피티는 생각의 폭이 좁고 경험이 적으며 하나의 목표 외에는 다른 것은 생각하지 않고 오로지 하나에만 집중하는 사람, 즉 수직적 사고에 치우친 사람에게는 일어나지 않는다. 또한 세렌디피티는 결코 저절로 만들어지는 것도 아니다. 세렌디피티는 끊임없는 행동과 노력이 지속될 때 우연히 발견되는 것이다. 또한 발견으로만 끝나서는 아무 의미도 없다. 이를 실행과 연결할 때에만 세렌디피티는 일어난다.

그렇다면 세렌디피티는 어떻게 해야 만들어질까?

1. 다양한 관점에서 사물을 바라보라

아이디어를 도출하면서 "이 문제를 이런 관점에서 보면 어떨까?", "이 아이디어를 다른 곳에 활용할 수는 없을까?"와 같은 질문을 던지다 보면 의외의 결과를 얻을 수 있다.

종이컵의 용도를 한번 살펴보라. 종이컵의 일반적인 용도는 무엇인가? 종이컵은 일반적으로 물이나 술을 마시고 간혹 작은 물건을 담는 도구로밖에 활용할 수 없다. 그러나 관점을 바꿔보자. 종이컵을 3등분으로 절단하면 메모지로 활용할 수 있고, 몇 겹으로 접으면 책상이나 가구의 균형을 잡기 위한 받침으로도 사용할 수 있다. 이 밖에도 전화기

놀이라든가 미술도구로도 사용할 수 있다. 이렇게 다양한 관점에서 사고하는 능력을 키우면 세렌디피티를 발견할 가능성이 높아진다.

2. 익숙한 일상에서 벗어나 자기만의 시간을 가져라

비슷한 일들이 반복되고 바쁘게 살아가야 하는 일상에서 벗어나면 고정관념에 갇혀 있던 것들이 자유로워지면서 생각지도 못했던 아이디어가 떠오를 가능성이 높아진다.

마이크로소프트는 '생각주간Think Week'이라는 공식적인 제도를 가지고 있다. '생각주간'이란 말 그대로 생각하는 주간이란 뜻으로, 빌 게이츠는 1년에 두 차례 이 시간을 활용했다고 한다.

당신도 다른 사람보다 탁월하고 독창적인 결과를 얻으려면 이렇게 '자유로운 생각의 시간'을 가지는 것이 필요하다. 자유로운 생각은 남는 시간에 하는 것이 아니라 내가 의도적으로 생각하기 위한 시간을 만들어 두고 해야 하는 것이다. 빌 게이츠뿐 아니라 투자의 귀재로 알려진 워런 버핏 또한 자신의 성공비결로 '1년에 50주 생각하고 2주 일하는 것이다.'라고 밝혔다. 뿐만 아니라 구글과 같은 글로벌 기업들은 직원들에게 자유롭게 생각할 수 있는 시간을 제공함으로써 창조적 성과를 극대화하고 있다.

최근 당신은 오로지 자신만의 생각에 집중하는 시간을 가져 보았는가? 요즘 우리는 일상적인 업무뿐만 아니라 SNS를 통해 더 빠르고 방대한 양의 정보 속에서 하루 종일 다른 사람과 교류하고 있다. 하지만 '자유로운 생각'이란 SNS나 일상적이고 반복적이며 획일화된 업무의 방해를 받으면서 가능한 일이 아니다. 이런 것들은 당신의 감각과 판단력을 흐리게 하는 원인이 된다.

자유로운 생각을 위해서는 정말로 혼자 집중할 수 있는 시간을 가져야 한다. 단 몇 분이라도 이렇게 생각할 수 있는 시간을 만들어 자유로운 상상의 시간을 가진다면 평소 발견하지 못했던 새로운 영감과 성공의 열쇠를 찾을 수 있을 것이다.

3. 우연한 소통을 늘려라

GE는 벽 없는 조직을 만들기 위해 Work - Out 활동이나 CAP활동을 실시한다. 소통을 늘리기 위한 활동인 것이다. '15m의 법칙'이라는 것이 있다. 의사소통을 하는 데 있어서 조직 구성원 간에 15m 이상 떨어져 있으면 수백km 떨어진 것과 같다고 한다. 따라서 이해관계자들을 '한 방'에 배치하여 의사소통이 유연하게 이루어질 수 있도록 환경을 조성하는 것도 필요하다.

그리고 우연한 소통을 활성화하기 위해서는 제도나 프로그램을 적극적으로 활용하고 소통의 결과를 전체 구성원들이 공유할 수 있는 제도도 마련해야 한다. 예를 들어 회의실, 식당, 카페 같은 편의 시설을 건물의 중앙홀에 배치해 직원들 간에 우연한 소통이 가능하도록 하거나 1층 로비를 벽과 기둥 없이 넓게 만들어 직원들이 자유롭게 공동 작업을 할 수 있도록 공간을 만들어 주는 것이다.

4. 끊임없이 시도하고 실행하라

우연히 발견할 확률을 높이려면 실패를 두려워하지 않는 시도와 실행이 필요하다. 그러기 위해서는 조직에서 시행착오와 실패를 용인해 주고 격려해 주는 분위기가 중요하다

3M은 접착력이 좋은 원료를 개발하던 중에 우연히 '포스트잇'을 발명했고, 세계 최초의 경구용 발기부전 치료제인 화이자는 협심증 치료제를 개발하다가 우연히 '비아그라'를 발명하여 세계적으로 성공했다. 만약 이들 기업이 실패를 두려워하거나 실패를 용인하지 않는 조직문화를 가졌다면 이러한 제품들은 빛을 보지 못했을 것이다.

무수한 시도와 시행 끝에 이러한 행운을 만나는 것은 우연이라기보다는 필연이다. 따라서 개인과 기업이 세렌디피티의 확률을 높이기 위해서는 우연히 발생하는 결정적 기회를 포착할 수 있는 능력을 확보해야 한다. 세렌디피티의 성공 확률을 높이기 위해선 다양한 분야의 사람들과 적극적으로 교류하고, 한 달에 한 번쯤은 자신의 분야와 전혀 다른 분야의 전시회나 모임에 참여해 새로운 경험을 시도해 보아야 한다. 또한 기업에서는 세렌디피티가 지속적으로 일어날 수 있도록 조직환경을 조성하고 직원들이 다양한 시도를 할 수 있도록 격려하며 실패를 용인해 주는 문화를 만들어야 한다.

경쟁

이 세상의 모든 생물들은 자연환경 속에서 서로 생존경쟁을 하면서 진화해 왔다. 생물이 종속을 번식시키기 위해서는 같은 종뿐만 아니라 다른 종과의 경쟁 및 환경과의 경쟁에서도 살아남아야 한다. 살아남은 생물은 좋은 유전자를 물려주고, 유전자를 물려 받은 후대는 우성인자를 더욱 강화하는 진화 과정을 거친다. 결국 치열한 생존경쟁에서 살아남지 못한 종은 도태되거나 멸종되고 만다.

양식장에서 길러진 광어는 자연산 광어에 비해 육질이 좋지 못하고, 양계장에서 짧은 시간에 사육된 닭은 자연 방목된 닭보다 맛이 떨어지며, 비닐하우스에서 재배된 토마토는 자연에서 햇빛을 받으며 자란 토마토보다 풍미가 덜하다. 심지어 양식된 복어는 독도 없다. 명확한 이유는 알 수 없지만, 양식된 복어는 다른 종이나 자연과의 경쟁이 불필요했기 때문에 독성 물질을 생성하지 못했을 것이다.

　삼성이 세계적인 기업으로 성장할 수 있었던 것도 마찬가지다. 국내에서는 LG와 경쟁하고, 해외에서는 소니, 애플 등과 경쟁했기 때문이다. 이러한 경쟁 구도는 서로에게 자극이 되어 좀 더 나은 제품을 개발하는 데 자극이 되었다.

　스타벅스와 다른 커피 체인점들도 서로 경쟁을 펼치면서 맛 좋은 커피를 개발하였고, 서비스의 품질을 제고하였으며, 새로운 비즈니스 모델을 만들면서 성장해 왔다. 만약 경쟁이 없었다면 스타벅스는 여전히 미국의 한 시골마을 아주머니들이 잡담을 하면서 하루를 보내는 이름 없는 커피점 중 하나에 불과했을 것이다.

　경영의 아버지라 불리는 마이클 포터 교수는, 산업 구조 분석 모델5 Force Model에서 5개의 강력한 힘에 대응할 수 있어야만 기업이 경쟁에서 살아남을 수 있다고 말했다. 그는 '신규 진출 예정 기업의 위협', '기존 경쟁자 간의 경쟁', '대체재의 위협', '구매자의 교섭력', '공급자의 교섭력'이라는 다섯 가지의 위협에 효과적으로 대응하지 못하면 기업은 생존을 보장받을 수 없다고 주장했다.

　오늘날에는 과거에 비해 많은 정보들이 노출되어 있고 기술은 표준화되어 있어 대개 개인이나 조직이 보유하고 있는 역량은 큰 차이가 없다. 따라서 기회만 되면 자본과 역량을 가진 회사들이 속속들이 시장 진입을 시도한다. 아직 본격적으로 시장 진입을 하지는 않았지만, 진입을 준비하는 회사와도 치열하게 경쟁하지 않으면 안 된다. 또한 시장에서 1위를 선점하기 위한 기존 회사의 도전도 묵과해서는 안 된다. 기존 회사와의 경쟁에서 발을 빼는 순간 사업에서 철수하지 않으면 안 되는 상황에 놓이기 때문이다.

대체제의 위협도 강력하다. 오늘날 한의학은 과거와 같은 명성을 얻지 못하고 있다. 과거에는 수많은 경쟁자를 물리쳐야만 한의학과에 입학할 수 있었지만, 오늘날에는 그만한 인기를 끌지 못하고 있다. 한방병원을 찾는 이유는 크게 둘로 나눠볼 수 있다. 첫 번째는 병을 치료하는 것이고, 두 번째는 보약을 처방받기 위해서다.

그러나 오늘날에는 먹기 쉽고 구입이 용이한 건강보조 식품들이 많은 곳에서 판매되고 있다. 게다가 의료보험 제도의 도입으로 가까운 병원에서 질 높은 진단과 치료를 받을 수도 있다. 젊은 사람들은 시대에 뒤떨어진 것이라며 한방병원 대신 일반병원을 찾는다. 한방병원이 살아남으려면 이처럼 대체재와 끊임없이 경쟁해야 한다.

기업은 교섭력이 강해진 구매자의 위협과도 경쟁해야 한다. 과거의 구매자는 소규모였다. 한때는 상품을 만들기만 하면 팔리던 시대가 있었다. 공급보다 수요가 많던 시절에는 오히려 구매자가 판매자에게 어떤 대가를 지불하지 않으면 물건을 구매할 수 없던 때도 있었다. 하지만 오늘날의 구매자는 그 규모나 영향력이 상상 이상으로 커져 가격과 시장을 통제하는 등 강력한 힘을 발휘하고 있다. 때론 후방통합을 통하여 생산라인을 직접 구축해 시장을 직접적으로 지배하기도 한다.

또한 핵심 역량을 보유한 공급자도 강력한 경쟁자다. 핵심 기술을 가진 공급자의 출현으로 인해 생산자는 항상 긴장하지 않으면 안 된다. 그들은 가격 협상에서 조건이 맞지 않으면 부품이나 원료, 서비스를 더 이상 공급하지 않겠다고 위협한다.

개인이나 조직은 이처럼 어떤 형태로든 경쟁자와 경쟁을 하지 않으면 안 된다. 경쟁은 피할 수 없는 필연이다. 개인이나 조직은 경쟁에서 이기지 못하면 시장에서 사라지는 아픔을 겪어야 한다. 따라서 경쟁에서 살아남기 위해서는 수동적으로 대응하기보다는 주도권을 잡아야만 한다. 그러면 경쟁에서 창의적인 아이디어를 반사적으로 도출하기 마련이다.

창의적인 아이디어는 치열한 경쟁 속에서 얻어지는 보물이다. 창의적인 상품을 개발하여 블루오션을 만들려면 스스로 경쟁구도를 만들고, 경쟁을 주도해야 한다. 왜냐하면 경쟁은 이제 피할 수 없는 필수불가결한 요소이기 때문이다.

심상

한번은 친구가 이렇게 말하면서 내게 다음과 같이 물었다.

"내 후배는 정말 재미있게 이야기를 해. 오늘 점심식사를 같이 하는데 지난 주말에 여자친구랑 본 영화를 이야기하더라고. 그 짧은 시간에 내가 우주선을 몰고 우주를 날아다니며 적군을 물리치는 착각이 들더군. 그 후배가 그렇게 실감나게 말하는 비결은 무엇일까?"

당신은 무엇 때문이라고 생각하는가? 그 비결은 '심상' 때문이다. 아마 '심상'이란 단어를 처음 듣는 사람도 많을 것이다. 우리는 일을 하거나 생각을 하거나 시를 읽을 때에 색깔, 모양, 소리, 냄새, 맛, 촉감 등을 마음속에 그려볼 수 있다. 어떤 대상이나 사물을 실제로 보지 않고도 그것의 모습이나 느낌을 마음속에 그려볼 수 있다. 여기서 어떤 생각과 느낌 등이 마음속에 그려지는 감각적, 시각적인 모습을 심상이라고 한다.

'심상'을 잘 활용하면 실제로 본 적도 없는 제품이나 아직 완성되지 않은 제품을 고객들의 오감을 자극해 생생하게 느끼게 할 수 있다. 예를 들면 "이 제품은 맑은 공기를 제공하는 기기로는 최고의 제품입니다."라는 말보다는, "이 제품 한 대만 있으면 지리산의 맑은 계곡과 푸른 숲을 방안에 들여놓은 느낌을 받으실 것입니다."라고 표현하면, 고객이 더 생생하게 느낄 수 있을 것이다.

그렇다면 '심상'은 어떻게 분류할 수 있을까?

1. 눈에 보이는 듯한 '시각적 심상'

모양이나 색깔, 명암, 움직임 등 눈으로 느낄 수 있는 심상을 말한다.

예) 보이나요?

날개도 없이 시원한 바람을 무한정 뿜어내는 판도라의 'Magic Fan Z'

무더위에 지친 사람의 땀을 단번에 날려주는 모습이 그려진다.

2. 귀에 들리는 듯한 '청각적 심상'

'딸랑딸랑 방울 소리'와 같이 귀로 느껴지는 심상을 말한다. 청각적 심상은 소리를 흉내낸 말을 활용해서 상황을 효과적으로 표현한다.

예) 들리나요?

봄바람처럼 소리 없이 다가와 '쏴아!' 하고 홀연히 사라진 'Magic Fan Z'

'Magic Fan Z'의 시원한 바람이 귓전을 울리는 듯한 느낌이 든다.

3. 손으로 만지는 듯한 '촉각적 심상'

보드라움과 같이 피부의 감촉으로 느껴지는 심상을 말한다.

예) 보드라움을 느끼고 싶지 않으세요?

바람이 피부를 스칠 때의 감촉을 느껴보세요. 'Magic Fan Z' 는 칭얼거리는 아
가의 잠길도 부드럽게 안내해 주는 천사랍니다.

마치 할머니가 부쳐주는 부채 바람에 밤새 잠을 설치던 손주 녀석이
고요하게 잠들 때의 모습이 그려진다.

4. 입으로 맛을 보는 듯한 '미각적 심상'

'입 안에서 사르르 녹는 달콤한 크림'처럼 입으로 느껴지는 심상을 말
한다.

예) 어때요?

'Magic Fan Z' 의 은은한 바람이 상큼하지 않나요?

이보다 상큼할 순 없어요.

간헐적으로 코와 입가를 스치는 'Magic Fan Z'의 상큼한 바람을 느끼게 한다.

5. 코로 냄새를 맡는 듯한 '후각적 심상'

'향기로운 꽃 내음'처럼 냄새나 향기로 마음속에 떠올려지는 심상을 말한다.

예) 'Magic Fan Z'의 바람 내음을 맡아 보신 적이 있나요?

한번 맡아 보세요. 이번에 새롭게 출시된 'Magic Fan Z-A'는 라벤더 향의 기능이 추가된 제품입니다. 따뜻한 봄날 꽃 축제장의 향기로움을 집 안에서도 느끼실 수 있으실 거예요.

'Magic Fan Z-A'를 연상하면 꽃 축제장에서 꽃 내음을 만끽하는 느낌이 든다.

6. 여러 감각으로 동시에 느끼는 듯한 '공감각적 심상'

'폭풍처럼 사랑했던 밀어 속에 남겨진 연인의 향기로움'처럼 두 가지 이상의 감각을 동시에 느끼게 하는 심상을 말한다.

예) 보이나요?

들리나요?

향기로운 냄새는요?

'Magic Fan Z'는 여러분의 여름을 시원하고 달콤하고 향기로운 꿈나라로…….

'해저 2만리'라는 소설을 한 번쯤은 읽어봤을 것이다. 모험을 주제로 글을 쓴 쥘 베른의 작품으로, 바다 속에서 온갖 모험을 즐기는 주인공이 된 듯한 착각에 빠지게 한다. 쥘 베른은 이 외에도 『기구를 타고 5주일』, 『80일간의 세계일주』, 『20세기 파리』와 같은 역작을 남겼는데, 이들의 공통점은 '심상'을 매우 잘 활용했다는 것이다.

당신이 새로운 아이디어를 도출할 때에도 이처럼 시각화하거나 청각화하여 이미지로 떠올려 보아야 한다. 그러면 다른 것보다 훨씬 우월할 것이다. 우리 주위에는 선 없는 전화기, 저절로 움직이는 청소기, 바다 속을 유영하는 잠수함, 폭발물을 제거하는 로봇, 향기 나는 에어컨 등과 같이 '심상'과 '상상'을 효과적으로 활용해 성공한 것들이 무수히 많다.

'심상'은 자유다. '심상'은 비난의 대상이 아니다. '심상'은 비용도 들지 않고, 누구의 도움도 필요 없다. 그러니 감각기관을 동원하여 자주 '심상'하라. 가슴과 머리를 화판 삼아 끝없이 상상의 나래를 펼쳐보라.

직관

직관이란 사물의 본질을 있는 그대로 꿰뚫어 보는 것을 뜻한다. 우리 두뇌는 어떤 사물과 현상을 접하면, 인지과정을 통해 이를 기억한다. 인간은 이 기억을 통해 패러다임을 형성하는데, 이런 것을 배제하고 사물을 있는 그대로의 모습으로 바라보는 것을 직관이라 한다.

우리 두뇌에 저장된 기억은 사물을 판단할 때 중요한 기준이 된다. 예를 들어 상품을 구매할 때 사람들은 과거에 경험한 부정적 또는 긍정적 인식이 저장된 기억을 판단 기준으로 해서 구매하려는 상품을 비교하고, 이러한 정보를 바탕으로 구매 여부를 결정한다.

이렇게 되면 경험이나 학습을 통하여 인지한 그 이상의 니즈를 발견하지 못하게 된다. 즉 사물이 가지고 있는 본질 그 자체를 바라보지 못해 새로운 욕구를 발견하지 못하게 되고, 이는 창의적인 생각을 떠오르지 못하게 하는 요인이 된다. 따라서 창의적인 아이디어를 도출하려면 두뇌를 초월해서 사물의 본질을 바라보는 것이 필요하다. 당신은 오랫동안 고민했던 문제가 어느 날 갑자기 "아하! 이거였군" 하며 해결되는 경우를 경험한 적이 있을 것이다. 이것은 직관 때문이다.

아르키메데스가 일명 '부력의 원리', '비중의 원리'를 발견한 것도 바로 직관 덕분이라고 할 수 있다. B.C. 220년경 시라쿠사의 히에론 왕은 대장장이에게 금관을 제작하라고 명령한다. 그런데 어느 날 자신의 금관이 순금이 아니라는 소문을 듣는다. 이에 왕은 아르키메데스에게 진위를 밝히라고 명령한다. 아르키메데스는 우연히 물이 가득한 목욕탕에 들어가 그 문제의 해결책을 고민한다. 그리고 욕조에 채워진 물이 넘쳐흐르는 것을 보고 해결책을 발견한 그는 흥분해서 벌거벗은 채 욕조에서 뛰쳐나오면서 "유레카Eurka."라고 외친다. 직관의 힘을 볼 수 있는 대목이다.

미국의 기업가인 스티브 잡스는 애플Apple과 넥스트NeXT의 공동 설립자로서, 컴퓨터 역사에 한 획을 그은 디지털계의 거인이었다. 그는 기술과 컴퓨터에 대한 새로운 시각을 제시하였다.

잡스는 위즈니악과 함께 1976년 애플컴퓨터Apple Computer를 설립하고, 애플II라 불리는 마이크로컴퓨터를 생산하기 시작한다. 1979년까지 애플II의 판매량은 총 1억 3900만 대로, 매년 약 700%라는 경이적인 성장을 기록한다. 그러나 1985년 5월, 잡스는 애플의 CEO 존 스컬리와 이사회 회의 중 격한 싸움을 벌인다. 그 이후, 스컬리가 모든 공식 업무를 박탈하자, 결국 잡스는 자신이 설립한 회사를 떠난다.

1997년 잡스는 다시 애플의 CEO로 복귀한다. 그 이후 잡스는 애플의 제품 개발 및 출시에 깊숙이 관여한다. 그중에서도 빼놓을 수 없는 제품이 바로 아이폰iPhone이다. 이 제품은 2007년 터치 스크린이라는 혁신적인 인터페이스를 구현한 제품으로, 휴대폰, 아이포드, 모바일 인터넷이라는 세 가지 주요 기능을 완벽히 통합해 단숨에 스마트폰 시장을 열고 강자의 자리에 올라선다. 그리고 2008년부터는 지속적인 혁신 제품으로 시장을 선도한다.

그런데 이렇게 애플의 신화를 창조한 스티브 잡스가 가장 두려워했던 것이 있었다. 그것은 바로 남의 생각을 그대로 따르는 일이었다. 사람은 누구나 자기만의 직관이 있게 마련이다. 그러나 스티브 잡스처럼 자기의 직관을 100% 신뢰하는 사람은 그리 많지 않다. 스티브 잡스는 아이폰을 개발할 때 고객의 니즈 대신 자신의 직관을 더 중시했다. 어느 날 한 기자가 그에게 이런 질문을 했다.

"이 세상의 모든 개발자들은 상품을 개발할 때 고객의 소리를 듣는 것에 귀 기울이는데 당신은 왜 고객의 소리를 듣지 않는 것입니까?"

스티브 잡스는 이 질문에 이렇게 말했다.

'네, 고객은 그들이 경험한 그 이상의 무엇이 필요한지 알지 못합니다. 그들에게 그들이 상상 이상의 상품을 제공하려면 그들의 니즈를 파악하여 상품에 반영하는 것은 큰 의미가 없습니다. 왜냐하면 저는 그들이 그들이 상상 이상의 가치를 제공받고 싶어 한다는 사실을 알고 있기 때문입니다."

직관을 중시하라는 의미는 소비자의 니즈를 무시하라는 이야기가 아니다. 혁신적인 상품을 개발할 때는 직관을 더 중시하며 개량된 제품을 개발할 때는 고객의 니즈를 더 중시하라는 의미다.

디테일

'중국 기업의 잭 웰치'라 불리는 하이얼의 장루이민 회장은 직원들에게 이런 말을 자주 한다고 한다.

"무엇을 대담함이라고 하는가? 간단한 일을 지속적으로 제대로 하는 것이 대담함이다. 무엇이 쉽지 않은 일인가? 남들이 쉽다고 하는 일들을 매일매일 최선을 다해서 하는 것이 바로 쉽지 않은 일이다."

이는 경영에서 디테일과 지속성이 얼마나 중요한지를 일깨워준다. 잡스의 혁신적인 아이디어도 갑자기 나타난 것이 아니다. 잡스가 성공할 수 있었던 것은 어릴 때부터 작은 일에 매 순간 열정을 다했기 때문이다. 그는 자판과 본체 모양, 작은 부품 하나하나의 위치까지도 세심한 주의를 기울였다. 혹자는 그를 '디테일의 혁명가'라고 평가한다. 그는 무슨 일을 하든 세부적인 계획을 세워서 끝장을 보았고, 디테일까지도 꼼꼼하게 살폈으며, 완벽하지 않으면 제품을 아예 출시하지 않았다.

잡스가 얼마나 디테일에 집중했는지는 아이폰을 통해서도 알 수 있다. 사용자 편의를 제고한 터치 기능, 단순한 디자인, 작은 저장 공간에도 완벽하게 구현되는 어플리케이션, 까다로운 보안 시스템 등 디테일하지 않은 부분이 없을 정도다. 그 결과, 기존의 스마트폰이 지닌 문제를 디테일로 한방에 날려버릴 만큼 혁신적인 아이폰을 만들어 냈다.

아이디어를 도출하거나 일을 하는 데 있어서 디테일은 그 사람의 수준을 결정짓는 매우 중요한 요소다. 디테일을 중시하는 사람들은 어느 곳에서든 환영받는다. 디테일은 인생을 사는 데도 매우 중요하다. 남들이 사소하다고 생각하는 것을 세밀하게 추진하고 실행하는 사람은 신뢰를 얻고 큰일도 스스럼 없이 할 수 있는 사람이기 때문이다.

미래에 대한 성공은 어느 날 갑자기 이루어지는 것이 아니다. 성공하는 사람들을 보면 작은 것도 그냥 지나치지 않고 아무리 사소한 것이라도 호기심을 가지고 자세히 관찰하는 습관을 가지고 있다. 그리고 관찰로부터 얻은 정보를 활용해 작은 일부터 차례차례 실행에 옮긴다.

잡스는 어린 시절 주차장에 세워진 자동차를 관찰하는 것이 취미였다고 한다. 그는 주차장을 돌아다니면서 차량 구조를 파악하고, 디자인은 어떤 모양이며, 이것들이 어떻게 변화해가는지 꼼꼼히 관찰했다고 한다. 이러한 습관은 그가 나중에 컴퓨터를 개발하고 아이폰을 개발할 때 큰 도움이 되었다고 한다.

마키아벨리의 『군주론』을 보면 "분할하여 통치하라."는 말이 있다. 이는 작게 나누어 통치하면 적은 인원으로도 국가를 용이하게 관리할 수 있다는 뜻이다. 왕은 '지방의 통수권자를 어떻게 효과적으로 관리할 수 있을까?'에만 집중하면 되는 것이다.

문제나 아이디어도 마찬가지다. 그렇다고 해서 무조건 작게 나누는 것이 반드시 좋은 것은 아니다. 아이디어가 크면 클수록 효과는 크겠지만, 실행에는 어려움이 따른다. 따라서 아이디어가 너무 크면 내부 역량, 시간, 자원 등을 고려해 실행이 용이한 단계까지 작게 나누는 것이 필요하다. 특히 처음에 일을 시작할 때는 작은 것부터 실행에 옮기는 것이 좋다.

구조를 분해하는 도구 중에 Logic Tree가 있다. 이 도구를 활용하면 MECE Mutually Exclusive and Collectively Exhaustive란 원칙에 따라 중복이나 누락 없이 문제나 아이디어를 작게 나눌 수 있다. 작게 나눠야 디테일하게 일을 추진할 수 있다.

[그림 6-1] Logoc Tree의 예시

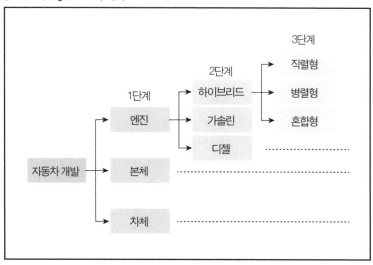

만약 당신에게 자동차 개발이라는 프로젝트가 주어졌다고 가정해 보자. PM프로젝트 매니저으로부터 "자동차 개발을 위한 아이디어를 도출해 보세요."라는 질문을 받는다면 당신은 어떨까? 눈앞이 깜깜해 지고 답답할 것이다. 혹은 "도대체 무슨 말을 하는 거야?"나 "무엇을 어떻게 하라는 말이지?"와 같은 반응을 나타낼 것이다.

하지만 "하이브리드 엔진 개발에 대한 아이디어를 도출해 보세요."라는 질문은 좀 더 세분화된 질문이기 때문에, "자동차 개발에 관한 아이디어를 도출해 보세요."라는 질문보다 좀 더 구체적이고 독창적인 아이디어를 도출해 낼 수 있을 것이다. 그리고 이를 4단계, 5단계로 좀 더 세분화하면, 그만큼 아이디어 도출은 용이질 것이다. 그러나 지나치게 세분화하면 실행단계에서 비용과 투입 인원이 증가하는 요인이 될 수도 있다. 이처럼 Logic Tree를 활용하면 아이디어의 세세한 부분뿐만 아니라 전체를 동시에 살펴볼 수 있는 장점이 있다.

성공은 아주 작고 사소한 것에서부터 시작된다. 계획은 거창하게 세웠지만, 디테일에 실패해 성공하지 못하는 경우를 볼 수 있다. 사소하다고 생각하는 것도 중요하게 생각하고 집중할 때 큰일을 할 수 있다.

신뢰

　'죄수의 딜레마'라는 말을 들어보았는가? 두 공범자가 서로 협력해 범죄 사실을 숨기면 증거 불충분으로 형량이 낮아지는 최선의 결과를 누릴 수 있음에도 불구하고, 상대방의 범죄 사실을 밝혀 주면 형량을 감해 준다는 수사관의 유혹에 빠져 상대방의 죄를 고변함으로써 무거운 형량을 선고받게 되는 현상을 일컫는다. 이는 1950년 미국의 군사연구소인 랜드RAND의 과학자인 메릴 플러드와 멜빈 드레서가 고안해낸 게임이론으로, 랜드의 자문역인 앨버트 터커가 다음과 같이 각색해 '죄수의 딜레마'라는 이름을 붙여 널리 알려지게 되었다.

　2명의 용의자가 어떤 중대한 범죄은행강도의 혐의로 체포되었다. 경찰은 충분한 증거를 가지고 있지 않기 때문에 어느 한 쪽의 용의자가 자백하지 않는 한 그 죄로 기소할 수는 없다. 그러나 경찰은 자백하지 않아도 경범죄(총기 소지)로는 기소할 수 있다. 따라서 경찰은 용의자를 각각 다른 곳에 수감한 후, 둘 사이의 교신을 차단하고 다음과 같이 제안한다.

"만일 2명 모두 묵비권을 행사하면, 2명 모두 경범죄로 기소되어 1년의 형무소 생활을 할 것이다. 또한 만일 2명이 모두 자백하면 2명 모두 기소되어 징역 6년의 판결을 받는다. 그런데 만일 1명은 자백하고 다른 1명은 묵비권을 행사하면 자백한 쪽은 즉시 석방되지만, 묵비권을 행사한 쪽은 징역 9년을 언도받을 것이다."

두 명의 용의자는 공범자도 똑같은 제안을 받는다는 사실을 알고 있다. 그렇다면 어떤 상황이 벌어질까? 용의자 두 명 모두 묵비권을 행사할까? 아니면 상대방의 범죄 사실을 서로 고발할까?

그들 둘은 서로 다음과 같이 생각한다.

'만약 저 친구가 이 제안을 받아들여 나를 고발한다면 나는 9년 형을 받게 된다. 그건 너무 부당한 일이야.'

그러면서 두 용의자는 다음과 같은 생각을 떠올리게 된다.

'내가 먼저 그를 고발한다면 나는 풀려날 수 있어. 우리 두 명 중의 한 명은 석방될 수 있는데, 굳이 두 명 모두 벌을 받을 필요는 없잖아.'

실제로 이런 상황에서 실험 대상자의 대다수는 다른 사람을 고발하는 것으로 나타났다. 그리고 다른 공범 역시 같은 생각을 하기 때문에 두 명의 용의자 모두 6년 형의 징역형을 받는다. 두 명의 용의자 모두 묵비권을 행사했다면 단지 1년 형을 받는데 반해, 서로 고발을 해서 6년 형을 받는 것이다.

그런데 특이한 것은 두 명의 용의자가 함께 이야기를 나눌 수 시간을 주고 실험을 했는데도 그 결과는 똑같았다는 것이다. 두 명의 용의자는 공동의 대책안을 강구해 놓고도 결국엔 서로를 배신했던 것이다.

이와 같은 죄수의 딜레마는 정치, 경제, 군사, 사회 등 모든 분야에서 나타나는 현상이다. 실례로, 냉전시대 때 미국과 소련은 힘의 우위를 지키기 위해 군비 경쟁을 치열하게 벌였다. 소련이 신무기를 개발하면 미국은 이를 방어하기 위한 방어 체계를 만들고, 더 강력한 무기를 개발하는 식이었다. 소련도 마찬가지였다.

결국 양국은 전략적으로 핵무기를 개발하는 데 전력을 다하게 되었다. 하지만 핵무기를 사용하면 모두 자멸한다는 사실을 알고 있기 때문에 실제로 핵무기를 사용할 수는 없었다. 두 나라는 여러 측면에서 무기 경쟁이 서로에게 이익이 되지 않는다는 전제하에 무기 감축 계획을 발표하고 실행하기로 합의하였다. 그러나 두 나라는 여전히 서로를 의심해 새로운 무기 개발을 하고 있다.

이러한 죄수의 딜레마는 유통업계에서도 비일비재하게 일어나는 현상이다. 대형 유통업체들은 연말 쇼핑시즌이나 경기가 침체되었을 때 서로 출혈 경쟁에 돌입한다. 10 ~ 30% 정도의 할인 행사는 손님끌기에는 성공할 수 있어도 수익성에는 큰 영향을 미치지 않는다. 하지만 경쟁사가 할인 행사를 대대적으로 실시한다면, 고객을 경쟁사에 빼앗길 것이라는 우려와 매출이 떨어질 것이라는 고민 때문에 참여하지 않을 수 없다. 이러한 할인 행사는 대개 일시적으로 끝나 기업의 생존에 직결되지는 않지만, 이러한 출혈 경쟁이 지속된다면 공멸하고 말 것이다. 블룸

버그는 "만약 제 가격에 제품을 판다면 모든 유통업체들이 좋겠지만, 누군가가 할인 행사를 시작하면 따라가지 않을 수 없는 상황"이라며 "유통업체가 죄수의 딜레마에 빠져 있다."고 지적했다.

이러한 죄수의 딜레마에 직면하는 근본적인 이유는 서로 신뢰를 하지 않기 때문이다. 특히 수직적이고 폐쇄된 조직문화를 가진 기업에서는 상호 신뢰성이 낮은 경우가 많다. 이런 경우에는 창의력을 실행하는 데 있어서도 이해관계자의 저항이 큰 경우가 많다. 이 때 이해관계자의 도움을 받지 못하면 창조적 아이디어는 실행할 수 없다. 이해관계자들과의 상호 신뢰가 무엇보다 선행되어야 하는 이유가 바로 여기에 있다. 아이디어가 실행되면 이해관계자에게 어떤 이익이 있는지를 설명하고 성과는 절대적으로 공유한다는 사실을 선포함으로써 신뢰감을 조성해야 한다.

또한 업무를 수행하면서 동시다발적으로 2개 이상의 아이디어가 평가를 받는 경우가 있는데, 이런 경우에는 서로의 아이디어가 경쟁관계에 놓이는 경우도 많다. 이런 상황에서는 상대방의 아이디어를 폄하하거나 비난하는 대신 장단점을 면밀히 파악해서 아이디어 간 융합이나 제3의 아이디어를 도출하는 지혜가 필요하다. 그렇지 않으면 죄수의 딜레마처럼 공멸에 빠질 가능성이 높다.

가치 귀착

우리는 어렸을 때부터 논리적이고 분석적인 사람이 되도록 훈련받아 왔다. 그 결과, 우리는 조금이라도 연관이 되는 것을 서로 연결하거나 공통점을 찾아내는 데 있어서 탁월한 능력을 발휘한다. 그리고 식당과 조선소처럼 전혀 관련이 없는 것보다는 커피잔과 찻잔처럼 공통점을 지닌 두 대상을 연결하는 것을 훨씬 편하게 생각한다.

그러나 제프 호킨스는 그의 저서 『생각하는 뇌, 생각하는 기계』에서 공통점이 있는 개념을 서로 연결시키는 능력이 오히려 창의력을 가로 막는 벽이 된다고 지적하고 있다. 가령, 신세대가 선호하는 만년필을 개 발해 달라는 제안을 하면, 당신은 먼저 상점에서 만년필을 구매한다. 그 리고 기존의 만년필들을 분석한 후, 이들의 공통점을 찾아 서로의 관련 성을 논리적으로 연결하려고 시도한다. 이와 같이 인간의 사고 저변에는 공통점을 찾아 이를 논리적으로 연결하려는 집착증이 있다. 하지만 그로 인해 기존의 만년필이 갖는 특성이나 기능을 훨씬 뛰어넘는 완전히 새로운 타입의 만년필을 개발하지 못한다. '논리의 덫'에 빠지기 때문이다.

논리란 앞뒤 순서를 잘 연결하는 것을 의미한다. 논리적 사고와 분석적 사고는 문제 해결에 있어 매우 유용한 사고이자 도구이며 철학이다. 문제를 분석하거나 아이디어를 이해관계자에게 설명하여 동의를 받거나 고객에게 상품을 설명하거나 상사에게 승인을 받을 때 논리적 사고는 매우 유용하다.

그러나 이 세상에는 논리적으로 설명이 불가능한 부분이 참 많다. 논리적인 설명으로 상대를 설득하기 어려운 부분도 많다는 말이다. 배우인 안젤리나 졸리와 가수인 켈리스 로저스 중 누가 더 매력적이라고 생각하는가? 이 두 사람 중 한 명을 친구로 선택하라면 누구를 선택하겠는가? 물론 개인적인 취향에 따라 다를 것이다. 하지만 일반론적으로 말한다면 대부분의 사람들은 안젤리나 졸리에게 후한 점수를 줄 것이다. 성격, 역량, 음악적 감성 등 그의 장점들을 아무리 논리적으로 설명해도 대개는 안젤리나 졸리를 더 매력적인 사람으로 평가할 것이다.

이것을 우리는 '가치 귀착Value Attribution'이라고 한다. 가치 귀착이란 객관적인 데이터나 논리적 사고보다는 지각된 가치를 바탕으로 사람이나 사물에 어떤 특성을 부여하는 인간의 성향을 말한다.

2007년 1월의 어느 날 아침, 워싱턴 D.C의 지하철역에서 허름한 청바지 차림에 야구 모자를 푹 눌러쓴 바이올리니스트가 악기 케이스에서

350만 달러의 바이올린을 꺼냈다. 그리고 바흐의 〈샤콘 d단조〉를 시작으로 40여 분간 연주가 진행되었다. 연주가는 다름 아닌 현존하는 최고의 바이올리니스트인 조슈아 벨로, 내로라하는 공연장에서 매회 전석의 매진 기록을 경신하는 당대 최고의 연주자였다.

그렇다면 세계적인 바이올리니스트의 연주에 지하철 시민들의 반응은 어땠을까? 그날 아침 그 곳을 지나간 사람은 1,097명이었으며 이중 단 몇 분이라도 음악을 들은 사람은 7명에 지나지 않았다. 청바지에 야구 모자를 쓴 겉모습만으로 그곳을 지난 수많은 사람들은 자신도 인식하지 못한 채로 그들이 스스로 인지한 가치 야구 모자 + 허름한 청바지 + 지하철역 만으로 당대의 가장 뛰어난 거장의 연주를 흔한 길거리 음악으로 치부해 버린 것이다.

길거리 좌판에서 20,000원에 파는 티셔츠를 고급 부티크에서 라벨을 부착하여 300,000원에 판매한다면, 당신은 어디에서 구매하겠는가? 똑같은 공장에서 똑같은 원재료로 만든 15,000원짜리 동대문표 등산복과 페리노의 라벨이 붙은 350,000원짜리 등산복 중 당신은 어떤 제품을 선택하겠는가?

가치 귀착은 물건뿐 아니라 사람들에 대한 우리들의 인식에도 영향을 끼친다. 그래서 우리는 권위 있는 사람이나 사회적 지위와 학력이 높은 사람이 내놓는 아이디어나 말을 더 신뢰하는 경향이 있다. 따라서 아이디어를 도출하고 이를 실행할 때에도 가치 귀착을 잘 활용할 필요가 있다.

상품을 개발할 때도 마찬가지다. 상품을 설계하고 기획할 때, 제품의 기능이나 품질도 중요하지만, 상품에 대한 고객들의 즉흥적 반응이 어떤가를 살펴보는 일도 매우 중요하다. 왜냐하면 고객들은 논리적 설명으로 제품을 선택하는 경우도 있지만, 눈에 보이는 순간적인 느낌만으로 제품을 선택하는 경우도 많기 때문이다. 옛말에 보기 좋은 떡이 맛도 좋다는 말이 있지 않은가?

극단적인 생각

글로벌 경영위기가 닥치면 많은 기업들은 도미노처럼 쓰러진다. 사업과 인적 구조조정이 붐을 이룬다. 왜 이런 일이 반복되는 것일까? 점진적인 해결책이나 과거와 똑같은 방법으로 위기를 타개하려고 하기 때문이다. 이것은 저성장 시대나 시장의 변화가 없거나 고객의 니즈가 변화하지 않을 때 효과가 있는 접근방법이다.

그러나 경영 환경이 위급할 때나 고성장 시대에는 이런 방법이 통하지 않는다. 오히려 변화를 가로막는 장애물이 되는 경우가 많다. 이런 위기 상황에서 벗어나기 위해서 우리에게 필요한 것은 무엇일까? 그것은 바로 극단적인 생각과 극단적인 선택이다.

그렇다면 극단적인 생각을 위한 효과적인 방법은 무엇일까? 그것은 바로 게임의 룰을 바꾸는 것이다. 역사적으로 살펴보면 위대한 정치가

나 기업가는 극단적인 생각을 통하여 훌륭한 업적을 이룬 경우가 많다. 칭기즈칸, 알렉산더 대왕 등과 같이 위대한 인물들은 기존의 룰을 완전히 바꾸는 데 모든 역량을 집중했다. 그 결과, 완전히 새로운 시스템을 탄생시켰으며 영토를 넓히거나 혁신적인 상품을 개발할 수 있었다.

그 예로 칭기즈칸을 살펴보자.

어렸을 때 칭기즈칸은 아버지가 타타르 부족에게 독살되어 부족이 흩어졌기 때문에 빈곤 속에서 성장했다. 그리고 당시 강세를 자랑하던 케레이트 부족의 완칸 아래서 점차 세력을 키우고, 1189년경 몽골 씨족 연합의 맹주에 추대되어 칭기즈칸이란 칭호를 받았다. 그 후 1201년 자다란 부족의 자무카를 격파하고, 1203년 타타르·케레이트를 토벌하여 동부 몽골을 평정하였으며, 군제를 개혁한 후 1204년 서방의 알타이 방면을 근거지로 하는 나이만 부족을 격멸하고 몽골 초원을 통일했다. 이후에 그는 이슬람과 러시아, 유럽에 이르는 가정 넓은 영토를 정복한 위대한 황제가 되었다.

그렇다면 칭기즈칸이 위대한 황제가 되기까지 활용하였던 전략은 어떠했을까? 기존의 방법과는 전혀 다른 극단적인 방법들이었다. 다른 정복자와 달리 그는 다음과 같은 새로운 규칙을 활용했다.

1. 권한 위임 : 부하에게 전적으로 권한을 부여하고, 간섭을 하지 않음으로써 최대한 많은 자율권을 부여하였다.

2. 엄격한 규율 : 도적질 등 규율을 어기는 사람은 엄벌함으로써 조직의 기강을 바로잡았다.

3. 속도전 : 희대의 정복자였던 알렉산더, 나폴레옹, 히틀러 등보다 넓은 땅을 정복할 수 있었던 것은 바로 '속도' 때문이었다. 그의 군대는 말젖, 육포, 단궁, 단검 등으로 가볍게 무장하여 긴 창과 방패, 투구, 갑옷으로 무겁게 무장한 유럽의 보병을 속도전으로 격파했다.

4. 성과 공유 : 정복한 땅은 공이 많은 부하나 현지의 관리자들에게 공평하게 나누어 주었다.

5. 글로벌 마인드 : 실리를 추구하고 교역을 중시하는 개방 정책으로, 다른 나라의 발달한 문명과 각종 기술들을 끊임없이 수용했다. 이때부터 시작된 유럽 대륙과의 문명 교류는 과학과 기술의 발전을 앞당기는 계기가 되었다.

6. 솔선수범 : 그는 전투에서 살신성인, 백의종군의 정신으로 먼저 함성을 외치고 적을 향해 돌진함으로써 부하들의 사기를 증진시켰다.

7. 아웃소싱 : 적이든 아니든 쓸모 있는 모든 인재를 확보하고, 적재적소에 배치하여 활용했다.

8. 칭찬과 격려 : 그는 뛰어난 역량을 가진 사람에게는 부하 한 사람 한 사람의 성격에 맞추어 칭찬과 격려를 아끼지 않았다.

극단적인 생각을 위해서는 자신의 전문 분야뿐만 아니라 다른 분야에 대해서도 관심을 기울이고 역량을 개발해야 한다. 또한 정치, 경제 등 모든 사회현상에 대해서도 관심을 기울이지 않으면 안 된다. 이러한 배경지식 없이 극단적인 생각과 선택을 한다는 것은 무모한 일이다.

전자제품을 개발하는 연구원이라고 해서 전자공학이나 전자제품과 직접적으로 연관되는 역량만 확보해서는 안 된다. 그러면 기존 제품 이상의 상품을 개발할 수 없다, 정치, 경제, 문화, 역사 등 다양한 분야에 대해서 관심을 갖고 관련 역량을 끊임없이 확보해야만 기존의 상품과 완전히 다른 새로운 형태의 '극단적인 상품'을 기획할 수 있는 기회를 포착할 수 있다.

다음은 창의적인 아이디어를 도출하기 위한 극단적인 생각의 절차다. 읽고 따라해 본다면 큰 도움이 될 것이다.

1. 현재의 문제점과 그 원인을 파악한다.
2. 이와 같은 문제를 해결하기 위해 적용했던 지금까지의 문제 해결 방법을 도출한다.
3. 왜 기존의 방법으로 문제 해결이 안 되었는지를 파악한다.
4. 지금까지의 문제 해결 방법을 배제하고 완전히 새로운 관점에서의 해결 방안을 도출한다.

지금까지 적용했던 해결 방법만으로는 새로운 환경 변화에 대한 대응책을 마련할 수 없다. 그리고 게임의 룰이 완전히 바뀐 상황에서는 지금까지 적용했던 방법만으로는 승산이 없다. 이는 과거를 답습하는 데 지나지 않는다. 결과는 변하지 않고 악화될 뿐이다. 만일 칭기즈칸이 기존의 제왕들이 국가를 통솔했던 방법과 동일한 전략을 활용했다면 위대한 정복자가 될 수 있었을까? 기존의 전략과 완전히 다른 극단적인 생각과 극단적인 선택을 했기 때문에 칭기즈칸이 될 수 있었던 것이다.

7장

창의력에
엔진을 달아라

비유

어떤 사물이나 현상을 그것과 비슷한 다른 사물이나 현상에 빗댄 것을 비유라고 한다. 이것은 대개 사물이 갖고 있는 본질이나 현상을 더욱 부각시키기 위해서 사용된다. 그런데 비유는 본래의 용도나 목적에 얽매이지 않고, 자유로운 발상을 통해 새로운 아이디어를 도출하는 방법론으로도 매우 유용하다.

비유는 문학에서 주로 사용되지만, 우리 주위의 생활도구나 상품에도 널리 사용되고 있다. 조선시대의 생활자기를 장식품으로 활용하거나 항아리를 열대어를 기르는 어항으로 사용하는 것도 일종의 비유다. 본질적인 것을 다른 무언가로 빗대어 표현하거나 활용하면 본질이 더욱 부각되고 기존의 가치를 훨씬 뛰어넘어 새로운 가치를 창출할 수가 있다.

또한 "당신의 삶이 흐르는 강물처럼 유유했으면 좋겠다.", "내 마음은 뿔난 황소처럼 분노에 가득 차 있다. 솜사탕처럼 온유했으면 좋겠다.", "당신의 열정은 밤하늘에 쏘아 올린 1만발의 불꽃과 같다."와 같이 의사 소통에 있어서 비유를 활용하면 자신의 감정을 사실적이고 생동감 있게 표현할 수 있고, 상대방에게 자기 자신의 내면의 동기, 감정 등을 효과적으로 전달할 수 있다.

그렇다면 비유법에는 어떤 것이 있을까?

1. 직유법 : 'A는 B와 같다.' 는 식으로 A를 부각시키기 위해 B의 비슷한 성질을 직접 끌어다 견주는 기법이다.

· A＝원관념, B＝보조 관념

· 어떤 대상을 ~처럼, ~같이, ~듯이, ~인양 등을 써서 다른 대상에 빗대어 표현하는 방법이다.

· 달님처럼 생긴 내 딸이여(원관념＝딸, 보조관념＝달님)

2. 은유법 : 'A는 B다.' 라는 식으로 표현 속에 비유를 숨기는 기법이다. 직유법이 서로 비슷한 뜻이라면, 은유법은 같은 뜻이 된다.

· 표현 대상을 이어주는 말이 없이 다른 대상에 빗대어 표현하는 방법이다.

· 여자의 마음은 갈대다.(원관념＝여자의 마음, 보조관념＝갈대)

3. 의인법 : 사물의 움직임이나 모양, 추상적 관념 등 사람이 아닌 대상을 사람처럼 표현하는 기법이다.

· 성난 파도, 미소 짓는 햇살

4. 의성법 : 표현하려는 사물을 음성 의성어로 나타내어 그것을 연상하도록 표현하

는 기법이다.

· 졸졸졸 흐르는 시냇물, 번개가 쿵쾅 쿵쾅

5. 의태법 : 사물이나 행동의 모양, 상태 등을 흉내내어 그 느낌이나 특징을 드러내는 기법이다.

· 뒤뚱뒤뚱 걷는 오리의 모습이 너무 우스꽝스럽다.

6. 대유법 : 사물의 일부나 속성을 들어 표현하려는 대상 전체를 나타내는 기법이다.

· 인간은 빵만으로는 살 수 없다. (빵-식량 전체)

7. 풍유법 : 속담, 격언, 우화, 교훈 등을 이용하여 나타내고자 하는 뜻을 간접적으로 표현하는 기법이다.

· 낮말은 새가 듣고 밤말은 쥐가 듣는다.

8. 환유법 : 한 사물에 연관되는 사물을 빌어 비유하는 기법이다.

· 까마귀만 사는 마을이다. (까마귀 = 검은 속 마음)

아이디어에 관한 프레젠테이션을 할 때에도 비유법을 활용하면 극적인 반전을 도모할 수 있다. 비즈니스를 하다 보면 기획서를 작성하고, 프레젠테이션을 해야 하는 경우가 많은데 의외로 고객들에게 자신의 생각, 느낌 등을 효과적으로 전달하지 못하는 경우가 많다.

이때 비유법을 활용하면 고객들의 공감대를 극대화해 이해도를 높일 수 있다. 예를 들어 "말하자면 공기청정기와 같은 기능입니다.", "마음 속의 비타민C라고 할 수 있습니다."와 같이 적절한 비유를 하면 단박에 이미지가 공유되어 자신의 생각이 고객들에게 정확히 전달된다.

특히 비유법은 의사소통에 한계가 있는 외국인과 대화할 때 매우 효과적이다. "이 음식은 당신 나라의 '카우 팟'과 비슷한 것입니다."라고 대상을 비유해서 설명하면 다른 문화 사이에서 발생할 수 있는 언어적 혹은 문화적 차이를 쉽게 극복할 수 있다.

또한 비유는 다음과 같이 상품이나 아이디어를 다른 사람에게 설명할 때에도 매우 유용하다.

A : 이 아이디어의 핵심은 'β-1' 기능이 구현된다는 것입니다.

B : 'β-1' 기능? 이해가 잘 안 되는데 다시 한 번 자세히 설명해 주겠나?'

A : 세탁기에 적용되는 퍼지 기능과 같은 것입니다. 좀 더 자세히 설명해 드릴까요?

B : 이해했네.

항아리를 어항으로 대용비유할 수 있듯이, 기존의 아이디어나 상품을 다른 것으로 대용할 수 있는 방법들을 도출한다면 창의적인 아이디어를 손쉽게 도출하는 방법이 될 수 있다.

모순

모순이란 논리학에서 두 개의 개념이나 명제 사이에 의미나 내용이 서로 상충하는 것을 말한다. 흔히 칼과 방패에 비유하여 말하기도 한다. 이러한 모순은 정치, 경제, 사회, 기술적인 측면에서 매우 다양한 형태로 나타나 사람들을 매우 곤혹스럽게 하는 경우가 많다.

우리에게는 삶의 순간순간이 모순을 해결해 가는 과정이 아닌가 싶을 정도로 모순 현상이 빈번히 일어난다. 꼼꼼한 사람은 속도가 느리고 사교적인 사람은 업무에 대한 관심도가 떨어지고 진취적인 사람은 갈등을 일으키는 경우가 많고 안정적인 사람은 새로운 일을 도모하는 데두려움을 갖는 등 우리 주위에서는 이러한 모순을 쉽게 발견할 수 있다.

다음은 실제로 있었던 모순에 관한 일화다.

우주왕복선을 개발하던 어느 날, NASA^{미항공 우주국}는 난관에 부딪혔다. 비행사들의 가장 중요한 임무 중 하나는 우주공간에서 일어나는 모든 현상을 자세히 기록하는 일이다. 기록을 담당하는 PM^{프로젝트 매니저}은 당연히 만년필을 사용하면 될 것이라고 판단하고 이를 기록물 도구로 선정해 놓고 있었다.

그러던 어느 날이었다. 연구원 중 한 명이 만년필은 액체로 구성되어 있기 때문에 무중력상태인 우주공간에서는 누수 현상이 일어날 것이라고 문제를 제기했다. 기존의 만년필을 사용한다면 별도의 개발 비용은 들지 않겠지만, 누수라는 기술적 모순이 발생할 것이 너무나도 분명했던 것이다.

그렇다면 NASA는 이러한 모순을 어떻게 해결하였을까? 만년필의 목적이 필기를 하는 것이므로 누수가 되지 않으면서 필기를 할 수 있는 도구를 찾는 것이 문제 해결의 핵심이었다. 그리고 그 답을 결국 연필에서 찾아냈다.

모순이 발생하면 사람들은 기존의 것을 '어떻게 개선할까?'에만 초점을 맞추는 경향이 있다. 본래의 목적을 살피거나 다른 대안 또는 제3의 대안을 통해 해결 방안을 모색하려는 노력을 기울이지 않는 것이다. 즉 모순에 빠지면 사람들은 패러다임의 덫에 걸려 빠져나오질 못한다. 따라서 사람들을 난관에 빠뜨리는 이러한 모순을 잘 찾아내는 사람은 창조적인 아이디어를 도출하는 데 있어서도 한걸음 더 앞설 수 있다. 그리고 그 누구도 발견하지 못한 모순을 찾아내서 해결한다면 분명히 블루오션을 창출할 수 있을 것이다.

[그림 7-1] 만년필의 개선책

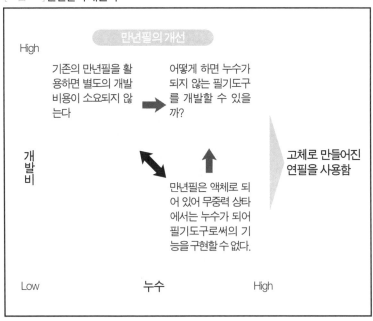

연필과 마찬가지로 비행기 동체도 이러한 모순을 효과적으로 해결하여 개발한 사례라고 할 수 있다. 비행기는 기본적으로 가벼워야 한다. 반면에 강도와 경도가 높아야 한다. 비행기를 철 종류로 만들면 강도와 경도는 높겠지만, 중량이 많이 나갈 것이다. 알루미늄 종류로 만들면 가볍긴 하겠지만, 철에 비해 강도와 경도가 매우 낮을 것이다. 그렇다면 이러한 모순은 과연 어떻게 해결했을까?

두랄루민이 그러한 모순의 답을 제공했다. 두랄루민은 1906년 9월 독일인 A. 빌름이 발명한 합금의 일종으로, 그가 소속된 뒤렌Düren 금속회사와 알루미늄에서 이름을 따서 명명한 것이다. 그 후 새로운 강력합금이 수없이 발명되었지만, 두랄루민의 인기는 시들지 않고 있다.

[그림 7-2] 비행기 동체 개발

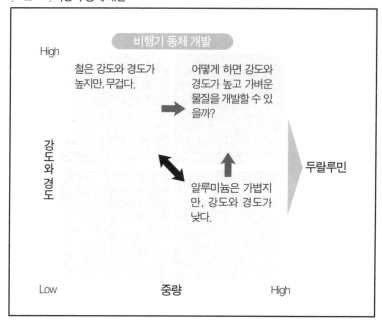

알루미늄 합금은 크게 두 가지로 나뉜다. 두랄루민계에는 알루미늄-아연-마그네슘계와 알루미늄-구리-마그네슘계가 있고, 내식성합금耐蝕性合金계에는 알루미늄-마그네슘계, 알루미늄-망가니즈계, 알루미늄-마그네슘-규소계가 있다.

두랄루민의 주요 특징으로는 시효경화성을 가졌다는 것을 들 수 있다. 시효경화란 두랄루민을 500 ~ 510℃ 정도로 가열한 후 물 속에서 냉각시켜 매우 연하게 만든 후, 이것을 상온에 방치하면 시간이 경과할수록 경화되는 현상을 말한다. 시효경화가 상온에서 일어나면 강도는 철재鐵材 정도가 되며 비중은 2.7로 철강의 1/3밖에 되지 않는다. 따라서 중량당重量當 강도가 매우 우수해서 비행기의 재료로 많이 사용된다.

두랄루민은 비행기 재료로 사용되고 개량되면서 비행기의 발달을 촉진시켰으며, 이후 산업용으로도 널리 사용되면서 많은 연구자들의 노력으로 기존의 것보다 더 강력한 초두랄루민, 초초두랄루민 등 여러 종류가 개발되었다. 초두랄루민 중에서 오늘날 널리 사용되는 24s는 미국에서 개발한 것으로, 빌름이 발명한 두랄루민보다 마그네슘이 1% 정도 많으며 장강도張强度는 빌름의 두랄루민보다 20% 정도 높아 항공기 재료로 많이 사용되고 있다.

빌름이 이러한 모순을 해결하지 못했다면 비행기는 저렴한 가격으로 빠른 시간에 사람과 물건을 운반하는 교통수단으로서의 입지를 확보하지 못했을 것이다. 이러한 교통수단의 발달은 산업 발달을 촉진시키는 원동력이 되었고, 기업을 경영하는 사람에게는 막대한 부를 안겨 주었다. 모순을 발견하고 이 모순을 해결하려는 노력이 없었다면, 지금 우리는 저렴한 비용으로 미국을 하루 만에 갈 수 있었을까?

암전

우리는 얼마 전까지만 해도 필름용 카메라를 사용해 사진을 찍었다. 필름용 카메라는 기본적으로 '촬영'→'현상'→'인화'의 과정을 거쳐 완성된다. 그 과정을 한번 따라가 보자.

1. 촬영

촬영이란 카메라를 이용하여 감광유제에 상을 기록하는 작업을 말한다. 감광유제란 필름이나 인화지가 빛에 반응하도록 만드는 감광성을 지닌 액체 상태의 물질을 말한다. 필름을 촬영하기 위해서는 기본적으로 카메라, 필름 그리고 빛이 필요하다. 카메라에 장착된 필름에 빛을 노출시킴으로써 필름에는 상이 맺히지만 사람의 눈으로는 볼 수 없는 상태의 상을 '잠상Latent Image'이라 한다. 이 때 사용하지 않은 필름은 암전상태를 유지해야 한다. 햇빛에 노출되면 필름의 기능을 상실하게 되기 때문이다.

2. 현상

잠상은 사람의 눈으로는 볼 수 없으며 불완전한 상태이다. 이러한 잠상을 안정된 상의 형태로 전환하고 사람의 눈으로 볼 수 있게 만드는 과정이 바로 '현상'이다. 필름에 화학 처리를 하여 사람의 눈으로 볼 수 있는 화상으로 전환하는 것이다. 촬영을 통해 만들어진 잠상은 현상처리 과정에서 검게 흑화되어 사람의 눈으로 볼 수 있게 되며, 빛에 많이 노출된 부분일수록 흑화의 정도가 강해져 최종 화상의 상태는 인간의 눈으로 보는 화상과 반대인 음화Negative로 형성된다.

3. 인화

현상 과정을 통해 잠상이 실상으로 변환되었으나 음화이기 때문에 사람이 볼 수 있는 명암과 동일한 양화Positive로의 전환이 필요하다. 이것이 바로 '인화'다. 인화를 하려면 빛이 완전히 차단된 암실이 필요하고, 이미지의 양화 전환과 크기 확대를 위한 확대기와 인화지의 화학 처리를 위한 화학 약품이 필요하다. 다시 말해, 인화란 이미지 사이즈를 사진가가 원하는 크기로 확대하거나 축소하고 현상에 의해 만들어진 음화를 양화로 전환하는 작업을 말한다.

　이처럼 사진이 만들어지는 과정에서 암전은 매우 중요하다. 암전이 없었다면 지난 3세기 동안 사람들의 애환을 담고 역사를 기록했던 필름용 카메라는 존재하지 않았을지도 모른다. 물론 이 과정이 디지털 카메라의 등장으로 사라졌지만, 사진애호가들에게는 여전히 필름용 카메라가 많은 사랑을 받고 이유는 바로 이 암전 때문일지도 모른다.

　인류의 역사에 있어서도 암전은 매우 중요한 역할을 했다. 암전이 없었다면 두려움과 공포에 떨었던 인류의 생활패턴을 혁명적으로 바꿀수도 없었을 것이고, 24시간 공장을 가동시키거나 밤을 생활터전으로 삼는 이들에게 구원의 빛을 선사해 줄 수도 없었을 것이다. 거기에 지대한 공헌을 한 인물이 바로 토마스 에디슨이다.

　1879년 10월, 미국의 토마스 에디슨은 탄소 필라멘트를 활용해 40시간 이상 꺼지지 않고 빛을 발하는 전구를 만들어 냈다. 그리고 이는 에디슨과 영국의 스완에 의하여 실용화되었다. 물론 이전에도 전구를 발명한 사람이 있었다. 영국의 화학자인 험프리 데이비는 아크등을 발명했지만, 빛이 지나치게 강해 주거용으로는 사용하기 어려워 실용화되지는 못했다.

　에디슨이 만든 것은 탄화炭化된 실을 진공상태의 유리구에 넣고 백금을 사용하여 바깥에서 연결한 것이었다. 그 뒤 에디슨은 종이와 대나무 등을 탄화하여 필라멘트를 만들었으며, 1894년에는 셀룰로스를 사용해 탄소 필라멘트 전구를 만들었다. 그러나 탄소 필라멘트 전구는 높은 온도에서는 탄소가 증발해 전구 안이 검게 되는 문제를 안고 있었다.

그러고 나서 1910년에 이르러 미국의 윌리엄 쿨리지가 텅스텐을 가는 선으로 만드는 데 성공하여 인선법引線法으로 강한 텅스텐 필라멘트를 만들어 냈다. 필라멘트로 텅스텐을 사용한 결과 탄소보다 온도를 높일 수 있었고, 빛은 자연광에 가까워졌으며 수명은 더욱 길어졌다.

그러나 높은 온도에서 전구의 필라멘트가 산화하여 점점 가늘어지다가 끊어지는 문제가 발생하자 1913년에 미국의 랭뮤어는 질소가스를 봉입하고 증발작용을 억제시켜 수명을 연장시키는 방법을 고안했다. 그 후 질소가스 대신 아르곤가스를 넣어 보다 높은 효율로 점등을 시킬 수 있었다. 아마 암전이 없었다면 에디슨은 전구 개발을 생각조차 하지 않았을지도 모른다.

〈I Just Called To Say I Love You〉를 만들고 노래한 스티비 원더는 시각장애인으로 탁월한 음악성을 자랑하고 있으며 '영웅교향곡'을 작곡한 루트비히 판 베토벤은 청각장애인으로 당대는 물론 오늘날까지도 많은 사람들의 존경을 받고 있다. 또한 작가 겸 사회사업가였던 헬렌 켈러는 시각장애인이자 청각장애인이었으며, 그녀의 스승인 설리반 선생님도 시각장애인이었다. 이들의 공통점은 장애를 가진 사람들이었지만, 마음의 눈으로 작품을 표현해 세계적으로 추앙받는 사람이 되었다는 것이다.

터키의 앙카라에는 에스레프 아메간이라는 손가락으로 그림을 그리는 신비한 화가가 있다. 일생에 단 한 번도 빛을 본 적이 없는 선천적인 시각장애인이 정상인보다도 그림을 잘 그린다. 그는 열 손가락에 눈이 달린 듯 손가락에 물감을 찍어 경치나 사물 등 어떤 대상이라도 정확하게 캔버스에 옮기는 신비한 능력을 가지고 있다. 왕성한 작품 활동으로 세계 여러 나라에서 국제 전시회를 개최하고, 영국 BBC와 미국 CNN 등 주요 미디어에 보도되면서 그의 신비한 능력이 세상에 널리 알려졌다.

[그림 7-3] 에스레프 아메간과 그의 그림

이처럼 세상은 눈으로만 읽는 것이 아니다. 마음과 가슴으로도 세상을 읽을 수 있다. 자기 자신에게 스스로 암전 상태를 만들어 보라. 눈으로 볼 수 없었던 많은 것들을 볼 수 있을 것이다.

연상

만약 당신이 사고력이 부족한 사람이라면 'A가 들어가면 B가 나온다.'
는 정도의 생각밖에 할 수 없을 것이다. 반면에 당신이 사고력이 뛰
어난 사람이라면 'A가 들어가면 B가 나오는데, C가 들어가면 D가 나올
까?'라는 물음을 던지고, D나 E와 같은 것들을 연결해 볼 것이다.

나카다 도요시는 자신의 저서인 『아이디어 창조기술』에서 연상에 대
해 다음과 같이 기술했다.

"인간이 지구상에 존재하는 다른 생명체들과 다른 점은 무엇일까? 개
인적으로 사고를 한다는 것이다. 그리고 이러한 사고작용을 통해 도출
한 아이디어를, 수단을 통해 물리적인 결과로 만들어 내는 능력이 아닐
까 생각해 본다. 그 결과 새로운 시도를 하게 되고, 그것이 변화와 혁신

을 통해 차별화된 삶으로 이어지게 만든 것이라 하겠다.”

그래서일까? 고대 그리스인들은 어떤 한 가지 사고에서 다른 사고를 이끌어 내는 '연상능력'을 매우 중요시했다고 한다. 연상은 어떤 한 가지 사물이나 현상이 전혀 다른 기억이나 생각을 불러일으키는 것을 말한다. 가령 어린 아이의 뺨을 만지면서 '부드러운 물 풍선'이나 '말랑말랑한 젤리', '막 만들어 낸 인절미' 등을 떠올리는 것을 말한다.

이와 같이 연상이란 A에서 B를 떠올리는 것으로, 일정한 법칙이 존재한다. 연상법으로는 연상을 할 때 조건을 두어 일정한 테두리 안에서만 연상하는 '강제 연상법'과 조건 없이 자유롭게 연상하는 '자유 연상법'이 있다. 강제 연상법에는 희망점 열거법, 결점 열거법, 체크리스트법, 형태 분석법이 있고, 자유 연상법에는 브레인스토밍, 브레인라이팅 등이 있다. 그리고 연상 방법에 따라 '접근 연상법', '반대 연상법', '유사 연상법', '인과 연상법'이 있다.

접근 연상법은 가까이에 있는 것을 연상하는 방법이다. 예를 들면 가을하면 낙엽, 낙엽 하면 쓸쓸함, 쓸쓸함하면 황혼, 황혼하면 '늙는다.' 또는 '노인'을 떠올리는 것이라고 할 수 있다. 따라서 가을이 되면 황혼의 쓸쓸함을 달랠 수 있는 '가을 야유회'나 '황혼 맞선'이라는 아이디어를 떠올릴 수 있을 것이다.

모터쇼에 가본 적이 있는가? 차 옆에는 왜 미인들이 서 있는 것일까? 미인들을 감상하기 위해서일까? 아니다. 연구 조사에 따르면 사람들은 미인이 서 있을 때 그 자동차가 더 멋있고, 더 성능이 좋고, 더 빠른 것 같은 느낌을 가진다고 한다. 즉 자동차를 생각하면 미인이 떠오르고, 미인을 생각하면 세련되고 성능이 좋고 빠른 모터쇼의 자동차를 생각하는 것이다. 그리고 이는 궁극적으로 구매로 연결된다.

유사 연상법은 모양이나 색, 경험이나 느낌, 이미지, 감촉 등이 비슷한 것을 연결해 가는 방법을 말한다. 형태 유사 연상이란 오징어를 보고 문어나 낙지를 떠올리는 것을 말하고, 기능 유사 연상이란 기와집을 보고 너와집을 떠올리는 것을 말하며, 이미지 유사 연상이란 고양이를 보고 호랑이를 떠올리는 것을 말한다.

당신은 기와집이라고 하면 무엇이 떠오르는가? 만약 통풍이 잘 되고 자연적으로 습기가 잘 조절되는 추억이 떠오른다면. 이러한 기능을 구현할 수 있는 유사한 주거형태로 통나무집이라는 아이디어를 떠올릴 수 있을 것이다. 그리고 조립식 통나무집을 짓는다면 건축 비용도 저렴하고 기와집의 기능을 대체할 수 있다는 생각까지 할 수도 있을 것이다.

반대 연상법은 서로 대립하는 것 즉, 반대되는 것을 떠올리는 연상법을 말한다. '경찰'이라고 하면 '도둑', '남자'라고 하면 '여자', '추녀'라고 하면 '미녀'를 떠올리는 것이다. 이것은 성형외과의 광고에서 흔히 사용하는 기법으로, 고객들에게 성형 전후를 비교해서 추녀를 미녀로 탈바꿈시켜 주는 곳임을 연상케 한다.

문제 해결 도구 중 하나인 '트리즈TRIZ'라는 아이디어 발상 기법도 대표적인 반대 연상법이라고 할 수 있다. 트리즈는 모순을 해결하는 데 매우 적합한 도구로, 모순이란 한쪽을 강화하면 다른 한쪽이 약화되는 현상을 말한다. 예를 들면 '저비용 고품질의 교육 프로그램', '저렴한 고기능 자동차'와 같은 것을 말한다. 이러한 모순은 제3의 대안을 활용하여 해결할 수 있다.

　인과 연상법은 원인을 통해 결과를 연상하거나 결과를 통해 원인을 연상해서 문제 해결을 모색하는 방법이라고 할 수 있다. 가령 갑자기 음료수 매출이 떨어졌다면결과, 문제 왜 그런지를 생각해 최근에 비 오는 날이 많았다는 것원인을 연상할 수 있을 것이다. 물론 가격이 올랐다거나 유통업체의 파업 등을 원인으로 연상할 수도 있을 것이다. 그리고 당해년도의 매출이 올랐다면 연말에 특별상여금에 대한 기대감을 가질 수도 있을 것이다. 동물들도 조련사의 지시에 잘 따르면 먹이를 얻을 수 있다는 연상을 한다. 다만 인간은 동물과 달리 원인과 결과를 연상하는 데 있어서 고도로 다양하고 복잡한 과정을 거친다는 점이 다를 뿐이다.

　1827년 독일의 과학자인 옴이 발견한 '옴의 법칙'에서는 전압과 전류라는 용어가 사용된다. 그런데 그것이 무엇인지 이해하기란 쉽지 않다. 우리 눈으로 볼 수 없기 때문이다. 그런데 교수법이 뛰어난 선생님들은 다음과 같이 전기 대신 물을 연상시켜 전압과 전류의 개념을 아주 쉽게 설명해 준다.

　"전압과 전류는 수압과 물이 흐르는 것이라고 보면 됩니다. 파이프를 통해 물을 어디론가 보내고 싶다면 수압이 필요한데, 물이 바로 전류이고 수압이 바로 전압이랍니다. 이해되죠?"

　농심의 성공도 그 중심에는 연상작용이 있었다. '맵다'라는 속성에 집중해 '신라면＝매운 라면', '매운 라면＝신라면'이라는 연상작용을 고객들의 마음속에 심어주어 농심은 라면 사업에서 신화를 만들었다.

스토리텔링

스토리텔링은 '스토리story + 텔링telling'의 합성어로 '이야기하다'라는 의미를 지니고 있다. 즉 상대방에게 알리고자 하는 바를 재미있고 생생한 이야기로 설득력 있게 전달하는 행위라고 할 수 있다. 스토리텔링 기법은 과거에는 문학 등 일부분에서만 국한되게 사용했지만 지금은 정치, 경제, 사회, 광고 등 거의 모든 분야에서 활용하고 있다.

2004년 7월, 존 케리를 대선후보로 선출한 미국 보스턴 민주당 전당대회를 통해 오바마는 지역 정치인에서 전국구의 스타 정치인으로 거듭난다. 그의 신데렐라와도 같은 대선에의 꿈은 그의 아버지, 어머니 이야기를 통해, 자신이 이렇게 성공할 수 있는 것은 바로 여기가 미국이기 때문이라는 오바마 판 아메리칸 드림으로 시작된다.

오바마는 자신의 정치 계획을 소개할 때에도, 그 계획을 자신의 이야기와 결부시키는 것을 잊지 않았다. 가령, 미국의 의료체제 개혁을 이야기할 때에도 그는 단순히 '미국의 의료보험 제도가 문제다!'라는 식으로 끝내지 않고, '내 어머니가 의료보험의 혜택을 못 받아 큰 고생을 겪었다.'라는 식으로 의료보험 제도를 자기 인생과 결부시켜 이야기했다.

이라크전쟁에 대한 반대 의견을 나타낼 때에도 마찬가지였다. 그는 '전쟁은 원래 나쁘다!'라는 식의 표현 대신 조국을 위해 열심히 싸웠지만 부상을 당한 후, 정부의 충분한 보호를 받지 못한 한 미군에 대해 이야기를 했다. 즉 정치적 사안을 효과적으로 묘사할 수 있는 사람의 이야기를 찾아내서 이를 잘 가공한 후 한 편의 이야기로 만들어 낸 것이다.

북핵에 관한 문제를 다룰 때에도 그는 레이건의 이야기를 빌려왔다. 미국 우파들의 절대적인 존경을 받는 레이건이 핵강대국인 소련과 상대할 때, 소련을 고립시키는 전략을 구상하는 대신 대화의 장으로 끌어냈고, 결국 소련에 대한 미국의 승리를 가져오는 데 공헌을 했다는 이야기를 함으로써 부시의 대북정책을 비판했다.

오바마는 이렇듯 자신의 이야기뿐만 아니라 지지자들의 이야기, 비록 다른 정치적 철학과 이념을 가진 사람일지라도, 자신의 필요에 적합한 이야기가 있으면, 그것을 적극적으로 활용했다. 그리고 마침내 그는 스토리텔링의 힘으로 미국 최초의 흑인 대통령이 되었다.

제품이나 브랜드도 마찬가지다. '브랜드 이미지 = 개성'이라고 볼 수 있기 때문에 제품의 개성을 창조하면 고객에게 좋은 이미지를 줄 수 있다. 이는 상품의 성능을 강조하는 USP Unique selling proposition 전략과는 반대되는 개념이다. 오늘날에는 성능과 기능, 품질이 좋은 제품이라도 상품에 스토리라는 옷을 입히지 않으면 팔리지 않는다.

지금으로부터 약 50여 년 전, 강신호 동아쏘시오 그룹 회장은 신제품 출시를 앞두고 간장을 보호한다는 이미지를 줄 수 있는 제품명 선정에 고민을 거듭하던 중 독일 유학 시절 시청 건물 부근에 있던 박카스 신상을 떠올린다. 박카스는 고대 로마신화에 나오는 술과 추수의 신으로, 신제품이 술로 인한 간장 보호에 중점을 두기 때문에 술을 관장하는 신의 이름에서 제품명을 가져오면 충분히 승산이 있다고 판단했다. 이에 따라 박카스로 결정된 제품명은 당시 의약품 이름이 회사명이나 성분명을 활용해 정해졌던 것과는 달리 로마신화 속 신의 이름을 차용했다는 점에서 파격적 시도로 꼽히고 있다.

이렇게 출시된 박카스정은 초기 종합 강장영양제라는 표지를 내걸고 셀링포인트 역시 술에 맞춰 간장 보호에 중점을 두었다. 특히 출시 초기 진행한 샘플 공세 작전은 박카스를 알리는 데 톡톡한 역할을 했다. 이 제품은 월간 매출이 1만 개100정 포장 단위에 이르는 등 성공적으로 시장에 진입하였다. 이후 박카스는 제품 개량을 통해 지금의 드링크 타입인 박카스D로 대대적인 공세에 나서 1963년에는 월평균 판매량 35만 병, 그 이듬해에는 월 평균 56만 병이라는 획기적인 판매고를 기록했다.

그러나 박카스의 성공가도에도 시련이 다가왔다. 1976년 정부가 약의 오남용을 일으킬 수 있다며 자양강장 드링크류의 일반 대중 광고를 전면 금지한 것이다. 이에 따라 박카스는 성장 침체기에 접어들게 되었고, 광고가 가능했던 식품 드링크가 시장을 잠식하게 되었다. 1993년 광고가 재개되기 전까지 박카스는 출시 이후 최대의 위기를 겪어야만 했다.

그리고 광고가 해금되자 마자 박카스는 기존 드링크제와는 차별화된 휴머니티 광고를 전개한다. 광고에 이야기의 옷을 입힌 것이다. 그렇게 탄생한 '새한국인 시리즈', '그날의 피로는 그날에 푼다', '젊음, 지킬 것은 지킨다', '피로회복제는 약국에 있습니다', '풀려라 오천만, 풀려라 피로' 등의 광고는 소비자들의 좋은 반응을 얻는다. 상품의 본연적 특성이 아닌 제조과정이나 에피소드 등으로 자연스럽게 소비자들의 공감을 이끌어 내는 스토리텔링 마케팅으로 성공한 것이다.

스토리텔링은 단순히 상품에 관한 이야기를 들려주는 것을 넘어 상품이나 브랜드에 담긴 의미나 추억이 될 만한 이야기를 들려줌으로써, 고객의 관심을 끄는 감성 지향적 커뮤니케이션 방법이다. 따라서 스토리텔링은 상품에 대해 아이디어를 도출하는 단계부터 체계적으로 기획해야 한다. 그때 반드시 챙겨야 할 구성요소는 다음과 같다.

1. 명확한 메시지

스토리에는 하나의 메시지만 담겨 있어야 한다. 목적지는 한 곳이어야 한다. 메시지는 상품의 차별성을 바탕으로 고객에게 어떤 관점에서 어떤 꿈을 전달할지를 명확히 설정함으로써 만들어 낼 수 있다.

· ex) 박카스 : 오천만의 피로 회복을 위한 자양강장제

2. 갈등

드라마나 영화에서도 악역이 있어야 주인공이 더욱 빛나듯이, 스토리텔링 역시 갈등이 분명해야 명확한 메시지를 전할 수 있다. 스토리에 갈등이 없다면 그 스토리는 생명력이 없는 것이다. 갈등을 극복하는 과정에서 기업과 상품은 진정으로 소중히 여기는 가치를 자연스럽게 표현할 수 있다.

· ex) **박카스** : 경쟁 제품의 비타민을 강조한 '음료' 와 자양강장제로서 피로 회복을
　　　　　위한 '약' 을 대립시켜 고객들에게 박카스에 대한 뚜렷한 이미지를 남
　　　　　겨줄 수 있었다.

3. 등장인물

스토리 속에는 앞서 언급한 갈등을 이끌어 나갈 등장인물들이 존재해야 한다. 그중에서도 주인공의 역할이 매우 중요한데, 주인공은 보편적이지만 다른 사람들과 달리 하나의 가치를 향해 갈등을 극복해 나가는 과정에서 군건한 자기희생의 모습을 보여주어야 한다.

· ex) **박카스** : 환경미화원 편
　　　　　"힘들지?"
　　　　　"아버지가 더 힘든걸요."

4. 플롯

플롯을 스토리로 해석하는 경우도 있으나, 스토리와 플롯은 약간의 차이가 있다. 스토리는 단순한 시간의 흐름이고, 플롯은 인과관계에 따라 진행된다는 점이 다르다. 즉 플롯은 인위적으로 조작된 구조라고 볼 수 있다.

· ex) **박카스**: 힘들다, 피곤하다 → 박카스를 마신다 → 피로가 풀린다

적시성

오늘날에는 고객에게 상품을 얼마나 빨리 공급하느냐가 매우 중요해졌다. 당신이 어떤 업종에 종사하건 변화의 속도가 매우 빠르기 때문에 스피드에 집중하지 않으면 성공 가능성은 크게 낮아진다. 창의성도 마찬가지다. 스피드를 동반하지 않은 창의성은 아무 의미도 없다. 시대에 뒤떨어진 규정과 규칙, 조직으로는 고객의 니즈에 부응하는 혁신적인 제품을 만들어 낼 수 없기 때문이다.

기업은 규모가 커지면 대개 일의 진행 속도는 늦어지게 마련이다. 물론 조직 구조가 복잡해져도 일이 효율적으로만 진행된다면 모든 일이 빠르게 진행될 수는 있을 것이다. 하지만 실상은 그와 정반대다. 조직이 커지면 관료화가 진행되고 의사결정이 복잡해져 업무를 진행하는 속도는 지연되기 마련이다 당신 회사에서 구매팀을 신설했다고 가정해 보자. 연필, 책상, 프린터 등 비품을 구매하기 위해서는 먼저 내부 결재라는 프로세스를 거쳐야 한다. 팀장까지 결제를 받으려면 족히 2일이 걸린다. 그리고 구매팀에 구매를 의뢰하여 최종 결정이 나기까지는 5일에서 한 달 이상이 걸리는 경우도 있다. 왜냐하면 구매팀은 각 부서들이 의뢰한 물품들을 종류별로 분류하고 일정 수량이 되기 전까지는 미루는 경우가 많기 때문이다.

급하게 물품이 필요한 경우에도 당신은 구매팀이 처리할 때까지 기다려야 한다. 필요로 하는 부서에서 가까운 판매점이나 인터넷을 통해 비슷한 가격에 쉽게 구매할 수 있는데도 말이다. 물론 전사적으로 많은 양을 구입하면 좀 더 저렴하게 구입할 수는 있겠지만, 정작 이 물품이 필요한 직원은 2주가 지나서야 물품을 받아볼 것이다. 아마 그때쯤이면 그 물품이 필요 없을지도 모른다.

고객도 마찬가지다. 필요한 때에 제대로 된 상품을 받아야 고객은 만족할 것이다. 오늘날에는 대부분의 기술, 즉 상품의 품질이나 성능이 대부분 평준화되어 있다. 이런 경우에는 상품을 고객에게 적기에 제공하는 것도 경쟁 우위를 가지는 방법이 된다.

암은 과거에는 불치병이나 다름없었지만 오늘날에는 의학의 발달로 조기에 발견해서 치료하면 대부분 완치할 수 있다. 그러나 치료 시기를 놓쳐 2기, 3기로 전이되면 치료가 불가능한 상황에 직면할 수도 있다. 고객도 마찬가지다. 원하는 제품을 원하는 시간에 제공하지 못한다면, 고객은 적기에 출시된 경쟁 상품을 선택할 것이다. 왜냐하면 고객의 니즈는 고정되어 있는 것이 아니라 항상 움직이고 있기 때문이다.

이것을 GE에서는 'Moon Shot'이라고 하며, 목표 고객은 항상 움직이고 있다는 뜻으로 쓰인다.

[그림 7-4] **움직이는 고객**

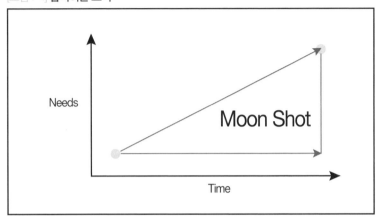

일본의 토요타 자동차가 GM을 타도하기 위해서 JIT Just in time라는 방식을 도입해 생산성을 획기적으로 향상한 적이 있다. 이 JIT는 재고를 쌓아 두지 않고서도 고객의 주문이나 수요에 따라 적기에 제품을 생산하여 고객에게 공급하는 방식을 말한다. JIT에서는 고객의 니즈에 맞지 않는 과정을 모두 낭비로 규정한다. 다품종 소량생산 체제를 구축하라는 요구에 부응해 적은 비용으로 고품질을 유지하며 적시에 고객에게 제품을 인도하기 위한 생산 방식으로, 자동화와 함께 토요타 생산방식의 한 축을 이루며, 고객과 시장의 요구에 유연하게 대응할 수 있고 대폭적인 리드타임 단축, 납기 준수, 재고 감소, 생산성 향상, 불량 감소 등을 가능하게 한다.

고객의 마음은 항상 변화하다. 이처럼 움직이는 고객의 요구에 부응

하기 위해서는 JIT와 같이 어떻게 하면 고객이 원하는 시점에 상품을 제
공할 것인지에 자원을 집중할 필요가 있다.

선택

창조적 아이디어를 실행할 때는 다른 사람이 무조건적으로 자신의 아이디어를 선택해 주기를 바라서는 안 된다. 늑대는 새끼가 위험에 빠지면 어미가 새끼의 목덜미를 물어 안전한 곳으로 옮겨 놓는다. 하지만 새끼 원숭이는 위험에 부딪히면 어미의 등에 필사적으로 매달린다. 늑대 새끼는 위기 상황에서 부모의 도움에 전적으로 의존하지만, 새끼 원숭이는 위기 상황을 스스로 극복한다.

우리는 과거의 산업사회에서 조직 구성원들을 늑대 새끼처럼 다루고, 기존 시스템을 바꾸거나 개인적인 위상을 드러내는 사람들을 내쫓았다. 그러나 오늘날에는 어떤가? 새끼 원숭이처럼 자신의 존재감을 드러내고 스스로의 노력과 선택으로 살아남을 것을 요구하고 있다.

당신은 어떤가? 창조하고 혁신하기 위해 지금 선택받기를 기다리는

가? 아니면 자신의 존재감을 드러내고 의견을 말하고 메시지를 전달하는 등 상황을 스스로 선택하기 위해서 노력하고 있는가?

당신은 백마 탄 왕자가 어느 날 갑자기 찾아와 청혼할 것이라고 믿고 있는가? 어느 유명한 CEO가 당신의 유능함을 발견해 함께 일하자고 제안할지도 모른다는 꿈은 결코 현실이 될 수 없다. 당신이 제안한 창조적 아이디어를 모든 사람들이 관심을 갖고 환영해 줄 것이라고 믿고 있지는 않는가? 당신이 선택을 기다리기만 한다면, 아무도 당신의 아이디어가 창조적이라고 말하거나 격려하거나 지지해 주지 않을 것이다.

어느 누구도 당신을 선택해 주지는 않는다. 당신 스스로 선택해야 한다. 독창적이고 창의적이며 혁신적인 아이디어일수록 사람들로부터 관심을 끌지 못하며 외면당하기 일쑤지만, 당신은 선택을 해야 한다.

가끔 신문을 보면 학과가 적성에 맞지 않아 재수하는 학생들이 증가하고 있다는 기사가 등장하곤 한다. 그 원인을 살펴보면 학과나 전공을 스스로 선택하지 않고 부모의 강요에 의해 선택된 경우가 대부분이다.

그렇다면 이렇게 강요된 학습 환경에서 성장한 아이들이 성인이 되어서 창조적 아이디어를 도출할 수 있을까? 그리고 성공적인 삶을 살아갈 수 있을까? 물론 강요된 환경에서 자랐어도 창의적인 아이디어를 도출할 수 있으며 성공적인 삶을 살 수 있다. 문제는 맹목적인 성공이 아니라 자신의 가치를 실현하는 성공이어야 한다는 것이다. "소신껏 이룬 성공이 아니면, 남이 보기에 좋아 보여도 스스로 좋다고 못 느끼면, 전혀 성공이 아니다."라는 안나 퀸드랜의 말을 기억하라.

스티브 잡스는 리드 대학 철학과를 중퇴하고, 빌 게이츠는 하버드 대학을 중퇴한 후 IT 산업의 거장이 되었다. 그들의 공통점은 대학을 중퇴한 것이 아니라 자신들이 하고 싶은 일을 선택했다는 것이다. 그 결과 사회적 성공뿐만 아니라 자신의 가치관도 실현하는 삶을 살 수 있었다.

2012년은 싸이의 해였다고 해도 결코 과언이 아니다. 〈강남 스타일〉로 유튜브 조회 건수 20억 뷰를 돌파했고, 지역과 나이를 불문하고 그 노래에 한 번쯤 어깨를 들썩이지 않은 사람이 없을 정도로 큰 인기를 얻었다. 그렇다면 싸이의 이런 성공 배경에는 어떤 것이 있었을까?

첫째, 기존의 마케팅 채널을 철저히 무시하고 고객과 직접 소통할 수 있는 인터넷망과 트위터, 페이스북 등 SNS를 제1채널로 선택했다는 것이다. SNS는 실시간으로 음악과 고객을 빠르게 연결시켜 주는 장점이 있다.

둘째, 누구나 쉽게 따라 배울 수 있는 노래와 춤이다. 특히 춤은 복잡함보다는 단순함을 선택해 재미있고 다이나믹하다. 일부 전문가를 위한 음악이 아니라 대중성 있는 음악을 선택한 것이다.

셋째, 사전에 철저히 계획된 것이 아니라 노래와 춤이 그때그때 즉흥적으로 연출되었다는 것이다. 사전에 철저히 계획하고 정해진 시나리오에 따라 만들어졌다면 과거 방식과 틀에서 크게 벗어나지 못한, 즉 창조적인 아이디어가 결여된 그런 노래와 춤이 탄생했을지도 모른다.

싸이와 기획사의 이런 새로운 선택은 전 세계에 한류를 불러오는 큰 역할을 했다. 앞으로 그의 선택이 기대된다.

8장

아이디어
분석 도구를 활용하라

SWOT와 3C/FAW

1. SWOT

SWOT은 기업 내부의 강점 및 약점과 외부환경의 기회요인 및 위협 요인을 분석하고 평가한 후, 이들을 서로 연관시켜서 전략적 과제를 도출하는 분석 도구로, 3C / FAW와 함께 널리 활용되고 있다.

[그림 8-1] SWOT 분석

		내부환경 요인	
		강점 (Strengths)	약점 (Weaknesses)
외부환경 요인	기회 (Opportunities)	SO 내부강점과 외부기회 요인을 극대화	WO 외부기회를 이용하여 내부약점을 강점으로 전환
	위협 (Threats)	ST 외부위협을 최소화하기 위 해 내부강점을 극대화	WT 내부약점과 외부위협을 최소화

그렇다면 SWOT 분석은 어떤 절차를 거칠까? 다음은 SWOT 분석을 진행하는 절차다. SWOT 분석을 실시할 때 이 순서를 따른다면 효율적일 것이다.

1. 기업 내부의 강점을 기술한다.

예) 핵심 기술, 핵심 프로세스, 현대적 생산 시설, 특허권, 핵심 인재, 품질관리 능력, R&D 역량, 안정적인 재무 등

2. 기업 내부의 약점을 기술한다.

예) 제한된 상품, 높은 이직률, 지속적이고 반복적인 노조쟁의, 경영층의 리더십 부재 등

3. 외부적인 기회요인을 도출한다.

예) 출산장려금 지원, FTA체결, 중국 여행객 증가, 임플란트 보험 적용, 소득증가 등

4. 외부적인 위협요인을 도출한다.

예) 새로운 경쟁자의 출현, 약가 인하, 시장개방, 소비자 욕구의 변화 등

[그림 8-2] SWOT 분석 예시

5. 전략과제를 도출한다.

[그림 8-3] SWOT 분석을 통한 전략

1) **기업 내부의 강점과 외부의 기회요인 측면**(SO) : 내부 장점과 외부 기회요인을 극대화할 수 있는 전략 과제를 도출한다.

2) **기업 내부의 약점과 외부의 기회요인 측면**(WO) : 외부 기회요인을 활용하여 내부 약점을 강점으로 전환하는 전략 과제를 도출한다.

3) **기업 내부의 강점과 외부의 위협요인 측면**(ST) : 외부 위협요인을 최소화할 수 있도록 내부 강점을 극대화할 수 있는 전략 과제를 도출한다.

4) **기업 내부의 약점과 외부의 위협요인 측면**(WT) : 내부의 약점과 외부의 위협요인을 최소화할 수 있는 전략 과제를 도출한다.

6. 도출된 전략 과제에 대한 평가 기준을 설정한다.

7. 평가 기준에 따라 평가하고 핵심과제를 선정한다.

도출된 전략 과제들을 평가 기준에 따라 평가하여 핵심 실행과제를 선정한다.

8. 실행계획을 수립하고 실행한다.

이런 과정을 거치면 다음과 같은 과제를 도출할 수 있다.

[표 8-1] SWOT Matrix 과제 도출 예시

내부환경 분석 외부환경 분석	강점(S) · 브랜드 이미지 · 시장점유율 · 설치능력	약점(W) · A/S대응력 미흡 · 정보수집 능력 · 제품품질 저하
기회(O) · 아파트 분양금액 차별화 · 대형프로젝트 허가 · 그린벨트 해제	SO · 고급형 제품 개발 · 설계사무소 Spec-in 참여 · 대형할인점	WO · PM제도 도입 · 건설사 입찰 동향파악 · A/S망 구축
위협(T) · 정부규제정책 · 공사중단 및 취소 · 건설경기 위축	ST · 계약전후 업체 신용도 조사 · 소형거래선 발굴	WT · 업체 자금사항 파악 · 신제품 적극 홍보

2. 3C/FAW

3C는 사업환경을 구성하는 요소인 고객, 자사, 경쟁사를 말하며, 자사와 경쟁사가 고객에게 어떻게 대응하고 있는지를 분석하여 전략 과제 등을 도출하는 데 활용되는 도구이다. 최근 들어서는 기업경영에 유통채널이 막대한 영향력을 발휘함에 따라 3C에 채널Channel을 추가하여 4C로 분석하는 경우도 많다.

그런데 사업의 시야를 좀 더 넓혀보면 자사, 경쟁사, 고객 이외에도 영향을 미치는 요인이 하나 더 있음을 알 수 있다. 바로 정부정책이나 국제관계처럼 경영이나 사업환경에 영향을 미치는 거시적 요인인 FAWForce at Work로, FAW 분석은 전략수립 등에 널리 활용되고 있다.

그렇다면 3C/FAW 분석은 어떤 과정을 거치는 것일까?

[그림 8-4] 3C&FAW분석 포인트

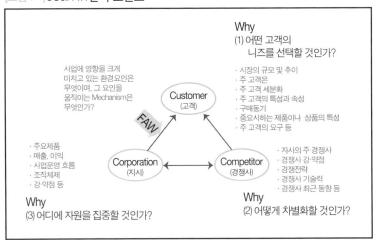

[그림 8-5] 고객 분석 예시

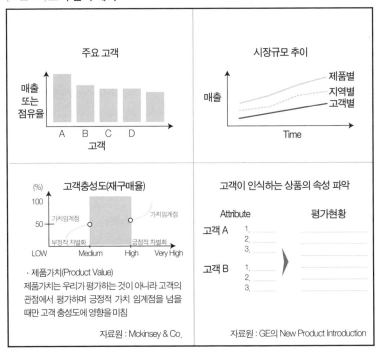

1. 고객을 분석한다.

시장에서는 하나의 고객을 대상으로 여러 기업이 경쟁한다. 따라서 고객을 분석하는 것은 전략의 방향을 결정하는 데 매우 중요한 요소다.

예) 고객의 특성, 욕구, 구매력, 니즈의 변화, 구매 패턴, 관련 지식, 정보력, 선호하는 채널, 시장 선도자, 사회적 영향력 등

2. 경쟁사를 분석한다.

경쟁사 분석은 차별화 포인트를 도출하기 위한 것이다. 스티브 잡스처럼 혁신적인 상품을 개발하는 경우에는 경쟁사나 고객의 니즈 분석이 중요하지 않다고 생각하는 경우도 있다. 하지만 그것은 일시적인 현상일 뿐이다. 기술은 곧 평준화되기 때문이다.

예) 강점과 약점 분석: 자본력, R&D 능력, 설비, 인적 역량, 상품 구조 등

[그림 8-6] 경쟁사 분석 예시

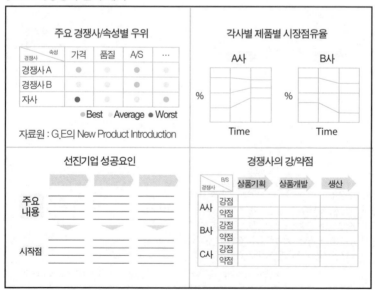

자사를 분석한다.

자사가 가진 핵심 역량, 즉 핵심 자산, 핵심 기술, 핵심 프로세스가 무엇이며 어느 정도 수준인지 잘 모르는 경우가 많다. 그러면 경쟁 우위 전략을 수립할 수 없으며, 자원의 효율적 활용이나 배분도 큰 난관에 봉착할 수 있다.

　예) 강점과 약점 분석 : 고객에 대한 정보력, 유통채널, 보유기술, 핵심 프로세스 등

FAW를 분석한다.

FAW란 경영이나 사업환경에 영향을 주는 거시적인 요인을 말한다. FAW 분석은 그 영향에 따른 대책을 세우는 것이 매우 중요하다. 외부환경의 변화가 시장 및 자사에 어떤 영향을 미칠지를 파악하기 위해 "So What?", "So How?" 와 같은 질문을 던져 그 의미를 찾아야 한다.

[그림 8-7] **자사 분석 예시**

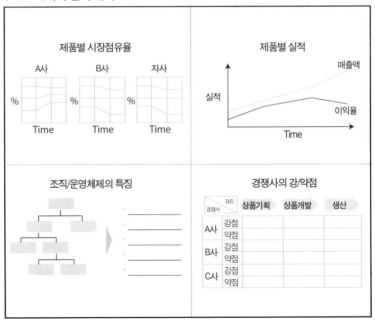

5. 전략 과제를 도출한다.

6. 도출된 전략 과제에 대한 평가 기준과 평가 기준별 평가비중을 설정한다.

7. 도출된 전략 과제를 평가 기준에 따라 평가하고 핵심 전략 과제를 선정한다.

도출된 전략 과제를 경제성, 안전성, 확대성, 실행 가능성 등 평가 기준에 따라 평가하고 핵심과제를 선정한다.

8. 핵심 전략과제에 대한 실행 프로그램을 개발한다.

SWOT 분석과 3C/FAW 분석은 매우 유사한 구조를 가지고 있다. 전략 과제를 도출할 때는 하나의 도구만 사용할 때도 있지만, 여러 가지 도구를 결합해 분석하는 경우도 있다. 이럴 경우에는 SWOT 분석과 3C/FAW 분석은 중복 사용을 배제하는 것이 좋다.

[그림 8-8] 3C/FAW vs SWOT

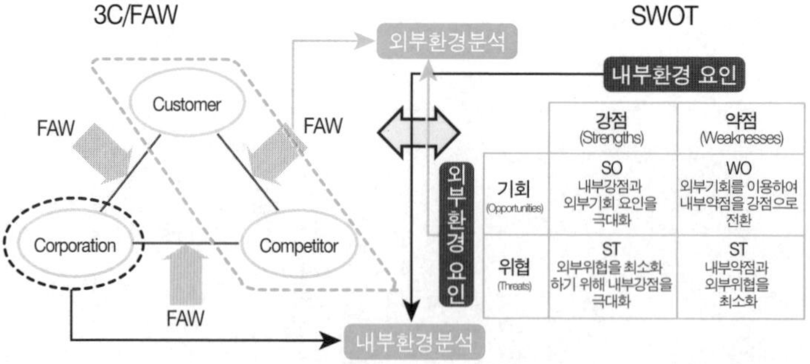

[표 8-2] 두 가지 이상의 분석도구를 활용한 예시

3C/FAW ＼ 4P	고객/환경	자사/경쟁사	
Products	· 새로운 콘셉트의 제품 요구 증대 · 중고등학생의 톡톡 튀는 디자인 선호도 증가	· 경쟁사에 비해 제품개발 경험이 부족함 · 다세대상품개발계획에 따라 구체적인 필요기술확보 방안이 수립되어 있음	· 상품개발 핵심인재 육성시스템 구축 · 상품개발 프로세스 재설계
Price	· 가격과 품질을 동시에 요구 · 정부의 물가 안정 정책 강화	· 경쟁사의 공격적 가격전략 · 동남아시아 저가제품의 국내시장 진입 · 경쟁사의 원가혁신 노하우 확보	· 부품 공급자 신규개발
Place	· 고객들의 대형 점포 선호도 증대 · 서비스 센터에 대한 접근성 용이	· 초대형점 유통망 재편성 · A사의 서비스 센터 M&A · 유통망 관리 시스템 부재 · 물류 비용의 증대	· 선진 물류시스템 도입
Promotion	· 브랜드 민감도 증가 · 상품에 대한 정보 수집의 용이성 · 옥외광고 규제 강화	· CI 및 사명 변경 · 브랜드 인지도 저하 · 광고 경쟁력 취약 · 판촉 차별화 불충분	· 브랜드 경영 강화

· 내부 기술 컨설팅 그룹 신설　· 고객 니즈 분석 프로그램 개발

시장 세분화

시장고객은 특정 상품을 필요로 하는 모든 예상 소비자들의 집합체로서, 상품을 구입할 니즈와 욕구를 가지고 있다. 시장은 수요량, 구매능력, 지리적 입지, 구매태도 및 습관 등 여러 변수들의 차이에 따라 수요의 이질성이 발생한다.

시장 세분화Segmentation란 특정 시장을 서로 다른 마케팅 믹스를 요구하는 고객군으로 나누는 것으로, 수요의 이질성에 따라 특정 상품의 전체 시장을 몇 개의 세분화된 시장으로 분류하는 것을 말한다. 여기에서 마케팅 믹스는 표적시장에서 마케팅 목표를 달성하기 위해 기업이 활용하는 마케팅 도구의 집합을 말하며, 일반적으로는 4PProduct, Price, Place, Promotion를 가리킨다.

시장 세분화의 목적은 궁극적으로 자사의 역량과 자원을 효율적으로 활용하기 위한 최적의 목표시장^{고객}을 선정하는 것을 말한다. 그렇다면 본격적으로 시장 세분화에 대해 알아보자.

[그림 8-9] **시장 세분화**

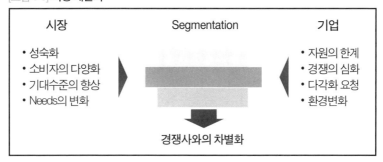

1. 시장 세분화의 이점

1) 경영 전략이나 마케팅 전략을 효과적으로 실행할 수 있다.

2) 마케팅 믹스를 효과적으로 조합할 수 있다.

3) 시장의 변화에 신속하게 대처할 수 있다.

4) 자원을 효율적으로 이용할 수 있다.

5) 표적시장의 특성에 따라 마케팅과 소요 예산을 효과적으로 수립할 수 있다.

2. 시장 세분화의 기준

1) **지리적 변수(Geographic Variables)를 이용한 세분화** : 지역, 국가, 지방 등 지역에 따라 시장을 나누는 것

2) **인구통계학적 변수(Demographic Variables)를 이용한 세분화** : 성별, 생애주기, 소득 등에 따라 시장을 나누는 것

3) **심리도식적 변수(psychographics Variables)를 이용한 세분화** : 사회적 지위, 라이

프 사이클, 성격 등에 따라 시장을 나누는 것

4) **행동적 변수(Behavior Variable)를 이용한 세분화** : 사용 경험, 충성도, 제품에 대한

태도, 고객이 추구하는 편익 등에 따라 시장을 나누는 것

3. 시장 세분화의 요건

어떠한 형태든 회사 이익과 연계하는 것이 필요하다.

1) **측정 가능성** : 구매시장의 인구와 구매력을 측정할 수 있어야 한다.

2) **접근 가능성** : 세분시장에 접근할 수 있는 적절한 수단과 방법이 있어야 한다.

3) **규모성** : 하나의 세분시장은 이익을 낼 만큼 어느 정도의 규모가 있어야 한다.

4) **행동 가능성** : 세분화된 시장을 유인하고 영업활동을 할 수 있도록 마케팅 프로그

램을 구성할 수 있어야 한다.

4. 시장 세분화 절차

[그림 8-10] **시장 세분화 절차**

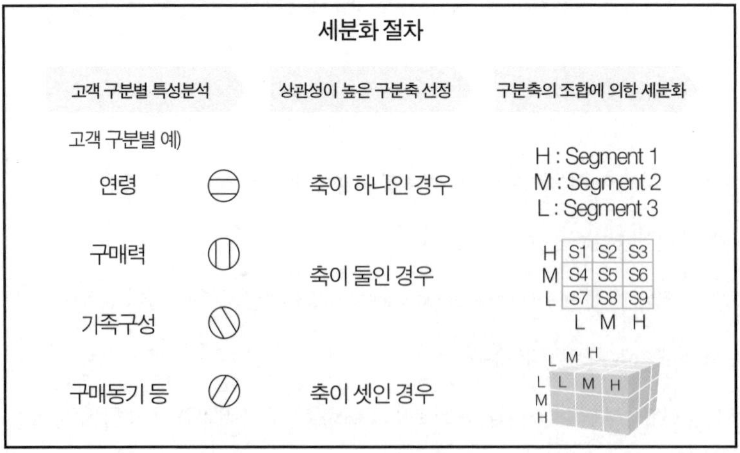

5. 시장 세분화 예시

[그림 8-11] 개폐기의 시장 세분화 예시

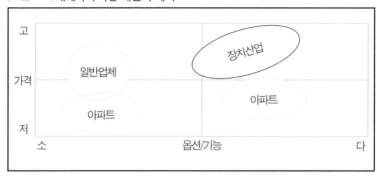

[그림 8-12] 냉장고의 시장 세분화 예시

산업구조 분석

산업구조 분석이란 어떤 산업 내의 5가지 경쟁관계를 분석하는 것을 말한다.

산업구조 분석의 첫 번째 목적은 특정 산업의 매력도를 확인하는 데 있다. 산업의 매력도란 특정 산업에 진입한 기업의 장기적 투자수익률로 측정될 수 있는 이익잠재력을 말한다. 산업의 매력도는 제품시장에 대한 투자 결정에 매우 중요한 기준이 된다. 특정 산업에 진입할 때, 그 성공 여부는 기업의 경쟁적 강점, 약점이 어디에 있느냐와 산업의 매력도에 따라 좌우된다.

산업구조 분석의 두 번째 목적은 특정 산업에서 성공할 수 있는 핵심 성공요인이 무엇인지를 파악하여 전략 과제를 도출하는 것이다. 어떤 산업에서 경쟁하려면, 최소한 그 산업이 요구하는 핵심적인 성공요인을 만족시켜야 한다. 만약 성공을 위해 반드시 필요한 요소에서 전략적 약점을 가지고 있고, 이러한 약점이 잘 구상된 전략에 의해 극복되지 않는다면 그 기업의 경쟁력은 약화될 수밖에 없다. 기업의 지속적 경쟁 우위는 대개 이러한 핵심적인 성공요인에 근거한다. 성공하는 기업이 되려면 이러한 부분에서 경쟁 기업보다 강점을 갖고 있어야 한다.

그렇다면 산업구조 분석에는 어떤 내용이 포함될까? 다음의 것들이 포함된다.

1. 산업구조 분석 내용

1. 기존 경쟁 기업

기존 경쟁 기업과의 경쟁강도는 경쟁 기업의 수, 제품 차별화 정도, 고정비가 전체비용에서 차지하는 비율, 진입장벽 및 철수장벽의 유무 등에 따라 달라질 것이다. 경쟁 기업이 많으면 많을수록 경쟁은 더욱 심해지며 특히 그들의 목표와 전략이 다양한 경우 경쟁은 더욱 심해진다. 제품 차별화가 어려울수록 가격경쟁이 심해질 것이고 따라서 수익성은 크게 떨어지게 된다. 고정비용이 높은 산업일수록 설비가동률을 높이기 위해서 가격경쟁을 시도하려 할 것이다.

2. 잠재적 경쟁 기업

잠재적 경쟁 기업이 실제로 기존 시장에 진입하는 것은 진입장벽의 크기에 달려 있다. 그래서 진입장벽 분석은 미래의 경쟁강도와 수익성

수준을 추정하는 데 있어서 중요하다. 진입장벽에는 필요한 투하자본, 규모의 경제, 유통경로, 제품 차별화 등이 있다.

3. 대체제

대체재는 가장 직접적인 경쟁자보다는 경쟁의 강도가 낮은 기업들에 의해 생산되는 경우가 많다. 이들 대체재는 시장 내에서 본래의 상품과 실질적으로 경쟁을 하고 있으며, 그 산업의 수익성에도 결정적으로 영향을 미칠 수 있다.

4. 구매업체의 교섭력

고객이 상대적으로 판매자보다 더 힘이 있다면 고객은 그 기업의 수익성에 영향을 미치는 가격인하와 높은 서비스를 요구할 수 있을 것이다. 특정고객의 구매량이 판매자의 전체 매출액에서 큰 비중을 차지하거나, 구입선을 바꿀 수 있거나, 고객 주도하에 후방통합을 할 수 있을 때, 고객의 교섭력은 높아질 것이다.

5. 공급업체의 교섭력

소수 기업에 의해 공급이 집중적으로 이루어지거나 고객사가 다양한 사업을 하는 경우, 상대적으로 공급자의 가격 영향력이 크게 마련이다. 이러한 교섭력은 공급자를 교체할 경우, 감수할 전환 비용이 높다면 더욱 커진다.

그렇다면 산업구조 분석에는 어떤 모델들이 있는지 다음의 그림을 통해 알아보자.

2. 산업구조 분석 모델

[그림 8-13]5Fs 모델

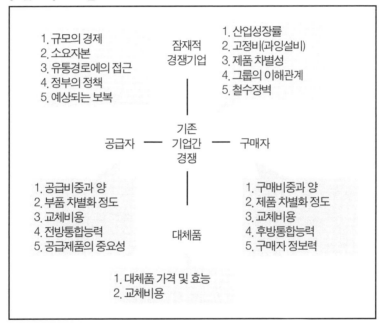

Fishbone Diagram

문제를 해결하려면 숲과 나무를 모두 볼 수 있는 시야를 가져야 한다. Fishbone Diagram, Logic Tree, Mandal Art는 숲과 나무를 모두 볼 수 있는 요건을 모두 만족시키는 도구로서, 사용 목적과 사용 방법도 매우 유사하다.

Fishbone Diagram漁骨圖은 문제의 근본 원인을 찾아내는 과정을 그림으로 나타낸 것으로서, 물고기의 뼈 모양을 하고 있다고 해서 이렇게 이름이 붙여졌다. 문제의 원인들을 대분류, 중분류, 소분류와 같이 하위 단계로 전개해서 근본 원인을 찾고, 원인과 결과 사이의 인과관계를 찾아내는 데 주로 사용된다.

그럼 먼저 Fishbone Diagram의 작성 절차에 대해 알아보자.

1. 문제를 도출한다. 업무상 발생하는 여러 가지 문제를 도출한다.

2. 핵심문제를 선정한다. 도출된 문제를 평가 기준에 따라 평가한 후 핵심문제를 선정한다.

3. Box를 그린다.

4. Box안에 핵심문제를 기입한다.

5. 선을 긋고 화살표를 표시한다. 핵심문제를 기입한 Box까지 왼쪽에서 오른쪽으로 선을 긋고 화살표를 표시한다.

6. 원인을 도출한다.

1) 큰 가지를 그리고 1단계 원인을 기입한다. 제조현장에서는 큰 가지에 4M Man, Machine, Material, Method 등을 기술한다. 마케팅에서는 큰 가지에 4P Product, Price, Place, Promotion 등을 기술한다.

2) 작은 가지를 그리고 2단계 원인을 기입한다.

3) 더 이상 원인 도출이 불필요할 때까지 하위 분류로 전개해 나간다.

4) 원인을 도출 할 때에는 브레인스토밍 등을 활용해 진행한다.

[그림 8-14] Fishbone Diagram 모델

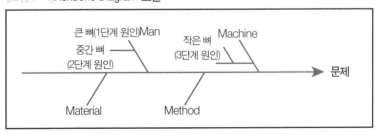

7. 원인을 확인한다.

1) 누락된 원인은 없는지 확인하고 추가한다.

2) 문제와 원인과의 인과관계가 명확한지 체크해 본다.

8. 근본 원인을 선정한다.

1) 평가 기준에 따라 맨 마지막 단계의 원인을 평가한 후 근본 원인을 선정한다.

2) 근본 원인으로 선정된 부분에 밑줄이나 색깔로 표시한다.

9. 관련사항을 기입한다. 특성 요인도가 완성되면 제목, 작성날짜 및 작성자 등 관련 사항을 기입한다.

그렇다면 Fishbone Diagram의 용도는 무엇일까? 다음의 용도로 사용된다.

1. 개선, 해석용 : 품질향상, 능률향상, 원가절감 등을 목표로 현황을 해석하거나 개선활동을 할 때 사용한다.

2. 관리용 : 불량의 발생 등 이상발생의 원인을 파악하고 이에 대한 조치용으로 사용한다.

3. 작업표준 작성용 : 작업방법, 관리방법 등 작업표준의 제정 및 개정을 할 때 사용한다.

4. 교육용 : 신입사원의 교육 및 작업방법 설명 시 사용한다.

마지막으로 Fishbone Diagram의 사례를 한번 보자.

[그림 8-15] Fishbone Diagram의 예시

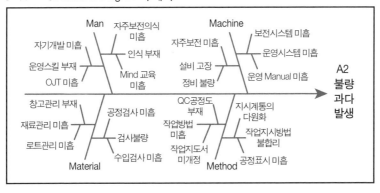

Logic Tree

Logic Tree는 주어진 문제나 과제 등에 대해서 서로 논리적으로 관련이 있는 하부 과제들을 MECE 원칙에 따라 나무 형태로 전개한 것을 말한다. 여기서 MECE란, '각 요소 간에 서로 중복되지 않고 빠짐이 없으며 각 요소의 합이 전체와 일치하는 것'을 뜻한다. 이것은 특히 논리적 사고를 촉진하고, 폭 넓은 아이디어를 창출할 수 있는 장점을 가지고 있다.

[그림 8-16] MECE란 무엇인가?

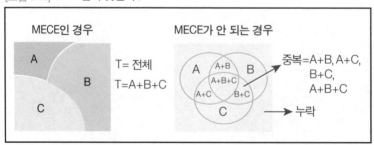

그렇다면 Logic Tree는 어떤 절차를 거처 작성될까?

1. 작성 목적과 목표를 기술한다.

2. Initial Question을 기술한다.

1) **목적** : 분석 대상과 범위를 명확히 할 수 있다.

2) **주어와 술어의 형태로 기술한다.**

예) 금융비용이 증가하는 원인은 무엇인가?

3. 논리축에 대한 분류 기준을 설정한다.

1) **논리축을 설정하기 위한 분류 기준을 정하는 것이다.**

2) **분류 기준에 따라 분석결과가 달라진다.**

예) 사람에 대한 특성 기준 : 성격, 체질을 파악하는 경우의 논리축 설정 예시

· 성격 : 주도형, 사교형, 안정형, 신중형

· 체질 : 태음인, 소양인, 태양인, 소음인

4. Logic Tree를 작성한다. MECE의 원칙에 의해 하위 단계를 전개한다.

1) **1단계 : 논리축을 작성한다.**

· 가장 광범위한 범위로 분류한다.

· 논리축은 2~3개가 적절하다.

· MECE의 원칙을 가장 철저히 지켜야 할 영역이다.

· 4M, 7S, 4P등 분석도구를 활용하면 효과적이다.

· Level의 크기가 같아야 한다.

· 용어에 대한 정확한 정의가 선행되어야 한다.

· 동전 뒤집기식 분류는 지양한다

2) 2단계 : Tree를 작성한다.

· 2단계는 1단계에서 분류된 각 항목에 대해 2개 이상의 Tree를 작성해야 한다.

· 2단계의 크기가 비슷한지 확인한다. → 크기가 다르면 조정한다.

[그림 8-17] 하위 구조의 좋은 예와 나쁜 예

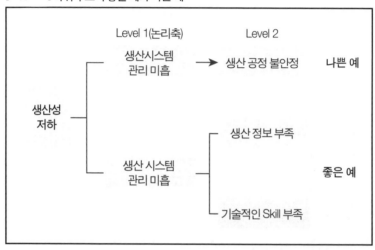

3) 3단계 : 하위 단계로 계속 분류한다.

· 2단계와 동일한 방법으로 분류한다.

· 더 이상 분류가 필요하지 않을 때까지 계속 전개한다.

5. 작성이 완료된 Logic Tree를 검증한다.

1) 동일 단계의 항목 간에 MECE 원칙이 준수되고 전후의 관계에 있어서는 인과관계가 명확한가?

2) 최종 분류된 것들이 주제에 관한 문제^{과제, 원인, 해결 방안} 전체를 포함하는가?

3) 중복이나 누락된 내용은 없는가?

4) 이해관계자와 내용을 공유했는가?

[그림 8-18] 하위 단계로 계속 분류의 예

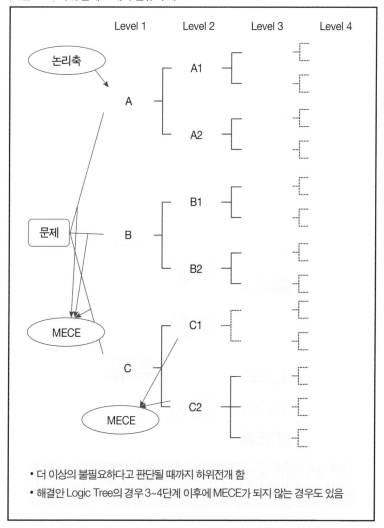

- 더 이상의 불필요하다고 판단될 때까지 하위전개 함
- 해결안 Logic Tree의 경우 3~4단계 이후에 MECE가 되지 않는 경우도 있음

6. 평가 기준을 선정한다.

7. 평가 기준에 따라 Logic Tree를 평가한다.

1) 가장 마지막 단계를 평가한다. 5단계까지 Tree가 작성되었을 경우 5단계만 평가

한다. 일부 항목은 2단계를, 일부 항목은 3단계를, 일부 항목은 5단계를 평가하면

안 된다.

2) 2 : 8의 원칙에 따라 20% 정도를 채택한다.

3) 문제를 도출하는 Logic Tree라면 핵심문제를, 원인을 분석하는 Logic Tree라면

근본 원인을, 해결안을 도출하는 Logic Tree라면 핵심 해결 방안을 선정하기 위해

평가한다.

8. 평가가 완료되면 목적에 따라 다음 단계를 진행한다.

원인 분석 Logic Tree라면 다음 Step은 문제를 발생하게 한 근본 원인을 제거하기

위한 해결 방안을 도출하는 것이다.

그럼 Logic Tree를 작성하는 요령에는 어떤 것이 있는지 알아보자.

1. Logic Tree는 체크리스트, 문제 도출, 문제의 원인 규명, 해결안 도출 등 다

양한 용도로 사용할 수 있으므로 활용 목적을 분명히 한다.

2. MECE의 원칙을 충족시키기 위해서는 전체집합을 명확히 해야 한다.

· 전체집합을 명확히 하지 않으면 MECE를 충족시키지 못한다.

· 명확한 용어를 사용하여 전체집합을 정의하고 자신이 보고자 하는 대상을 명확히

해야 한다.

· 각 단계별 가지들의 크기를 맞추어야 한다.

· 단계별 가지^{항목}들의 크기가 심하게 차이가 나면 왜곡된 Logic Tree가 된다.

· 단계별 가지들의 크기가 심하게 차이가 나면 1단계^{논리축}로 돌아가 논리축을 다

시 한 번 체크해 본다.

· 의미 있는 Logic Tree를 작성하였는지 체크해 본다.

· 핵심문제, 근본 원인 등 분석의 목적에 맞게 세부적인 단계까지 분석이 되었는지

　파악해 본다.

· 이미 작성된 Logic Tree를 참고한다.

· 실제로 작성하기 전에 Logic Tree 연습을 많이 한다.

다음은 Logic Tree 중 하나인 Why Tree의 사례다. 참고하기 바란다.

[그림 8-19] **Why Tree 작성 사례**

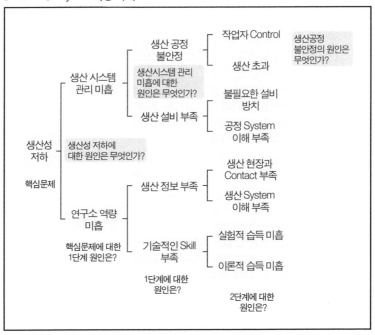

다음은 Logic Tree의 종류다. 작성 시 적절히 활용하기 바란다.

[그림 8-20] Logic Tree의 종류

종류	구조	목적
Why Tree	문제　원인　원인	문제에 대한 원인을 도출하고 분석함
How Tree	원인/과제　해결안　해결안	과제 해결이나 원인을 제거하기 위한 해결안을 도출함
What Tree	큰 요소　중간 요소　작은 요소	어떤 요소를 분해하여 그 요소의 구성 내용을 파악함
Strategy Tree	큰 전략　작은 전략　Action	자사의 전략을 개별 전략, 실행계획까지 세분화시킴
Concept Tree	주요 컨셉　보조 컨셉　보조 컨셉	주요 콘셉트를 보조 콘셉트로 분해
Action Tree	큰 방안　작은 방안　Action	해결 과제를 실행하기 위한 계획을 수립
Solution Tree	큰 해결안　중간 해결안　작은 해결안	해결안을 실행이 용이하도록 더 작은 과제로 세분화함
Technology Tree	핵심기술　기술 카테고리　각 기술	기술 카테고리를 분류하여 세부 기술을 도출함
Task Tree	기본 전략　개별 전략　과업	기본 전략을 실행하기 위해 무엇을 해야 할 것인지 그 과제를 구체적으로 표현함

Mandal-Art

Mandal-Art는 Logic Tree와 구조가 방사형으로 되어 있다는 것만 다를 뿐 용도 및 작성 방법은 같다. 다음은 Mandal-Art의 작성 예시다.

[그림 8-21] Mandal-Art 작성 예시

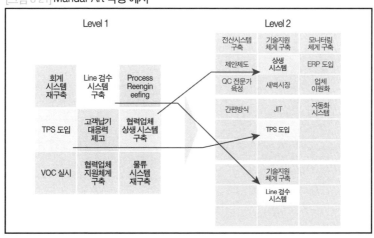

298   잠자는 창의력을 깨워라

9장

아이디어
발상 도구를 활용하라

브레인스토밍

유명한 광고인이자, 광고대행사 BBDO의 대표를 역임했던 A. F 오스본은 1953년에 자신의 저서인 『창의력을 펴라』에서 광고에 관한 아이디어를 내기 위한 회의방식을 생각해 냈다. 이것이 바로 후대에 브레인스토밍Brainstorming이다.

그렇다면 일반적인 회의와 브레인스토밍은 무엇이 다를까? 근본적인 차이점을 꼽는다면, 브레인스토밍에는 4가지 원칙이 있으며 이 원칙에 따라 회의를 진행한다는 것이다. 이것 때문에 일반적인 회의와는 전혀 다른 분위기와 결과를 낳는다. 브레인스토밍은 그 자체로도 아주 효과적인 아이디어 발상 기법이자 회의 기법이다. 이 기법은 희망점 열거법, Twist 시리즈Twist D, R법 등, 오스본의 체크리스트 기법 등과 함께 활용하면 더욱 효과적이다.

그렇다면 본격적으로 브레인스토밍에 대해 알아보자.

1. 브레인스토밍의 4대 원칙

1. 비판 엄금

상대방이 낸 아이디어를 비판한다면 어떻게 되겠는가? 상대방은 자신의 의견이나 생각을 자유롭게 제시하지 못할 것이다. 특히 상사의 비판을 받는다면, 상대방은 분위기가 움츠러들 수밖에 없다.

2. 자유분방

자유롭고 부드러운 분위기가 조성되어야만 창의적인 아이디어를 도출할 수 있다. 경직된 분위기에서는 창의를 관장하는 우뇌가 활성화되지 않는다.

3. 양의 추구

브레인스토밍에서는 무엇보다도 많은 아이디어를 도출하는 것이 중요하다. "좋은 아이디어 좀 내보세요."라고 말하면, 구성원들은 자신의 아이디어가 좋은 평가를 받지 못할까 봐 위축되어 아이디어를 내지 않게 된다. 아이디어가 좋고 나쁘고는 평가단계에서 판단하면 된다. 일단은 많은 아이디어를 도출할 수 있도록 구성원들을 독려하고 칭찬해야 한다.

4. 모방 추구

모방은 창조의 어머니라는 말이 있듯이 다른 사람의 아이디어에 편승하면 좋은 아이디어를 효과적으로 도출할 수 있다. 창의란 기존의 것을 조금 바꾸어 새로운 것을 만들어 내는 것이라고 했다. 이 세상에 완전히 새로운 것은 존재하지 않는다. 새로운 것이란 기존의 것을 모방하여 잉태된 결과물이다.

2. 브레인스토밍의 3대 요소

주제, 참석자, 리더를 브레인스토밍의 3대 요소라고 한다. 주제는 2~3일 전에 통보하는 것이 바람직하다. 너무 일찍 통보하면 주관부서나 이해관계가 민감한 사람이 아니고서는 잊어버리기 쉽다.

그리고 참석자는 5~8명 정도가 바람직하다. 참석자 중 적극적으로 발언하는 절대 인원은 정해져 있기 때문이다. 15명이 참석하든 8명이 참석하든 적극적으로 아이디어를 내는 사람은 4~7명 정도다.

주제는 참석자의 관심과 흥미를 이끌어 낼 만한 내용이어야 한다. 참석자와 무관한 내용의 주제라면 참석자는 무관심하기 마련이다.

또한 참석자와 리더는 상호 간에 신뢰를 하고, 리더는 참석자들에게 리더십이 있어야 한다. 따라서 리더는 주제에 대한 전문성과 책임감은 물론 파워도 가지고 있어야 하며, 사전에 철저히 준비하고 계획을 수립해야 한다.

[그림 9-1] 브레인스토밍의 3대 요소

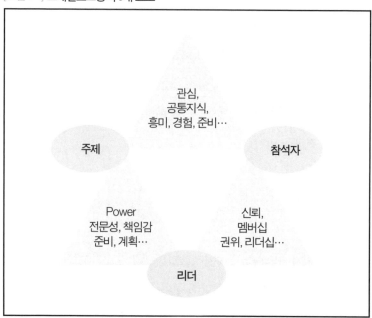

3. 브레인스토밍의 주제

브레인스토밍의 주제는 "~하자면 어떻게 하면 좋은가?," "중국 상하이에서 시장점유율을 높이려면 어떻게 하면 좋을까?"와 같이 창의적인 주제를 선정해야 하며, "A와 B 중 어느 쪽으로 할 것인가?"와 같이 판단력을 요구하는 제주를 선정해서는 안 된다. 그리고 주제는 누구나 쉽게 이해할 수 있도록 구체적으로 기술해야 한다. 또한 주제의 크기가 너무 크면 아이디어를 도출하기가 어렵기 때문에 Mandal-Art 등을 활용하여 작은 단위로 세분화한 후에 진행해야 한다.

4. 브레인스토밍 진행절차

1. 브레인스토밍 사전 준비

1) 브레인스토밍의 목적과 목표를 명확히 한다. 목적과 목표가 없는 브레인스토밍은 목적지 없이 출항하는 배와 같다.

2) 참석자를 선정한다. 참석자는 주제에 대하여 관심과 흥미가 있으며 주도적인 영향력을 발휘하는 사람을 우선 선정한다.

3) 브레인스토밍의 목적과 일정 및 주제를 참석자들에게 통보한다. 주제의 선정 배경과 목적 및 중요성을 구체적으로 기술하여 통보한다. 필요 시 참석자 들에게 사전 준비 사항을 요청한다.

2. 브레인스토밍 시작

1) 브레인스토밍의 4대원칙 등 진행상의 유의점을 설명한다. 브레인스토밍이 일반 회의와 다른 점은 4가지 중요한 원칙이 있기 때문이다. 이 원칙을 참석자들에게 구체적으로 설명하고 이해를 시킨다.

2) 브레인스토밍의 주제와 목적 및 목표를 설명한다. 주제와 목적을 명확히 설명하지 않으면 자칫 주제와 벗어난 발언을 하게 되어 회의를 효과적으로 진행할 수 없게 된다.

3) 참가자들의 긴장감을 풀어주는 아이스브레이킹을 실시한다. 4대원칙 중에 '자유 분방'의 원칙이 있는데, 사전에 긴장감을 풀어주지 않으면 분위기가 매우 침체되게 마련이다. 특히 무거운 주제를 다룰 경우 아이스브레이킹을 충분히 실시하여 긴장을 완화시켜야 한다.

4) 리더와 서기를 선정한다. 리더는 참가 전에 선정할 수도 있다. 리더와 서기는 브

레인스토밍의 성패에 막대한 영향력을 미치는 요소이므로 전문성과 적극성을 가지고 있으며 회의 진행 스킬을 훈련 받은 사람을 선정하는 것이 좋다.

5) 리더는 자유스러운 분위기를 조성하고 아이디어를 제안할 수 있도록 독려한다. 회의에 적극적으로 참여하지 않는 사람에게 발언의 기회를 많이 주고 칭찬과 격려를 아끼지 않는다. 적극적으로 발언하지 않는다고 비판해서는 안 된다.

6) 서기는 제안된 아이디어에 대하여 가감 없이 기술한다. 비슷하다고 생각되는 아이디어도 그대로 받아 적는다. 아이디어를 낸 사람의 숨은 의도가 다를 수 있기 때문이다. 정리 단계에서 아이디어를 제안한 참석자에게 내용을 확인하고 의도가 같은 아이디어라면 통합하면 된다.

7) 비판하는 사람이 있을 경우 브레인스토밍의 원칙을 다시 한 번 주지시킨다.
브레인스토밍 경험이 많지 않은 사람의 경우, 다른 사람의 아이디어를 비판하는 경우가 있다. 이때 리더는 브레인스토밍의 4대 원칙을 다시 한 번 주지시킬 필요가 있다.

8) 브레인스토밍이 끝나면 아이디어를 분류, 정리하고 보완한다. 유사한 아이디어는 통합하고 아이디어의 크기가 너무 크면 작게 세분화한다.

9) 도출된 아이디어에 대한 평가 기준을 선정한다. 주제를 고려하여 평가 기준평가 항목, 평가 요소과 평가 요소별 비중을 설정한다.

10) 평가 기준에 의거해 평가를 실시한다. 평가를 실시하는 단계에서는 평가 방법이 중요하다. 이때 중요한 것은 평가에 대한 객관성을 부여하기 위해서 참석자들이 동시에 점수를 공개하는 것이 좋다. 만약 순차적으로 점수를 공개하면 참석자 중 영향력이 큰 사람의 의도가 다른 사람들의 평가에 영향력을 미쳐 객관적인 평가가 어렵기 때문이다. 또한 평가 단계에서는 객관적인 시각으로 바라볼 수 있는

비전문가를 참여시키는 것도 효과적이다.

[표 9-1] 브레인스토밍 Worksheet

주제 : 중부지역의 시장점유율 25% 증진방안　　　　　　　　　　　팀명 : 도전39

	아이디어	평가				비고
		효과	실행 가능성	점수	판정	
1	영업스킬 향상 교육	4	5	9	채택	
2	영업성과급제 도입	5	2	7	채택	
3	고객 성향별 영업방안 도출	2	3	5	불채택	
·						
·						
·						
n					불채택	

5. 브레인스토밍 진행상의 유의점

1. 리더

브레인스토밍의 성공 여부는 리더의 리더십에 따라 좌우된다. 따라서 리더는 신중하게 준비하고, 효과적으로 회의를 진행해야 한다.

1) 자격

· 창의력 개발 과정을 수료한 사람일 것

· 창의력뿐만 아니라 분석력도 보통 이상으로 훌륭할 것

· 유머가 있으며 참석자들로부터 인정받을 만한 사람일 것

· 회의 진행 스킬이 뛰어난 사람일 것

· 전문성이 뛰어난 사람일 것

· 객관적인 균형을 가진 사람일 것

2) 진행/지도

· 회의 진행 전에 회의 진행절차와 방법 등에 대하여 서기와 충분하게 논의한다.

· 자유롭고 유쾌한 분위기를 조성하며 필요하면 워밍업을 한다.

· 회의 중에 비판하는 사람이 나오면 그것을 잘 조정한다.

· 동일한 아이디어가 나오더라도 서기가 받아쓰도록 한다.

· 다른 사람의 아이디어를 모방하도록 결합이나 개선을 장려한다.

· 특정인을 지목하여 아이디어를 요구하지 않는다.

· 아이디어가 잘 도출되지 않을 경우 특성 열거법, 결점열거법, Twist기법 등 다양한

  아이디어 발상 기법을 활용하도록 한다.

· 원론이 나올 때는 "어떻게 하면 그렇게 할 수 있을까?" 를 물어 아이디어를 구체화

  한다.

· 새로운 각도에서 아이디어를 도출할 방법이 있는지 살펴본다.

· 브레인스토밍의 원칙에 따라 회의가 진행되도록 멤버들을 지지하고 격려한다.

3) 정리

· 이해가 되지 않는 아이디어는 제안자에게 아이디어의 의미를 물어본다.

· 유사한 아이디어는 통폐합한다.

· 도출된 아이디어는 서기와 함께 분류하고, 정리해서 참가자에게 배포하거나 공지

  한다.

2. 서기

1) 자격

- 창의력 과정을 수료한 사람일 것
- 알기 쉬운 글자로 빨리 쓸 것
- IT 활용능력이 뛰어날 것
- 요령을 파악하는 능력이 있을 것

2) 역할

- 가능한 한 아이디어를 원안대로 기록한다.
- 일련번호를 붙이면서 기록한다.
- 양을 자극할 수 있으면 평가 시 용이하다.
- 주제와 관련하여 리더와 수시로 커뮤니케이션 한다.
- 아이디어를 분류하고 정리한다.

3. 참석자

- 다른 사람의 아이디어에 편승하기 위해서 타인의 말을 적극적으로 경청한다.
- 아이디어를 말하려 하지 말고 떠오르는 생각을 이야기한다.
- 아이디어가 나올 때마다 "참 좋은 생각입니다." 라고 상호 격려하고 지지해 준다.

6. 브레인스토밍 후의 작업

1. 아이디어의 확인과 수정

브레인스토밍으로 도출된 아이디어의 대부분은 원론에 가깝거나 완결성을 가진 것이 많지 않을 것이다. 그리고 비판 엄금과 자유분방이란 브레인스토밍의 원칙 때문에 표현이 모호한 것도 많을 것이다. 따라서 도출된 아이디어를 확인하고 수정해야 다음 작업과 연계하는 데 효과적이다.

1. 목적 : 아이디어의 분류와 평가를 하기 위해 실시한다.

2. 확인 및 수정 절차 : 도출된 아이디어를 하나하나 검토하여 '과제와 관련성이 있는 아이디어인가?', '아이디어다운 표현인가?'를 확인한 후, 부적합한 것은 수정하고 보완한다.

2. 아이디어의 분류

1. 목적 : 누락된 아이디어를 찾아내어 추가적인 아이디어를 도출하고 아이디어의 평가 및 구체적인 방안을 도출하기 용이하도록 하기 위해서 실시한다.

2. 분류 절차 :

1) 동일하거나 유사한 아이디어가 있으면 이것을 모아서 그루핑한다.

2) 1차 그루핑이 완료되면 이것들을 다시 유사한 것끼리 묶어서 최종적으로 7개 정도의 그룹이 될 때까지 이러한 과정을 반복한다.

3. 아이디어의 평가

1. 목적 : 아이디어의 품질을 평가하고 구체적인 방안을 도출하기 용이하도록 하기 위해 실시한다.

2. 평가 방법

1) 평가 기준을 선정함

- 평가 기준(평가 항목, 평가 요소)은 크게 효과와 실행 가능성이라는 측면에서 설정하며 목적에 따라 평가 기준은 다양화할 수 있다.

  예) 경영성과 기여도, 긴급도, 확대성, 난이도, 투자비용 등

2) 아이디어의 평가

- 평가 기준이 정해지면 평가자가 동시에 점수를 제시하여 평균점수를 기록한다.

- 평가자 간 편차가 클 때는 평가점수를 조정한다.

3) 아이디어의 판정

- 효과와 실행 가능성이 모두 큰 경우(大, 大)→채택

- 효과는 크나 실행 가능성이 작은 경우(大, 小)→채택

- 효과는 크지 않으나 실행 가능성이 큰 경우(小, 大)→불채택

- 효과와 실행 가능성이 모두 작은 경우(小, 小)→불채택

- 평가에 대한 관대성으로 인하여 전체 아이디어 중 채택으로 선정된 아이디어의 수가 많을 수 있다. 이런 경우, 채택된 아이디어의 수가 전체 아이디어의 5~7%가 될 때까지 반복하여 평가를 실시한다.

[그림 9-2] **아이디어 판정**

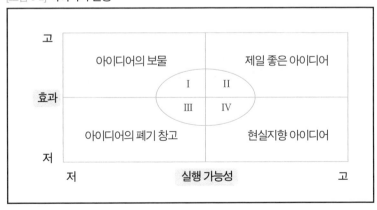

4. 아이디어의 분류와 평가표 작성

평가가 완료되었으면 실행이 용이하도록 분류항목을 설정한다. 그리고 항목별로 채택/불채택 아이디어를 분류하여 기록한다. 단, 불채택 아이디어도 향후 법규 변경이라든지 기술 확보 등으로 실행할 가능성이 존재하기 때문에 이를 체계적으로 분류하고, 기록해 지속적으로 관리해야 한다.

[표 9-2] **아이디어 분류/평가 기록표**

Theme 명		중부지역의 시장점유율 25% 증진 방안			
평가 〵 분류		교육	시스템		
채택	대, 대	영업스킬교육	멘토링 도입		
	대, 소		영업성과급제		
불채택	소, 대	팀장 교육			
	소, 소				

5. 실행의 우선순위 평가

채택된 아이디어는 인적 자원이나 물적 자원의 한계 때문에 동시에 실행할 수 없는 경우가 의외로 많다. 따라서 긴급성, 중요성, 실행의 용이성 등을 비교하고 평가해서 큰 것은 1점, 작은 것은 0점과 같이 점수를 부여하고 종합점수를 산출한 후, 점수 순으로 실행의 우선순위를 결정한다.

아이디어	A	B	C	D	...	점수	순위
A	110					2	2
B	0	10				1	3
C	0	0	0			0	4
D	1	1	1			3	1
...							

6. 실행계획 수립

실행계획은 '무엇을', '왜', '언제', '누가', '어디서', '어떤 방법'으로 아이디어를 실행할 것인가를 계획하는 단계로 사람, 시간, 물적자원 등을 고려하여 간트 차트로 작성한다.

[표 9-4] Action Plan

항목	세부실행계획	담당	일정				비고
			1주	2주	3주	4주	
영업스킬 향상교육	1. 교육계획 수립	홍길동	→				
	2. Issue 분석	김지연	→				
	3. 니즈 분석	김지연		→			
	4. 과정개발	홍길동		→			
	.				→		
	.						
	n. 운영결과 보고	홍길동				→	

브레인라이팅

브레인라이팅Brainwriting은 한 사람 한 사람의 참가자가 침묵 속에서 브레인스토밍의 원칙에 의거하여 정해진 양식에 따라 자기의 의견을 기록하는 방법으로서, 개인의 사고를 최대한 살리기 위해 개발된 기법이다. 6사람이 5분 내에 3개의 아이디어를 돌출한다고 해서 '6.5.3법'이라고도 한다. 브레인스토밍과 함께 병행하여 사용하면 효과적이다.

브레인 라이팅에 대해 좀 더 구체적으로 알아보자.

1. 브레인라이팅 사용 시점

1) 여러 가지 이유로 구두로 표현하는 것에 제약을 받을 때

2) 분명한 아웃풋을 확보하고 싶을 때

3) 짧은 시간에 많은 양의 아이디어를 도출하고자 할 때

[그림 9-3] 브레인라이팅 진행 방법

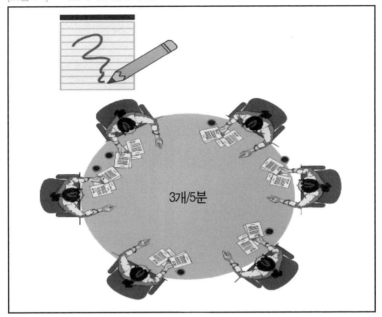

4) 브레인스토밍이 효과적으로 진행되지 않을 때

5) 구성원 간의 아이디어에 대한 경쟁심을 살리고 싶을 때

6) 아이디어 발상의 강제성을 부여하고 싶을 때

7) 많은 사람의 아이디어를 필요로 할 때

• 인터넷을 활용하면 짧은 시간에 많은 사람들이 참여할 수 있다.

2. 브레인라이팅의 장점

1) 짧은 시간에 많은 아이디어를 도출할 수 있다.

2) 전원이 참석할 수 있다.

3) 상대방의 눈치를 보지 않고 아이디어를 제안할 수 있다.

4) 다른 사람들의 아이디어를 모방할 수 있다.

5) 정확한 기록으로 남길 수 있다.

6) 혼자서도 가능하다.

7) 시간관리를 효과적으로 할 수 있다.

8) 원격으로도 참여가 가능하다.

3. 브레인라이팅의 진행절차

1) 브레인라이팅의 사전준비

· 브레인라이팅의 목적과 목표를 명확히 설정한다.

· 주제를 선정한다.

· 참석자를 선정한다.

· 리더를 선정한다.

· 브레인라이팅의 일정과 주제를 통보한다.

· 브레인라이팅 시트를 준비한다.

2) 브레인라이팅의 시작

· 브레인라이팅의 진행 방식을 설명한다.

· 진행상의 유의점을 설명한다.

· 브레인라이팅의 목적과 목표 및 주제에 대하여 설명한다.

· 시작 시간과 종료 시간을 알려준다.

· 참가자들의 긴장감을 풀어줄 수 있는 팀 빌딩을 실시한다.

· 서기를 정한다.

· 용지를 배부한다.

- 5분간에 걸쳐 참가자들에게 용지의 첫 번째 줄 A, B, C칸에 아이디어와 제안자의 이름을 쓰도록 한다.
- 5분 후 용지를 옆 사람에게 건넨다.
- 옆 사람에게서 건네 받은 용지의 두 번째 칸에 옆 사람이 도출한 아이디어를 모방한 새로운 아이디어를 기록한다.
- 이런 과정을 종료 시간까지 반복해서 실시한다.
- 도출된 아이디어를 분류하고 정리하며 보완한다.
- 평가 기준을 선정하고 평가 기준에 의거하여 평가를 실시한다.
- 브레인라이팅 이후의 절차는 앞서 설명한 '브레인스토밍 이후의 작업' 절차에 따른다.

[표 9-5] 브레인라이팅 진행양식

주제 : 저비용 고효율의 교육훈련 실시 방안

No	A	B	C	성명
1	전임교수제 도입	사내강사 양성과정	TRM 개발	박경빈
2	경쟁입찰제 운영	사내강사 인센티브 강화	타사 벤치마킹	박병관
3				
n				

4. 브레인라이팅 진행 시 유의 사항

1) '침묵의 회의'이기 때문에 회의 분위기가 매우 중요하다. 따라서 진행자는 유머러스한 분위기를 조성해야 한다.

2) 리더는 문제나 주제에 대해서 잘 알고 있어야 하며 구성원들의 반응을 잘 살피고, 적극적으로 참여할 수 있도록 유도한다.

3) 진행 시간은 30분을 넘지 않도록 한다.

4) 특정한 사람에게 부하가 많이 걸리는 경우 진행 방법을 변경한다.

5) 후반으로 갈수록 다른 사람들의 아이디어를 파악하는 데 시간이 걸리고, 새로운 아이디어를 도출하는 데 어려움이 따른다. 따라서 라운드당 시간을 조금씩 늘리는 것이 좋다.

결점 · 희망점 열거법

결점 · 희망점 열거법은 어떤 사물에 대한 단점과 희망점을 열거한 다음, 그것으로부터 아이디어를 전개해 나가는 방법을 말한다. 여기서 결점과 희망점은 구체적인 아이디어를 도출하는 데 지레의 역할을 한다. 곧바로 브레인스토밍을 하는 것보다는 단점이나 희망점을 열거한 다음, 아이디어를 도출하면 좀 더 창의적인 아이디어를 이끌어 낼 수 있다.

1. 결점 · 희망점 열거법의 진행 절차

1) 주제를 선정한다.

2) 주제와 관련된 결점 · 희망점을 열거한다. 진행 방법은 브레인스토밍 방법에 따른다.

3) 도출한 결점 · 희망점을 평가한다.

4) 결점 또는 희망사항을 해결하기 위한 개선 아이디어 브레인스토밍을 실시한다.

5) 아이디어를 평가한다.

6) 아이디어를 좀 더 구체화하고 실행계획을 수립하여 실행한다.

2. 결점열거법 진행절차 및 예시(선풍기)

1) 브레인스토밍을 통해 선풍기에 대한 결점을 열거한다.

2) 결점을 평가한다.

[표 9-6] 주제 : 새로운 형태의 선풍기 개발

	핵심 결점	평가				
		치명도	빈도	개선 가능성	점수	판정
1	소음이 발생한다	3	5	3	11	X
2	어린이 안전사고 가능성이 높다	5	4	4	14	O
3	청소하기 불편하다	2	2	3	7	X
…						
n		2	4	3	9	X

3) 결점을 어떤 방법으로 제거할 것인지 개선 아이디어 브레인스토밍을 실시한다.

4) 아이디어를 평가하고 실행 프로그램을 개발하여 실행한다.

[표 9-7] 주제 : 새로운 형태의 선풍기 개발

No	핵심 결점	해결 방안	효과	실행 가능성	점수	판정
2	어린이 안전사고 가능성이 높다	날개 없는 선풍기 예) 에어멀티 플라리어	5	3	8	O
…						
n			3	3	6	X

3. 희망점 열거법 진행절차 및 예시

1) 주제를 선정한다.

2) 주제에 대한 희망점을 브레인스토밍을 통하여 열거한다.

3) 열거된 희망점을 평가한다.

[표 9-8] **주제 : 스키장 리프트 개선**

희망점		평가				
		Impact	실행 가능성	비용	점수	판정
1	속도가 빨랐으면 좋겠음	5	4	3	12	o
2	탑승인원이 많았으면 좋겠음	2	5	4	11	x
...						
n		3	2	3	8	X

4) 희망사항을 해결하기 위한 아이디어 브레인스토밍을 실시한다.

5) 아이디어를 평가하고 실행 프로그램을 개발하여 실행한다.

[표 9-9] **주제 : 스키장 리프트 개선**

No	핵심 희망점	해결 방안	효과	난이도	점수	판정
2	속도가 빨랐으면 좋겠음	스키장 전용 발사체 (발사로켓)	5	3	8	O
...						
n			2	2	4	X

KJ법

KJ법은 고려할 변수가 많거나 브레인스토밍의 아이디어를 정리, 평가하고 싶을 때 사용하며 단계별 의사결정과 합의가 절대적으로 요구되는 기법이다. 이러한 KJ법의 진행절차와 진행방법에 대해 알아보자.

1. KJ법 진행절차

1) 과제나 문제를 제시한다.

2) 카드를 배포한다.

3) 각 카드에 개별적으로 자신의 아이디어를 기록한다.

4) 한 장의 카드에 하나의 아이디어만 기록한다.

5) 브레인스토밍 등을 통해서 이미 도출된 아이디어가 있다면 '라'단계부터 진행한다.

6) 아이디어가 기록된 카드를 누구나 쉽게 볼 수 있도록 나열한다.

7) 카드에 기록된 아이디어를 읽어본다.

8) Level 1 그루핑을 한다.

　각 카드의 관계를 연계하여 내용이 비슷한 아이디어를 한데 모은다.

9) 각 그룹에 타이틀(이름)을 붙여 Level n을 완성한다.

10) Level n - 1 그루핑을 한다.

11) 최종 아웃풋를 얻기 위해 상기 단계를 반복한다.

12) 최종 결과를 도식화한다.

13) 각 단계별 분류가 명확히 되었는지 검증한다.

14) 완성된 내용을 발표한다.

2. KJ법 전개방법 및 예시

[그림 9-4] KJ법 전개방법 예시

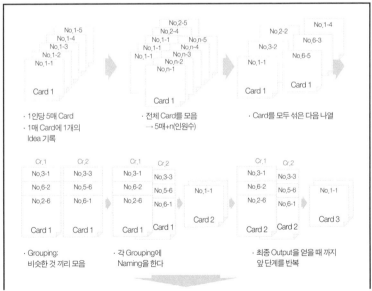

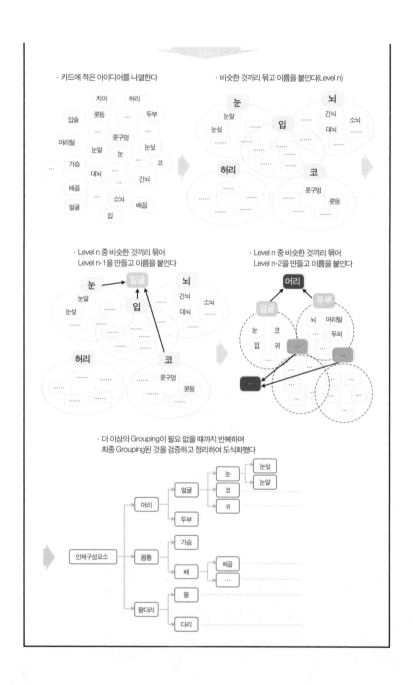

· 카드에 적은 아이디어를 나열한다

치아 허리
입술 콧등 … 두부
머리털 … 콧구멍
눈알 눈 눈섶
… 가슴 대뇌 … 코 … 간뇌 배꼽 소뇌 배꼽 얼굴 입

· 비슷한 것끼리 묶고 이름을 붙인다(Level n)

눈 뇌
눈알 간뇌 소뇌
눈섶 입 대뇌
허리 코 콧구멍 콧등

· Level n 중 비슷한 것끼리 묶어 Level n-1을 만들고 이름을 붙인다

눈 → 얼굴
눈알 입
눈섶
허리 코 콧구멍 콧등
뇌
간뇌 소뇌
대뇌

· Level n 중 비슷한 것끼리 묶어 Level n-2을 만들고 이름을 붙인다

머리
얼굴 두부
눈 코 뇌 머리털
입 귀 두피

· 더 이상의 Grouping이 필요 없을 때까지 반복하며 최종 Grouping된 것을 검증하고 정리하여 도식화했다

인체구성요소
- 머리
  - 얼굴
    - 눈
      - 눈섶
      - 눈알
    - 코
    - 귀
  - 두부
- 몸통
  - 가슴
  - 배
    - 배꼽
    - …
- 팔다리
  - 팔
  - 다리

주사위놀이

주사위놀이는 획기적인 아이디어를 얻고자 할 때, 아이디어가 잘 떠오르지 않을 때, 주제와 관련된 정보가 적을 때 사용하면 매우 유용하다. 특히 브레인스토밍을 하면서 아이디어의 정체가 일어났을 때 활용하면 효과적이다.

주사위놀이에 대해 상세히 알아보자.

1. 주사위놀이 진행절차

1) 주제를 도출한다.

2) 주사위 2개를 준비한다.

3) 특성을 열거한다.

· 주제와 관련된 특성을 12개 열거한다. 획기적인 아이디어를 얻고자 할 때는 무작

[그림 9-5] 주사위놀이의 방법

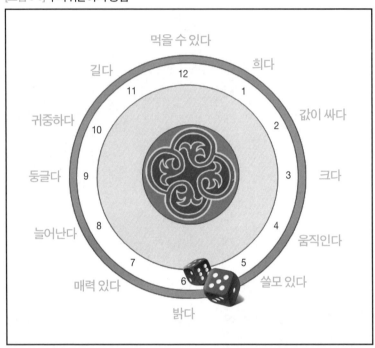

위로 열거한다. 특성은 형용사, 동사, 명사 어느 것이든 상관없다.

4) 먼저 주사위 하나를 던진다.

5) 해당하는 숫자에 기술된 특성단어을 종이에 적는다.

6) 이번에는 주사위 2개를 한꺼번에 던진다.

· 첫 번째 던진 주사위의 숫자와 같을 경우에는 다시 한 번 던진다.

7) 숫자를 합산한다.

8) 합산한 숫자에 해당하는 특성(단어)을 종이에 적는다.

9) 두 단어의 뜻이 합쳐진 사물의 이름을 대거나 아이디어를 도출한다.

· 예를 들어 첫 번째 주사위의 숫자가 3이라면 '크다' 라는 단어를 선택하고, 두 번

째 던진 주사위의 합이 9라면 '둥글다' 라는 단어를 선택한다. 그리고 두 개의 단어를 합산하여 떠오르는 사물이나 아이디어, 가령 '지구', '애드벌룬', '둥근 집', '원탁 테이블' 등을 도출한다.

2. 주사위놀이 진행상 유의 사항

1) 주제와 직접적으로 연결된 아이디어를 얻고자 할 때는 주제와 관련된 특성(단어)을 도출해야 한다.

2) 획기적인 아이디어를 도출하고자 할 때는 과장된 특성을 나열한다.

  예) 날다, 우주, SF, 자동, 아바타, 순간이동, 투명망토 등

특성 열거법

특성 열거법은 미국 네브라스카 대학의 크로포드 교수가 고안한 것으로서, 문제점 발견을 촉진하기 위한 기법으로 개발되었다. 이 기법은 제품들의 문제를 심도 있게 도출하고 이를 바탕으로 개선 아이디어를 발굴하기 위한 목적으로 활용되었다.

특성 열거법은 문제나 개선하고자 하는 것에 대하여 주요 특성을 나열하고, 그것들을 어떻게 바꿀 것인가 또는 기능을 어떻게 개선시킬 것인가를 고민하는 방법이다. 일반적으로 제품이나 기계 등을 개선해 나갈 경우, 그 사물을 구성하고 있는 부분이나 요소, 성질이나 기능과 같은 특성을 계속 열거해 나가면서 아이디어를 찾는다. 특성을 표현하는 방식에 있어서는 명사적 특성, 형용사적 특성, 동사적 특성의 표현법을 쓴다.

[그림 9-6] **특성 열거법**

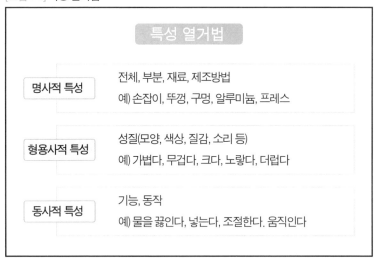

특성 열거법은 분석 대상의 특성을 분류하고, 그에 적합한 상세한 문제제기를 통해 개선 방법에 접근해 나가는 방법이다. 특성을 분류하면 전체를 두고 분석했을 때 의식하지 못했던 부분의 문제를 인지할 수 있으며, 그에 대한 해결 방안도 도출해 낼 수 있다.

브레인스토밍에서 아이디어가 나오지 않을 경우에도 이 기법을 활용하면 매우 효과적이다. 가령 당신이 자동차의 개선점에 대한 브레인스토밍을 하고 있다고 가정해 보자. 참석자들은 주제가 너무 광범위해서 막막하다고 생각할 것이다. 이 때 명사적 특성 중 하나인 "엔진에 대한 개선점을 말해보시오."라고 자동차의 특성 중 일부를 지정하면 좀 더 명확하고 구체적인 아이디어를 도출할 수 있다.

그러면 본격적으로 특성 열거법에 대해 알아보자. 먼저 특성 열거법의 3가지 정의를 알아보자.

1. 명사적 특성

명사적 특성은 제품의 전체 혹은 부분적 특성이나 재질, 재료, 제조방법 등 명사로 표현할 수 있는 모든 것을 말한다. 예를 들면 자동차의 명사적 특성에는 차제, 외관, 엔진, 바퀴 등이 포함될 수 있다. 이러한 특성을 바탕으로 "엔진의 문제점은 무엇인가?", "엔진의 수명을 늘릴 수 있는 방법은 무엇인가?"와 같은 질문을 던질 수 있을 것이다.

2. 형용사적 특성

형용사적 특성은 제품의 모양, 색상, 질감, 소리 등으로 표현할 수 있는 모든 것들을 말한다. 자동차의 경우에는 색상이 하얗다, 외관이 세련되다 등의 특성을 들 수 있다. 이런 특성을 바탕으로 '바퀴의 강도를 좀 더 강하게 만들려면 어떻게 해야 하는가?', "차체를 좀 더 가볍게 하려면 어떻게 해야 하는가?"와 같은 질문을 던질 수 있을 것이다.

3. 동사적 특성

동사적 특성은 제품의 기능이나 동작, 사용법과 같이 움직임에 관련된 요소를 말한다. 엔진의 소리가 너무 시끄럽다, 네비게이션의 동작이 너무 느리다 등의 특성을 들 수 있다. 이러한 특성을 바탕으로 "엔진의 소음을 줄이려면 어떻게 해야 하는가?", "핸들을 좀 더 부드럽게 조작할 수 있게 하려면 어떻게 해야 하는가?"와 같은 질문을 할 수 있을 것이다.

그렇다면 특성 열거법은 어떻게 진행될까? 다음의 순서를 따른다.

1. 분석 대상을 선정한다.

2. 문제나 주제를 설정한다.

3. 문제의 대상이나 제품에 대한 핵심적인 특성을 나열한다.

4. 특성을 세분화한다.

5. 특성별 문제점을 도출한다.

6. 아이디어 해결 방안를 도출한다.

7. 해결 방안을 평가한다.

8. 실행계획을 수립하고 실행한다.

[그림 9-7] **특성 열거법 예시**

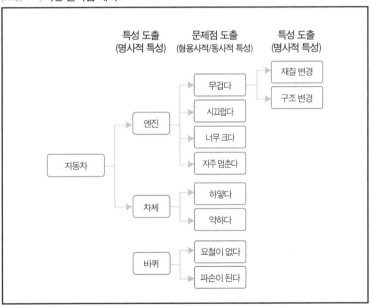

마지막으로 다음은 특성 열거법을 진행할 때 유의할 사항이다. 참고하기 바란다.

1. 특성 열거법은 명사적 특성, 형용사적 특성, 동사적 특성을 분리하여 독립적으로 활용할 수도 있으며, 이 특성들을 서로 결합하여 활용할 수도 있다.

2. 초기에는 각각의 열거법을 독립적으로 활용하는 것이 좋다. 경험이 쌓이면 결합하여 활용한다.

고든법

같은 작업자가 같은 작업지시서에 따라 같은 방법으로 만든 제품일지라도 엄밀한 의미에서는 다르다고 말할 수 있다. 우리가 같은 제품이라고 인식하는 것은 공통된 특성을 끌어냈기 때문이다. 이것을 우리는 추상이라고 한다. 가령, 캬라멜을 한 단계 더 추상하면 엿이 되고, 엿을 더 추상하면 쌀이 되는 것처럼 캬라멜을 개량하려면 캬라멜로 생각하지 않고 엿이나 쌀이라고 생각하면 더 많은 아이디어를 도출할 수 있다.

당신이 신제품 아이디어를 도출한다고 가정해 보자. 구체적인 물건이나 제품에서 아이디어를 도출한다면, 아무래도 먼저의 물건에 사로잡혀 근본적인 아이디어 도출이 어려워지게 마련이다. 바로 이런 경우에 적용하는 기법으로 '추상의 사다리'라는 고든법이 있다. 이는 브레인스토밍의 4가지 원칙에 의해 진행되지만, 브레인스토밍과는 달리 키워드를 제시한다.

예를 들어 해결 과제가 드릴링 머신처럼 물건을 뚫는 기계를 개발한다고 가정해 보자. 과제는 리더^{사회자}만이 알고 있고, "뚫는다."라고만 제시하고 진행한다. 이렇게 하면 뚫는 것에 관한 다양한 아이디어를 도출할 수 있다. 만일 리더가 "드릴링 머신 개발과 관련된 신제품 개발 아이디어 회의입니다."라고 과제를 제시하면 드릴링 머신에 초점이 맞추어져 그 이상의 아이디어를 도출할 수 없다. 초음파를 이용하여 구멍을 뚫는 가공 방법에 대한 아이디어 등 새로운 콘셉트의 제품 개발이 불가능해지는 것이다.

다음은 고든법에 관해 알아두어야 할 사항들이다.

1. 고든법의 사용 시점

1) 팀의 구성원들이 문제나 과제에 대해 지나치게 부담을 갖거나 익숙해져 있을 때

2) 전혀 새로운 관점에서 아이디어가 요구될 때

3) 완전히 새로운 형태의 신제품을 개발하고자 할 때

2. 고든법의 특징

1) 구성원들은 진짜 과제나 문제가 무엇인지 모르는 상황에서 아이디어를 도출하기 때문에 근본적이고 다양한 아이디어를 도출할 수 있다.

2) 일반적인 방법이 아닌 획기적인 방법을 찾아내고자 할 때 효과적이다.

3) 리더에게는 해당 과제에 대한 전문지식과 회의를 진행하는 고도의 스킬이 요구된다.

4) 전체적으로 진행 소요 시간이 3시간 정도로 긴 편이다.

3. 고든법의 진행절차

1) 해결해야 할 과제나 문제를 선정한다.

2) 키워드를 제시한다.

[표 9-10] **고든법 키워드**

해결할 과제	키워드
구멍을 뚫는 기계 개발	뚫는다
사람을 운반하는 도구	운반하다
과일주스	마신다

3) 해당 분야의 전문가들로 팀을 구성한다.

4) 키워드를 제시한다. 과제는 리더만 알고 있고 멤버에게는 알리지 않는다.

5) 상위 Level을 도출한다.

6) 상위 Level의 과제_{문제}를 제시한다.

7) 아이디어를 도출한다.

· 자유로운 발언을 유도하며 진행 시간이 다소 길기 때문에 진행 중 분위기 조성을

위한 팀빌딩 게임 등을 실시한다.

8) 문제나 과제의 해결점을 찾을 때까지 계속 진행한다.

9) 어느 정도 해결점이 나오면 구성원들에게 과제나 본래의 문제를 공개한다.

10) 아이디어에 대한 개략적인 평가를 실시한다.

11) 채택된 아이디어에 대한 실행 가능성을 논의하고, 실행 방안을 구체화하기 위한

방안을 논의한다.

4. 고든법의 적용 절차 및 적용 예시

[그림 9-8] 고든법의 적용 절차 및 적용 예시

1. 과제나 문제의 정리 /이해(원 문제)	어떻게 하면 TV 운송 Cost를 줄일 수 있을까? (리더만 알고 있음)
2. Key Word 선정	운송, Cost
3. 상위 Level 도출	운송 → 보낸다 → 승부한다
4. 상위 Level 문제 제시	어떻게 하면 잘 보낼 수 있을까?(TV 운송은 생각하지 않음)
5. 아이디어 도출	강물에 띄워 보낸다. 초고속 전투기에 실어 보낸다. 콜밴을 이용한다. 자전거를 이용한다….
6. 원 문제(과제)	어떻게 하면 TV운송 Cost를 줄일 수 있을까?(모두에게 공개)
7. 아이디어 평가	평가기준에 의거하여 도출된 아이디어를 평가함 (채택 : 강물에 띄워 보낸다)
8. 실현 가능성 논의	채택된 아이디어에 대한 실행방안을 구체화함

5. 고든법 전개 시 유의 사항

1) 본래 문제와 상위 레벨 문제 간의 간격이 지나치게 큰 경우에는 아이디어의 참신성은 높아지지만 실행 가능성은 낮아질 수 있다.

2) 반면 본래 문제와 상위 레벨 문제 간의 간격이 가까우면 가까울수록 실행 가능성은 높아지지만 아이디어의 질은 떨어질 수 있다.

3) 전체 진행 시간은 3시간을 넘지 않도록 한다.

입출법

일정한 제한조건을 두지 않고 자유롭게 아이디어를 발상하는 기법을 자유연상법이라고 한다. 브레인스토밍과 같이 자유분방하게 아이디어를 도출하는 기법도 바로 자유연상법이라고 할 수 있다.

반면 입출법은 자유연상법과는 달리 제한조건을 제시한 후, 그 범위 안에서만 연상하도록 하는 강제연상 작용을 이용해 아이디어를 내는 기법이다. 이는 최초의 상태인풋와 최종 결과아웃풋를 미리 정한 다음에 실행 아이디어를 전개해 나가는 방법으로서, GE에서 자동장치를 개발할 때 적용한 것으로 유명하다.

독일 속담에 "장마가 지면 저축을 한다."는 말이 있다. 처음에는 이 속담이 어떤 의미를 지니고 있는지 이해가 되지 않았다. 장마가 지는 것과 저축을 하는 것이 아무런 연관성이 없어 보이기 때문이다. 그런데 이 두

가지 말을 강제 연상을 통해 살펴보면 다음과 같이 그 의미를 쉽게 이해할 수 있다. 장마가 지면→곧 가을이 온다→가을이 오면 낙엽이 진다→낙엽이 지면 쓸쓸하다→쓸쓸함을 느끼면 인생의 황혼을 생각하게 된다→쓸쓸한 황혼을 맞이하지 않기 위해 미리 준비를 한다→그래서 저축을 한다는 것이다.

그럼 입출법에 대해 좀 더 자세히 알아보자.

1. 입출법의 사용 시점

1)인풋 조건과 아웃풋 결과가 명확할 때

2)자동화 상품을 개발할 때

2. 입출법의 특징

1)효과적인 질문 스킬이 필요하다.

2)명확한 평가 기준이 필요하다.

3)자동화 장치를 개발할 때 매우 유용하다.

3. 입출법의 진행절차

1)해결해야 할 과제를 선정한다.

2)인풋과 아웃풋을 설정한다.

3)리더를 선정한다.

4)다양한 분야의 전문가들로 팀을 구성한다.

5)최종 아이디어를 도출할 때까지 연상, 분석, 판단 과정을 반복하여 실시한다.

이때 각 단계별 질문내용은 미리 선정해야 한다.

6) 아이디어를 평가한다.

7) 구체적인 실행 프로그램을 개발한다.

4. 입출법의 적용 절차 및 사례

[그림 9-9] GE의 자동점멸장치 개발 사례

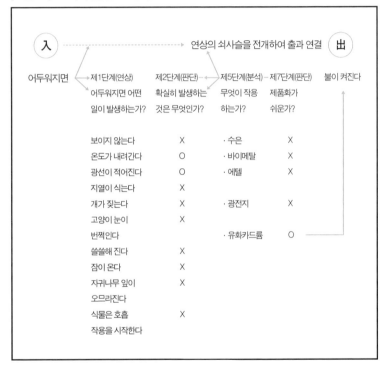

5. 입출법 전개 시 유의 사항

1) 장기간에 걸쳐 프로젝트가 진행되므로 CFTCross Function Team 형태의 팀을 구성

하여 실행하는 것이 효과적이다.

2) 다양한 분야의 고도화된 전문가가 필요하다.

3) 전문가로 팀이 구성되는 경우 맴버 간 이견과 갈등이 발생할 가능성이 있으므로, PM은 뛰어난 조정 능력과 리더십을 발휘해야 한다.

4) 리스크를 주기적으로 관리할 수 있는 리스크 감축계획을 수립하여 프로젝트 수행 기간 동안 발생할 수 있는 여러 가지 리스크를 체계적으로 관리해야 한다.

Joint Word

Joint Word는 어떤 사물에 대해 무작위로 고른 문장이나 단어를 이용하여 아이디어를 전개하는 방법으로서, 한마디로 말하면 우연을 활용하는 기법이라고 할 수 있다. 그래서 이 기법은 '무작위 단어·이미지 연상 기법'이라고도 하며, 말이나 단어는 물론 이미지나 소리 등 다양한 형태를 활용할 수도 있다. 이 기법은 무엇보다도 미처 생각지도 못한 의외의 영역으로 이끄는 것이 장점이 있다.

당신은 이 기법을 이미 다양한 상황에서 경험하고 있다. 가령, 당신은 잡지를 보다가 영감을 얻거나 아직 가보지 않은 낯선 곳의 사물이나 그림 또는 간판의 단어를 보면서 아이디어에 관한 영감을 얻은 적이 있을 것이다. 실제로 소설 같은 콘텐츠 창작 분야에서는 이렇게 무작위나 우연을 이용한 기법들이 널리 활용되고 있다.

다이어트에 대한 아이디어 회의에서 앞으로 나아가지 못하고 1시간째 서로의 눈만 바라보고 있다고 가정해 보자. 이 기법은 이렇게 속수무책일 때 매우 유용하다. 먼저 회의실에 있는 상품 광고 책자를 찾아서 무작위로 20페이지 두 번째 줄 다섯 번째 단어를 고른다. 그 단어가 '철도'라고 한다면, 그 단어의 특징과 이미지를 추출한다. 그리고 그것을 바탕으로 다이어트에 대한 아이디어를 도출한다. 이 기법을 활용하면 의외의 아이디어가 도출되는 경우가 많다.

그렇다면 Joint Word에 대해 좀 더 상세히 알아보자.

[표 9-11] **Joint Word 예시**

구분	예시1	예시2
주제	효과적인 회의 운영 방법에 대하여	
Joint Word	네모	빨강색
특징/이미지	상자	열정
아이디어	회의 시간에 10분 늦을 때마다 10,000원씩 걷어 회식비로 사용	자유스러운 분위기 조성과 열정적인 회의 진행을 위해 밸리댄스를 한 후 회의 시작

1. Joint Word의 활용 절차

1). 무작위 단어나 이미지, 소리를 선택한다.

2) 무작위로 선정된 단어에서 이미지나 특징을 나열한다.

3) 각각의 특징과 주제를 강제로 연결시켜 아이디어를 도출한다. 이때 은유나 유추를 활용하면 창의적인 아이디어를 도출하기가 훨씬 용이해진다.

2. 활용 시 유의 사항

1) 우연을 활용함에 있어서 중요한 것은 의도적으로 단어를 고르는 것이 아니라 어디까지나 무작위적으로 말이나 단어를 골라내야 한다는 것이다.

2) Joint Word의 선택 방법으로서 가장 간단한 것은 책자나 신문 등 주위에 있는 인쇄물을 활용하는 것이다. 예를 들어 내 생일이 음력 4월 17일 7시니까 "4페이지의 17째 줄의 7번째 단어로 하자."라고 하면 된다. 그에 따라서 4페이지를 펴고 17행의 일곱 번째 단어를 고르면 무작위 선택을 한 것이다. 또는 책자나 신문을 무작위로 펼친 후 아무 곳이나 연필로 찍은 다음 찍힌 단어를 골라도 된다.

3) 말이나 단어는 명사를 활용하는 것이 좋다. 단어가 명사가 아닌 경우에는 그 단어를 명사화하는 것이 좋다.

ex)빨갛다(형용사) → 빨간색(명사)

Twist 시리즈

    창의력이 부족하다는 것은 아이디어 발상 기법을 모른다는 의미나 마찬가지다. 그만큼 창의력을 발휘하는 데 있어서 아이디어 발상 도구는 매우 중요하다. 아이디어 발상 기법만 잘 이해하고 적용할 수 있다면 누구든지 창의적인 아이디어맨이 될 수 있다.

    아이디어 발상 기법은 매우 다양한 형태로 개발되어 있다. 하지만 곧바로 실무에 활용할 수 있는 것은 많지 않다. 그러나 지금 소개할 Twist 시리즈는 실무에 효과적으로 적용할 수 있는 매우 유용한 도구들이다.

    Twist 시리즈는 일반적이고 통상적인 것^{현상}을 '부정', '역전', '과장' 등으로 전환한 다음, 이것으로부터 아이디어를 도출하는 기법이다. 통상적인 것에서 곧바로 획기적인 아이디어를 도출하기란 사실 쉽지 않다. 이렇게 도출된 것은 누구나 한 번쯤 생각해 본 뻔한 아이디어가 대부분이다. 통상적인 것을 부정하거나 과장한 다음, 이로부터 아이디어를 도출하면 그동안 생각지도 못했던 획기적인 아이디어를 도출할 수 있다

1. Twist D

Twist D란 통상적인 것을 부정Deny한 다음, 그것으로부터 아이디어를 도출해 내는 기법을 말한다. 사물을 하나의 특정한 습관적이고 정해진 방법으로 보는 것을 부정하는 방법인 것이다.

이를 위해 먼저 그 주제에 대해서 당연하다고 생각되는 일반적인 개념의 '통상 항목'를 작성한다. 그리고 각각의 통상 항목을 부정문으로 기술한다. 그다음엔 부정문으로부터 새로운 아이디어를 도출한다.

[표 9-12] Twist D 예시_ 주제 : 새로운 구두의 아이디어를 생각한다.

통상 항목	Twist D(부정)	착상(아이디어)
1. 구두는 발에 신는다.	1. 구두는 발에 신지 않는다.	1. 장식으로 사용한다.
2. 구두는 걸을 때 사용한다.	2. 구두는 걸을 때 사용하지 않는다.	2. 술잔으로 사용한다.
3.	3. 동사만 부정한다	3.
4.	4.	4.

구분	바람직하지 않은 예	바람직한 예
주제	레스토랑에 대한 새로운 아이디어	
당연	레스토랑에는 요리사가 있다.	
Twist D(부정)	레스토랑에는 요리사가 없다.(부정)	
착상(아이디어)	아무도 없는 레스토랑	재료를 손님들이 직접 조리하여 먹는 레스토랑

1) 주제의 부정적인 측면은 통상 항목에 넣지 않는다. 왜냐하면 이 기법 자체가 통상 적인 것을 부정하는 방법이기 때문이다.

· 구두는 젖으면 기분 나쁘다.(X)

· 구두는 구멍이 나면 신기 불편하다.(X)

· 구두는 무거우면 걷기 불편하다.(X)

2) 부정문은 기계적으로 설정한다.

· ~하다 → ~하지 않다

· ~가 있다 → ~가 없다

· ~가 높다 → ~가 높지 않다

3) 부정문에 따라 자연스럽게 아이디어를 도출한다. 이때 통상적인 개념을 생각해서 는 안 된다.

2. Twist R

Twist R이란 주제에 대한 일반적이고 통상적인 개념을 역전Reverse시 킨 후, 그것으로부터 아이디어를 이끌어내는 발상 기법을 말한다. 예를 들어 남자과 여자, 어른과 아이, 선생님과 학생, 앞과 뒤, 위와 아래, 대 와 소, 오른쪽과 왼쪽처럼 '대립적 개념'이라는 요소를 끄집어 낸 다음에 아이디어를 도출하는 것이다. 이 기법은 오스본의 체크리스트법 중에 서 '거꾸로 하면 어떨까?'라는 발상 기법과 매우 유사한 아이디어 개발 도구다.

1) 역전된 문장에서는 일상적이고 통상적인 것과 대립되는 개념을 설정한다.

2) 통상 문장과 역전된 문장을 보았을 때, 무엇이 역전되어 있는지 명확히 한다.

3) "~가 있다"를 "~가 없다"라든지 "~이다"를 "이 아니다"로 바꾸는 것은 안 된다. 이

　것은 부정문이다. 반드시 대립적 요소로 설정해야 한다.

4) 주제 영역에 포함되는 대립적 개념, 대립적 요소를 20~30개 정도 써보면 통상과

　역전의 설정이 쉬워진다.

· 검은색 ↔ 하얀색

· 부정 ↔ 긍정

· 멀다 ↔ 가깝다

· 겉 ↔ 속

· 짧다 ↔ 길다

· 크다 ↔ 작다

· 가볍다 ↔ 무겁다

· 길 ↔ 짧다

[표 9-13] Twist R 사례 : 새로운 동물원의 아이디어에 관해서 생각해 봅시다.

통상	
1.	동물원은 고정된 곳에 있다.
2.	동물원에는 동물들이 있다.
3.	
Twist R(역전)	
R	동물원은 움직인다.
R	동물원에는 사람이 있다.
R	

아이디어 착상
1. 이동식 동물원을 만든다.
2. 동물원에 사람이 들어가 동물 사랑에 대한 체험교육을 실시해 본다.
3.

3. Twist O

Twist O는 주제와 관련된 통상적이고 일반적인 개념을 확대하거나 축소한Overstatement 다음에, 그것으로부터 아이디어를 도출하는 방법을 말한다. 빈도, 길이, 무게, 속도, 양, 질, 기간 등을 확대하거나 축소하며 상식에 맞지 않을 정도로 과장하는 것이 중요하다.

[표 9-14] Twist O 사례 : 충치 예방 대책에 관해서 생각해 봅시다.

통상
1. 20살에 충치가 4개 생긴다.
2. 치약을 한 번에 3g씩 사용한다.
3.
Twist O(과장)
1. 충치가 70살에 4개 정도 생긴다.
2. 치약을 한 번에 0.1g 정도만 사용한다.
3.
착상(아이디어)
1. 영구치가 나올 때 투약하면 잘 썩지 않는 예방 약품을 개발한다.
2. 칫솔과 치약 일체형의 칫솔을 개발한다.
3.

1) 통상 문장과 과장된 문장 모두에 반드시 숫자를 넣어야 한다.

2) 0과 무한대는 사용하지 않는다.

3) 주제와 관련된 통상적인 것에 숫자를 넣은 다음, 이를 기준으로 확대하거나 축소하여 과장된 문장을 만든다.

4) 확대와 축소의 차이가 크면 클수록 획기적인 아이디어를 도출할 수 있다.

4. Twist F

Twist F는 통상적인 것을 사고를 부풀려 비현실적이고 공상적인Fantasy 문장으로 전환한 다음, 거기에서 아이디어를 도출하는 방법을 말한다. 이 기법은 긍정적인 사고와 공상적인 사고를 많이 하는 사람에게 매우 적합한 방법론이라고 할 수 있다. 자유롭게 생각의 폭을 확장하여 공상적인 희망사항을 열거하되, 아이디어는 실현 가능성을 고려해서 도출해야 한다.

[표 9-15] Twist F 예시

구분	예시1	예시2
주제	새로운 스포츠 산업에 대한 아이디어	
Twist F(공상)	주머니에 넣고 다니는 모자가 있다면…	물고기를 추적해서 고기를 잡아주는 낚시 도구가 있다면…
아이디어	형상기억합금 모자	열감지 추적장치가 달린 낚시바늘

— Twist F 기법을 적용할 때 유의 사항

1) 주제는 현실적이지만, 설정하는 Twist F공상는 과감하게 꿈 같은 문장으로 만들어 야 한다.

2) 공상 그 자체에 획기적인 아이디어의 힌트가 있을 수 있다.

3) 공상은 과감해야 하지만, 공상으로부터 도출하는 아이디어는 반드시 현재 또는 가 까운 미래에 실현 가능한 것이어야 한다.

[표 9-16] Twist F 사례 : 새로운 레저 스포츠 용품의 아이디어에 관해서 생각해 봅시다.

Twis F(공상)	
F	주머니에 넣고 다니는 모자가 있다면…
F	리프트를 타지 않고 출발점까지 올라갈 수 있다면…
F	
착상(아이디어)	
1.	형상기억소재 합금 모자
2.	로켓 추진체를 이용한 발사대로 한번에…
3.	

잠자는 창의력을 깨워라

초판1쇄 인쇄 | 2015년 1월 20일
초판1쇄 발행 | 2015년 1월 25일

지은이 | 박봉수
펴낸이 | 김진성
펴낸곳 | 허클

편집 | 김선우
디자인 | 장재승
관리 | 정보해

출판등록 | 2005년 2월21일 제313-2005-000034호
주소 | 서울시 구로구 개봉동 359-18 한일코지세상 102동 201호
전화 | 02-323-4421
팩스 | 02-323-7753
이메일 | kjs9653@hotmail.com

값 15,000원
ISBN 978-89-93132-33-5   03320

* 잘못된 책은 서점에서 바꾸어 드립니다.